● MPA 教材系列丛书 ●

公共政策学

娄成武　魏淑艳　主编

东北大学出版社

· 沈　阳 ·

图书在版编目（CIP）数据

公共政策学 / 娄成武，魏淑艳主编．—沈阳：东北大学出版社，2003.8（2020.5重印）

ISBN 978-7-81054-732-1

Ⅰ．公…　Ⅱ．①娄…　②魏…　Ⅲ．公共政策学—理论　Ⅳ．D0

中国版本图书馆CIP数据核字（2003）第029290号

出 版 者：东北大学出版社

地址：沈阳市和平区文化路3号巷11号

邮编：110004

电话：024—83687331（市场部）　83680267（社务室）

传真：024—83680180（市场部）　83680265（社务室）

E-mail：neuph @ neupress.com

http：//www.neupress.com

印 刷 者：沈阳航空发动机研究所印刷厂

发 行 者：东北大学出版社

幅面尺寸：170mm×228mm

印　　张：14.75

字　　数：254千字

出版时间：2003年8月第1版

印刷时间：2020年5月第10次印刷

印　　数：18501~19700

责任编辑：李　艳

封面设计：唯　美

责任校对：司　徒

责任出版：唐敏志

ISBN 978-7-81054-732-1　　定　价：38.00元

目　录

第一章　绪　论

公共政策是当代社会科学和管理科学研究与教学的一个重要领域。自1951年问世以来，在全世界普遍引起重视，被公认是当代西方社会科学中发展最快、最富有活力的学术领域之一。特别是近几年来在我国获得了很大发展，本书就公共政策的概念及基本常识、公共政策研究发展历程及我国公共政策研究的现状加以阐述和讨论，为以后各章的讨论提供一个理论基础。

第一节　公共政策概述

一、公共政策的含义

由于各国的政治制度不同、文化背景不同、价值观差异较大，对公共政策内涵的理解不尽一致，也没有统一的为全世界公认的概念或定义，下面仅是一些比较典型的定义。

政治学者伊斯顿（David Easton）将公共政策的含义界定为："整体社会价值的权威性分配"。

政治学者拉斯维尔（Harad Lasswell）及哲学家卡普兰（Abraham Kaplan）将公共政策界定为："针对目标、价值和实际行为所做的有计划方案"。另外，政治学者弗烈德里屈（Carl Friedrick）也说："政策的概念中，最基本者便是目标的存在"。

罗伯特·艾斯顿（Robert Easton）认为：公共政策是"政府机构和它周围环境之间的关系"

政治学者尤劳（Heinz Eulau）与普利维特（Kennett Prewitt）提出的公共政策定义："政策被界定为一种'持续的决策'，其特征是制订政策者及其依附者皆具有行为上的一致性与重复性。"

决策论研究者詹姆斯·E. 安德森（James E. Anderson）则认为："公

共政策是由政府机关或政府官员制定的政策。”而且“政策是一个有目的的活动过程，这些活动过程是由一个或一批行为者，为处理某一问题或有关事务而采取的。”

近年来，我国也出版了多种公共政策的教材与著作，现将有代表性的观点介绍如下。

政策是指“国家、政党在一定历史时期为实现某种政治目标或完成某项任务而制定的行为规范与活动指南。”

政策是“党和政府用以规范、引导有关机构团体和个人行为的准则或指南。其表现形式有法律、规章、行政命令、政府首脑的书面或口头声明和指示以及行动计划与策略等。”

“国家（政府）执政党及其他政治团体在特定时期为实现一定的社会政治、经济和文化目标所采取的政治行动或所规定的行为准则，它是一系列谋略、法令、措施、办法、方法、条例等的总称。”

“国家机关或者执政党制定并付诸实施的旨在解决某一问题的具有权威性的行动准则。”

“公共领域里的行为规范、准则或指南。”

我们认为“公共政策是党和国家在处理公共领域内的公共事务所制定的行为规范、准则或指南。在我国当然就包括一系列的命令、指示、通知、条例、规定等”。

公共政策的内涵应包括如下几点。

第一，公共政策的主体。公共政策的主体是党和国家的行政机关、立法机关、司法机关及法律赋予的代表国家管理部分公共事务的组织或团体及个人。

第二，公共政策的目的性。公共政策是一项目的性很强的活动，它是为了解决党和政府在管理公共事务中存在的问题而制订的对策，并且有可重复性。

第三，公共政策的权威性。公共政策是一种行为准则或行为规范或指南。由于是党和国家制定的，在推行公共政策时是以国家强制力为后盾的，所以必须被付诸实施。

第四，公共政策的动态性。公共政策的作用对象是公共领域内的公共事务，且随着社会的进步、国家在不同历史时期行政职能的变化而变化，呈动态发展趋势。

第五，公共政策的阶段性。公共政策是一个活动过程，它包括政策问题的形成、政策的制定、政策的执行、政策评估、政策协调、政策终结的全过程。体现为阶段性。

二、公共政策的特征与作用

公共政策是统治阶级管理国家、统治国家的基本工具之一，为此，它是统治阶级意志的集中体现。同时，公共政策又是统治阶级对利益在全社会进行分配的一种方式和方法。因此，公共政策有其自身的特点，主要体现在以下几方面。

（一）公共政策的阶级性和政治性

公共政策作为政治学的一个主要范畴，主要是从政治统治、国家管理的角度而言的。广义上讲，制定和实施政策的主体主要是政党和国家，它表现为政党和国家所制定的一系列政治措施和管理规范、指南等。因此，公共政策与政党和国家一样，是阶级社会亦即政治社会的产物，必然是有鲜明的阶级性和政治性，必然鲜明的带上政策主体本身所具有的阶级性和政治色彩。从更广一些范围看，一切社会政治性的组织和公民、法人，包括各类政治团体和国际性政治组织和国家联盟，例如工会、劳工团体、妇女组织、联合国等，都可成为政策主体。但从马克思主义政治学的观点来看，公共政策一般表现为一定的政治行为规范和公众活动准则，作用往往关系重大，因而主要由政党和国家来制定，并发布、实施。时至今日，还没有哪一个政党、哪一个国家所制定的哪一项政策不具有阶级性和政治性。这也是一个不容争辩的事实。

公共政策作为国家意志的集中表现形式，一旦发布实施，在全国行政区划内，在国家强制力的推动下，又表现为国家意志的执行。也就是说，通过行政力使某项政策获得实施，并使政策产生预定效应。

（二）公共政策的价值标准与价值选择性

根据马克思辩证唯物主义观点，“存在决定意识”，价值作为一种观念形态是人们的社会存在之于人们的意识的一种反映。但价值观一旦形成，就会直接影响人们的信念、行为选择及生活方式。而价值观的形成又是一种极为复杂的过程。人们的社会价值观是由作为个体的人所处的国家的自然环境和社会环境情况、历史文化传统、政治制度、意识形态等多种因素综合作用形成的既定的观念形态。它反映个人对公共领域内诸多问题的基本看法。这种看法会随社会的进步而变化，其意义在于通过公共政策的运用，倡导、推动和固化一定的公正合理、积极向上的社会价值观。例如，中国共产党作为执政党，在“三个代表”重要思想指导下，各级政府制定的“扶贫”、“再就业”政策，倡导“友爱互助”精神和“见义勇为”精神等，都是对社会价值观的一种校正。

人们对公共事务的基本看法，实质上是以什么样的价值标准去看待客观事物的过程，所以价值标准直接影响甚至决定公共政策的性质、方向、合法性、有效性和社会公正的程度。也就是说，人们处在不同环境，其价值判断各不相同，价值标准差异较大。在制定公共政策时，不同的主体对待同一政策问题的看法受到价值观、价值标准的影响，因此，必然做出不同的价值选择。

公共政策必须遵从的价值标准主要表现在如下两个方面。

政治公正标准。主要是指公共政策过程中以最少的投入获得最大的产出，通俗地讲，是少花钱、多办事、办实事。

社会可行标准。主要是指，一项公共政策在政策发布后可以较为顺利地加以推行。具体讲，公共政策的出台最好得到社会较为广泛的认同和支持。同时不会因公共政策的实施造成严重的社会问题或历史遗留问题，而是直接造福于国民、造福于社会、造福于人类。例如，我国在现阶段实施的计划生育政策就属于符合国情、文明和进步的政策。

(三) 公共政策的规范性和指导性

公共政策与法律、道德一样，都表现为一系列的行为准则或行为规范。它总是有具体的作用对象或客体，规定政策指向的目标应做什么或不应做什么，鼓励做什么或限制去做什么事。它不仅是政党或国家按一定程序制定的，而且也按一定程序实施，政策对象必须执行，否则会受到法律和行政法规的制裁。公共政策不仅对社会和人们的行为或活动具有影响力和约束力，而且也规范政党和国家的活动，因此，公共政策具有严肃的规范性。

公共政策的指导性，主要是指政策一般对党和国家的工作及人们的行为予以指导。从政策作用的层面上划分，一般可分为宏观指导和微观指导，总指导或具体指导。也有的学者认为政策可分为指令性指导和一般性指导等。但需指出的是，公共政策与法律不同，法律具有特殊的约束力，政策只具有一般的约束力，它旨在提倡、号召人们做什么，指导、规范人们怎么做，因而政策指导性不具有像法律那样的强制性。但由于政策自身的权威性决定，政策的指导性也具有相当程度的约束力。一般情况下，某项公共政策经若干年的实施后，上升为法律的条件成熟时，政策将转化为法律，这是世界各国比较通用的立法方式之一。政策一旦上升为法律，则完全呈现出法律的刚性与特征。

(四) 公共政策的稳定性与灵活性

公共政策的稳定性是指，某项政策一经提出、发布与实施，就应保持在主体内容、执行时间上的不变与持续。原因主要表现在：首先，任何一项政策的修正或改变都必须经过一定的程序和严格的审批手续才能得以进行，所以，政策具有一定的稳定性。其次，任何一项公共政策的提出，都要在调查研究的基础上经过一定的程序通过民主集中制而形成，它本身就应是符合客观规律的，实事求是的，因而也是可操作的和行之有效的。在客观环境相对稳定，没有任何重大政治突变产生或威胁民族生存的条件下，没有必要对政策朝令夕改。第三，任何一项政策，只有保持一定的稳定性，才有利于政策的实施和政策目标的实现。否则，不仅会丧失制定政策的政党和国家机关的威信，失去政策的严肃性和连续性、权威性，而且还会影响到人民群众对政策的信心和责任感。从政治学角度分析，一旦人们对政策产生不信任感，“政策失灵”就随之而至，进而影响到人们对党和国家的政治上的信任。第四，政策是靠国家机关以其法律上赋予的带有权威性和强制性的行政力来推行的，如果政策多变，执行机关将无所适从，从而影响到社会的稳定和生产力的发展。

另一方面，公共政策又必须具有相对的灵活性。灵活性是相对稳定性而言的。也就是说，政策的稳定性和灵活性是相对的。世界上的任何国家或地区，某一项政策的出台都是根据本国或本地区政治、经济、文化背景和实际情况而制定的，前提条件是必须符合国情、区情，否则任何一项政策都不能称其为好的政策，而且这种政策要随着形势的发展，客观条件的变化而变化，要对政策进行必要的调整和修改。为此，政策的灵活性一是指及时的调整和修改；二是指在贯彻上级政策时要因地制宜，从本地方、本单位的实际出发，在不违背原则的基础上，要灵活的创造性的贯彻上级政策。但需要指出的是：政策的灵活性不等于政策的随意性。灵活的前提条件是不违背政策主体制定政策的出发点和政策自身的基本原则。一段时期以来，个别地区、个别人搞“上有政策，下有对策”，我们应该从政策科学角度来分析，将其提到影响政权巩固、威胁执政党地位的高度来认识。这是一种地方分离主义情绪，是在世界上任何国家和地区都不允许存在的，不但应引起学术界注意，更应引起党和政府高度重视。我们认为，现在不允许，将来也不允许打着任何旗号、采取任何形式曲解政策灵活性，进而削弱或抵消既定的政策效应。

（五）公共政策的时代性

公共政策的时代性是指：与公共政策同时期的历史条件下，政策自身为适应时代要求所显示的特征。例如，自亚当·斯密提出市场是“一只看不见的手”，市场是国民财富的源泉的资本主义财富原理之后，西方发达国家的政府职能已经有了极大的扩张，公众也愈来愈认识到政府对社会与国家的发展，政府对公共事务的管理作用越来越有必要，是任何其他力量所不可替代的。与此同时，政府的公共政策内容也出现了明显的内容丰富化、理论和政策分析方法的多元化、政策问题复杂化的时代特征。

公共政策的内容的丰富化是指随着社会的发展、科技的进步、政府管理体制的演变出现的政府职能转变所引发的公共政策转变。例如，随着政府职能转变，一些国家通过中央银行制度控制货币的投入量、利率和汇率等干预经济发展；通过税率、税种、关税等调整产业结构，通过制定发布产品指导目录引导企业发展方向；通过制定规划、战略、计划影响社会与企业的行为与选择，大大强化了社会公共权力的主体地位和作用。政府通过制定、发布、实施公共政策，对社会公平、社会保障、社会安全、国民教育、环境保护、自然资源保护与利用进行干预和引导，而且随社会的发展，公共政策涉足的领域也越来越宽，呈内容丰富化态势。

政策理论和政策分析方法的多元化，主要是指政策的本体理论和主要研究方面。目前国际上新理论、新方法层出不穷，近年来国内这方面的著作、文章也大量涌现，呈多元化趋势。

政策问题复杂化，是指在社会飞跃进步过程中不断出现新问题，要通过制定公共政策加以引导和规范。例如，随着社会进步，教育必须优先发展，而发展教育就要扩大招生规模，扩大招生规模往往是牺牲教育质量为代价的。而政府希望既要保质又要保量，教育政策的选择也将面临困难，最终只能利弊之间进行选择，而选其利。

三、公共政策的作用

公共政策作为执政党和国家在一定历史时期为实现某种公共目标或完成某项公共任务而制定的行动准则、行为规范和行动指南，有其重要的作用，主要体现在：

第一，公共政策有引导我国公共事业发展与前进的功能。

公共政策与其他政策一样，决定着事业的成功与失败。毛泽东同志曾指出：“政策是革命政党一次实际行动的出发点，并且表现于行动的过程与归宿。一个革命党的任何行动都是实行政策。”“只有党的政策和策略全部走向正轨，中国革命才有胜利的可能。”同时，毛泽东同志也提出了“政策和策略是党的生命”这一名言，可见，古今中外所有的有作为的政治家无不重视政策在治国安邦的重大作用。尤其在 21 世纪，中国将彻底打破传统的计划经济体制的束缚，建立和完善了社会主义市场经济体制，传统的行政管理体制正在向公共行政体制转变过程当中，许多公共政策正受到重视并不断完善。现在我国又加入了 WTO，中国政府有许多公共政策要与国际接轨，如何制定和实施符合中国国情、切实可行的公共政策显得尤为重要。例如，社会保障政策，由于世界各国生产力发展水平不同，各国所采用的政治制度、经济管理体制差异较大，社会保障政策差别也很大，只有符合国情，实事求是才是政策的灵魂。否则政策就没有生命力，也就失去了存在的价值。

第二，公共政策具有国家实现职能的作用。

执政党在国家政治生活中的作用主要表现为政治领导作用。正像列宁所说：“无产阶级专政就是无产阶级对政策的领导。无产阶级作为一个领导的统治阶级，应该善于指导政策，以便首先解决最迫切而又最‘棘手’的任务。”中国共产党也是通过制定政策和实施政策以实现党对各项事业的政治领导。因此，公共政策是对公共生活领域各项事业实施政治领导的工具。

公共政策也是国家统治阶级实现其对公共事务进行管理的重要手段之一。任何一个国家要实现其统治阶级的职能，就必须通过制订一系列的方针、措施，来指导与规范国家的活动和全社会的行为，以达成统治阶级的目标与任务，这些方针、措施就是政策。在公共生活领域，要使社会各项公共事业协调、有序的发展，国家就必须通过制定教育政策、科技政策、财政金融政策、社会保障政策、人口政策等，来规范和引导社会行为，以实现国家在公共生活领域的统治功能，同时也保证执政党在公共生活领域的政治领导作用。

第三，公共政策有协调各种社会关系和调整利益分配的作用。

任何政党和国家都要根据自己的阶级意志从维护自身根本利益的需要出发，通过制定一系列的政策来规范、调节各种复杂的社会关系和利益分配。在公共生活领域，公共政策从某种意义上说，就是调整各种社会关系和调整社会各阶层、各组织团体之间利益分配的社会规范。例如，我国目前实施的个人缴纳所得税制度和最低生活社会保障制度就是通过制定和实施公共政策这一种方式，对社会利益所进行的二次分配和调整。

一般来讲，公共政策所要调整的社会关系主要包括社会各成员之间的关系和社会各项事业之间的关系，其中最本质的内容是利益调节和分配关系。实践证明，利益原则是人类社会的一项基本原则，正如马克思所指出的那样，人们所奋斗的一切都与利益有关。也就是说，在公共生活领域，公共政策必须有利于建立合理的利益调节与分配机制，有利于调动全社会广大社会成员的积极性。在目前或以后应关注社会弱势群体的存在，并通过政策对弱势群体给予扶持或帮助，才有利于社会的稳定和我国各项事业的可持续发展。

第四，公共政策具有指导、补充法律的制定和实施的作用。

在公共生活领域，任何国家制定和实施法律都必然要以一定的政策为基础，并以一定的政策作指导；任何法律都不可能对现实生活做出尽善尽美的规定，在实施过程中必须以政策作为补充。这就是通常所说的政策与法律的关系。例如，我们国家制定和发布的《中华人民共和国环境保护条例》，经长时间实践，才通过法定程序，将其上升为法律。但关于三废处理问题，国家又相应颁发了一系列工业标准与环境保护标准，政府对治理“三废”，加强环境保护又发出了一系列的通知、指示等。以补充法律上规定的不足。正如人们在实践中所说：有法律从法律，无法律从政策。这正是现实生活中法律和政策互补关系的真实写照。

四、公共政策的内容与分类

公共政策作为政党（主要是执政党）实施其政治领导的主要手段和实现其职能的重要措施，其内容是十分丰富的，所涉及的领域是非常宽泛的。在西方国家，立法机关的公共政策表现为法律，行政机关的公共政策表现为立法倡议、立法表决等，有的则体现为政策形式。而司法的公共政策表现为司法审查、司法判决、司法命令等。在我国由于实行议行合一的政治制度，公共政策首先表现为中国共产党的会议文件及由党制定和发布的一系列文件，这些文件必须通过立法机关才能转化为法律，而政府依照党所规定的原则或精神才能制定具体的公共政策。也包括政府实施公共行政管理过程中制定的一系列行政法规、行政措施和部门规章等。

公共政策的分类方式。一般来说，公共政策的分类基本上是一个技术的范畴，主要依据公共政策的作用范围和层次、内容、时间等因素进行划分。例如，按公共政策的层次可以将政策划分为元政策、基本政策和具体政策；按政策作用的范围可将政策划分为中央政策和地方政策、全局性政策和局部性政策等；按政策的内容可将政策划分为政治政策、经济政策、科教政策、文化政策、交通运输政策等；按政策作用的时间长短，可将政策划分为长期政策、中期政策、短期政策。

在现实生活中，人们往往把元政策称为总政策。而在学术界，考虑与国际保持学术语言统一性，很多教材仍称为元政策。

在我国有学者认为，元政策是指“用以指导和规范政府政策行为的一套理论理念和方法的总称。”元政策的基本功用在于如何正确地制定公共政策和有效的执行公共政策。因此，它是关于政策的政策。元政策关注的是整个政策系统及其改进。它所涉及的内容有：政策制定的指导思想、价值标准与价值取向、根本目标、实现方式、行为准则、程序步骤等。也有的学者提出：“元政策是制定政策的政策。”还有的学者提出：在我国，“元政策是国家机关或者政党制定的带有全局性和方向性的政策。”并解释说：“一个中心，两个基本点”就是我们开展各项工作、制订各类政策的根本方针。综上所述，元政策是制定政策的政策会为大多数人所接受。

基本政策是指在某一领域某个方面起指导和统帅作用的政策，也可称做“指导方面政策的指导性政策”。在我国，通常人们将基本政策称之为基本国策、方针政策。基本政策在整个政策体系中，是联结总政策与具体政策的中间环节，它既是总政策的具体化，同时又是具体政策的原则性规定，具有较强的稳定性和较高的原则性。简单讲，基本政策层次高、涉及范围广、作用时间长、权威性强。

具体政策是相对于基本政策而言的，又称为方面政策或部门政策。具体政策在整个政策体系中，是处于从属地位的，它是基本政策的具体化和延伸，是为了贯彻基本政策而制定的具体行动准则或者具体行为规范。例如，国家制定的劳动工资政策、离退休政策、价格政策、税收政策等。

五、公共政策的学科体系

目前在学术界，西方国家往往在理论研究上侧重于政治与政治制度、政治与政策、政策与政治活动、公民权力与政策活动等方面。在实务上，侧重于各方面政策的研究。在我国，基本上可以包括四个方面，即理论研究、过程研究、方法论方面研究、案例研究。如图 1-1 所示。

这其中，公共政策分析贯穿于整个公共政策过程。公共政策分析的

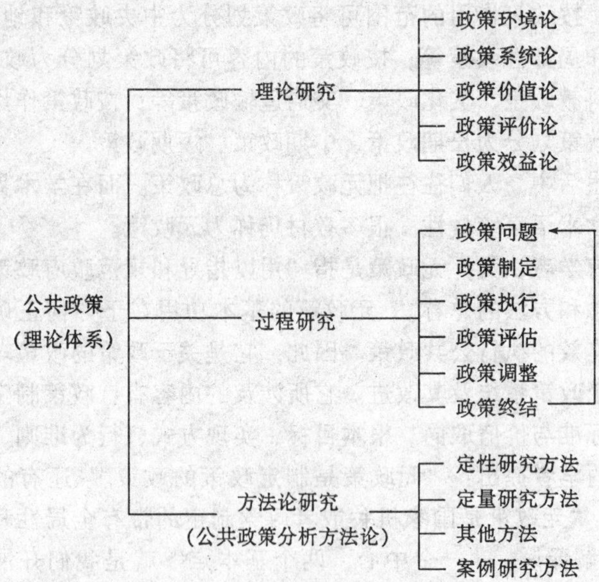

图 1-1　公共政策的学科体系图

定义不尽相同，但是它是公共政策的分析方法。现在已经把公共政策分析作为一门独立的课程来研究。

第二节　公共政策研究的发展历程

人类对政策的研究有着十分悠久的历史，从古代社会就已经开始，但是视政策研究为一门科学，却只有几十年的历史。公共政策研究是 20 世纪 50 年代在美国的大学和思想库兴起的一个跨学科、综合性、应用性的研究领域。它产生时被称为政策科学。政策科学的问世被视为“当代公共行政学的最重要的发展”，当代西方政治学的“一次最重大的突破”以及当代西方社会科学领域的一次革命性变化。由于学者和政府官员的共同努力，政策科学在产生后的几十年间，迅速成长壮大，对各国政府政策制定和社会经济发展产生了巨大影响，成为各国政界和学术界共同关注的研究领域。

一、政策研究的起源

政策的制定和研究不是人类社会一开始就有的现象，它是人类文明产生之后尤其是国家产生之后出现的现象，其历史十分悠久。我国古代就有许多政策制定和政策研究的思想。例如春秋战国时代影响深远的儒家的中庸之道、道家的无为而治、墨家的济世思想、法家的法治观念等就是政策思想的体现。应该承认，中华民族几千年创造的辉煌文明与政府的政策有着不可否认的关系。

儒家创始于孔子，孔子生活在春秋时期，正处于由奴隶社会向封建社会过渡的社会动荡时期，他怀念西周的政治和社会秩序，崇拜周公和周礼。为恢复周礼，他创立了儒家学说，儒家学说的核心是“仁”，强调人与人的关系。为了落实“仁”，他提出了“忠恕”和“中庸”两个途径。“忠”字的含义是“尽己之谓忠”，“恕”字的含义是“己所不欲，勿施于人”。关于“中庸”，孔子很少提到，但评价甚高。朱熹解释为“不偏之谓中，不易之谓庸。中者，天下之正道；庸者，天下之定理。”“中庸”的思想在汉朝以后的中国社会影响十分深远，不仅是中国人行事的准则，也成为统治者制定政策的依据。统治者“宽严相济”的政策主张就是“中庸”思想的体现。

道家的创始人是老子和后来的庄子，在他们看来，国家要想安宁，必须无为而不争，因此道家主张“无为而治”。这种主张与儒家那种积极用世的思想相比是消极的，但也有其深刻的合理性，在其后两千多年的中国社会，道家思想不仅是有的王朝政策制定的依据和原则，如西汉的文景之治，也成为中国知识分子仕途失意时的安抚良药。

墨家的创始人是墨子，在春秋战国时处于显学的地位。墨子本着强烈的救世匡时的愿望，从实用主义的立场出发，考虑社会问题，提出一系列的政治和伦理主张，如尚贤、尚同、兼爱、非攻、节用、节葬等等。这些主张有助于治国安邦，有利于民生，成为后世政府官员政策制定的基本理论依据。

法家的创始人要从李悝算起，他一方面在魏国实行变法，一方面制定出中国历史上第一部成文法典《法经》，后来商鞅把这部法经搬到秦国，在秦国主持变法 20 多年，商鞅也成为法家的代表人物，与他同时代的还有韩国的申不害。法家的集大成者是韩非子。他们的主张都是以法治国，但韩非子的主张更系统，他综合法、术、势三种做法，建立了一个“以法为本”，法、术、势三者结合的完整体系。韩非子认为法、术、势是帝王统治天下的工具。法家的这种思想对统治者的政策制定与执行有许多影响。

近代中国也有许多新的思想和观念，直接影响政策制定与执行。例如，鸦片战争时的经世致用思想、洋务运动时期的中体西用思想、辛亥革命时期的改良与革命思想等，它们作为不同时期的思想和主张对政府的政策及社会的变迁有着不可忽视的重大影响。

最早从事政策研究的人是中国的知识分子。在春秋战国时期，社会上有一批“士”，他们精通礼、乐、射、御、书、数，胸怀天下，想要成就一番事业。于是他们周游列国，寻找进入仕途的路径。他们“入楚楚重，出齐齐轻，为赵赵完，叛魏魏分”。他们之所以有这样大的作用，是因为他们是国家富强政策的研究者。《战国策》记载了这些“士”的言行，成为我国政策研究较早的著作。此后，政府的官员、希望考取科举功名的读书人都是政策的研究者，因为政府官员要治理国家和地方，必须研究政策问题；科举考试要考时务策，知识分子要想科举及第，进入官场必须研究国家现行政策的利弊。这促进了政策的研究。到清代，政府官员都有自己的幕僚，这些幕僚是政策的研究者。此外，地方官府中的师爷也是政策的研究者，特别是绍兴师爷最为有名，这些师爷言谈举止不温不火，律令法规、成例前案烂熟于心，对琴棋书画样样在行，因此官场中有“无绍不成衙”的说法。

中国历史上的官员和知识分子政策研究的成果体现在众多的历史典籍中，比较著名的有《论语》、《孟子》、《孙子兵法》、《史记》和《资治通鉴》等。

不仅中国有从事政策研究的悠久历史，在世界其他地方也能找到政策研究的遗迹。例如，古代两河流域的汉穆拉比法典就是政策研究的结果和见证。这部法典涉及刑事程序、财产权、商业和贸易、家庭和婚姻关系、医生收费及我们今天所说的公共责任。这部法典的编纂不能说不是政策研究的结果。

古代西方的思想家亚里士多德、柏拉图、阿奎那、马基维里等的政治思想和著作都有政策研究的性质，他们的著作体现了政策研究在那个时代的特点。

近代西方国家在经济学和社会学领域的研究开辟了经济政策和社会政策研究的先河。西方国家经济政策研究比较有代表性的人物是自由主义经济学的创始人亚当·斯密和国家干预主义学派的代表人物约翰·梅纳德·凯恩斯。亚当·斯密于1776年出版了经济学巨著《国民财富的性质和原因的研究》，其核心思想是主张经济自由主义。他发现经济现象是基于人们的利已动机而产生的活动。人们在经济行为中，追求的是个人的私利。每个人都力图获得最大的经济利益，但是每个人的私利又为其他人的私利所限制，这就迫使每个人必须顾及其他人的私利。这说明私利可以融合并产生社会利益。亚当·斯密的这种观点得到许多经济学家的赞同，人们将这种经济现象称之为“看不见的手”。在这种思想影响下，政府的经济政策是消极的，政府只不过充当“守夜人的角色”。经济自由主义思想左右了第二次世界大战前150多年的经济政策。

进入现代社会以后，经济政策问题的研究随着客观条件的变化也在发生变化。变化的肇端是1929～1933年的世界经济大萧条。这场大萧条打破了经济自由主义政策一统天下的历史，世界性经济萧条给资本主义世界造成了巨大的经济损失，自由放任主义的经济政策在经济大危机面前束手无策。这时一股国家干预经济的思潮开始产生，约翰·梅纳德·凯恩斯是其代表。1933年美国总统罗斯福推行了有历史意义的新政，改革金融，重建银行的信用体系，复兴工业，实行救济政策。凯恩斯对罗斯福的新政给予高度评价。他认为失业与通货膨胀是彼此消长的关系，通货膨胀只有在经济过热时出现，主张在经济萧条时扩大政府的财政支出和赤字，以便扩大社会的有效需求。凯恩斯的经济理论对第二次世界大战后的经济政策影响很大，人们把战后的经济繁荣与他相联系，称他为“战后繁荣之父”。经济政策的研究对经济和社会的进步与发展有着重要的意义。在第二次世界大战后的几十年间，经济自由主义与国家干预主义轮流坐庄，对世界各国政府的经济政策产生了难以估量的影响。

在社会学领域，德国和日本的学者关于社会政策的研究比较有成就。早在1873年，德国就成立了由西蒙拉尔等人发起建立的社会政策学会，并在社会政策的研究方面走在了其他国家的前列。日本明治维新后受德国影响也建立了社会政策学会，出版了社会政策方面研究的著作和论文。此外，英国的社会政策研究也颇有影响，马歇尔的《社会政策》一书成为影响深远的著作。

进入现代社会后，政治学研究的发展奠定了政策科学产生的基础。20世纪二三十年代，美国行为主义政治学兴起，行为主义政治学强调对政府过程和人的行为的研究，主张采用经验科学和交叉科学方法，对政治学理论进行量化研究，使政治学的研究走向科学化。这在客观上奠定了政策科学产生的基础。

由此可见，公共政策研究作为一种社会政治现象，无论在国内和国外都有十分悠久的历史，政策制定和政策执行对各国政府的管理和社会发展，都产生了和正在产生着极为重要的影响。随着现代科学技术的发展，政策研究逐渐在并不系统、不自觉的基础上走向科学。

二、公共政策研究发展的历程

(一) 政策科学的产生与学科的形成

在西方文献中，“政策科学”与“政策分析”两个概念的关系比较复杂。关于政策科学的定义，根据德洛尔的思想，可以定义为政策科学是研究如何运用有系统的知识、有结构的理性和有组织的创造性来改进政策制定，以制定更好的政策的一门跨学科的科学。“政策分析”一词是美国政治学家和经济学家林德布洛姆首先提出的。他在 1958 年发表了“政策分析”一文，用政策分析表示一种将定性与定量相结合的渐进比较分析类型。西方学者有的将两者当做同义词使用，有的将它们加以区别。用“政策科学”作为一个总的学科领域名称，强调它的跨学科、综合性特征，而将政策分析看做政策科学的一个分支，强调政策分析作为社会科学领域中的一个应用性学科的特征。目前看政策分析已经是一门独立的应用性学科。公共政策与政策科学基本上是相同的，如果说有一点差别的话，差别在于政策科学研究包括私人的政策，而公共政策研究则不包括私人的政策。

其产生的标志是美国政治学家拉斯韦尔与勒纳合编的《政策科学：范围和方法的新近发展》一书，特别是拉斯韦尔本人所写的“政策方向”一文，首次对社会科学中的政策研究方向，即政策科学的对象、性质和发展方向做出规定，奠定了政策科学诞生的基础。拉斯韦尔本人因此也成为“现代政策科学的奠基人”。政策科学作为一个独立学科的形成，则是 20 世纪 60 年代末 70 年代初的事。它以叶海卡·德洛尔(Yehezkel Dror)的政策科学“三部曲”——《公共政策制定检讨》(1968)，《政策科学构想》(1971)，《政策科学进展》(1971) 的出版为代表，这些著作构成政策科学发展的第二个里程碑。

为政策科学的发展做出重大贡献的是犹太人叶海卡·德洛尔，他是国际著名的公共政策研究权威人物。他于 1928 年生于奥地利的维也纳，十岁移居以色列，曾在耶路撒冷的希伯来大学和美国哈佛大学学习法律、政治学和社会学，是政策与计划方面的国际权威。德洛尔曾担任过美国兰德公司的高级顾问，此间他撰写了著名的政策科学三部曲以及《疯狂的国家：违背常规的战略问题》(1971 年)、《逆境中的政策制定》(1986 年) 等著作，这些著作把政策科学的研究推向高层政策制定领域。他还担任了 20 多个国际组织 (如经济合作发展组织、联合国开发署)、国家政府及多国公司、大型企业的政策顾问。主要从事政策规划、高层决策系统、关键性抉择优化、战略构想、行政管理改革和实质政策研究领域的政策咨询与顾问工作。20 世纪 80 年代，他把政策科学的研究推进到深层领域。关注逆境中的政策制定和政策哲学研究、关注多值逻辑在政策推理中的应用；针对未来环境的不确定性提出了“模糊赌博观”；主张建立危机决策和应急体制；重视高层政策推理以及主张重建政策制定系统的理论等。他还主张把政策制定系统、政府中枢决策系统与统治方式综合起来纳入到社会控制与调节的整体系统中考察。由于他对政策科学的杰出贡献，他被许多国家的大学和政策研究机构聘用。1983 年，他作为一位对公共政策的理解做出突出贡献的著名学者，被国际政策研究联合会授予首届哈罗德·拉斯韦尔年度奖。1986 年在美国政治学联合会举行的年会上，他又荣获“福尔布莱特 40 周年纪念的著名学者”称号。[1]

政策科学三部曲问世后，政策科学作为一个独立的学科开始形成。其表现是政策科学的课程进入了高等院校。一些著名学府如哈佛大学、密歇根大学公共政策研究所、加州大学伯克利分校公共政策学院、兰德公司研究生院、杜克大学政策科学研究所等先后开办政策科学的研究生教育项目。这一方面说明政策科学的重要性，一方面反映出美国学术界对政策研究的关注态度。不可否认，研究生教育项目的开办对于促进政策科学的发展有着十分重大的推动作用。

早期政策科学的范式是拉斯韦尔—德洛尔创立的范式。其突出的特点是采取一种全球观点，把各国、各民族视为一个命运密切相关的共同体，主要关心理解和改善社会发展方向，基本目标是改进决策系统和提高公共政策质量，因此它特别重视对政策制定的研究。为达此目标，必须使用分析模型、数学公式和实证数据建立起可检验的理论。强调学者和官员的合作，重视理性思维在政策制定中的作用，但也绝不否认非理性思维的价值等。

政策科学研究于 20 世纪 50 年代在美国兴起不是偶然的，有其深刻的理论背景和现实基础。其产生原因主要有以下几方面。

1．理论背景。在第二次世界大战期间，英国出于空中军事防御的需要发展了运筹学，并很快在军队中推广应用。在英国的影响下，美国军队中也开始使用运筹学。战后，运筹学的应用领域扩大，从单纯应用于军事领域扩大到政府与民用领域，取得了巨大的经济效益。那么运筹学是研究什么的学问呢？根据英国运筹学会所下的定义，“运筹学是现代科学为解决复杂问题而建立的理论。这些问题是在工业、商业、政府和防务中对人、机器、物资和资金的大系统进行指导和管理中产生的。运筹学的特殊方法是开发科学的系统模型，结合对诸如机会和风险等要素的计量，从而对可供选择的各种决策、战略或控制的结果做出预测和比较。运筹学的目的是帮助管理者科学地确定其政策和行动。”为了区别于战前的运筹学，战后应用于工业和经济管理的运筹学被称为系统分析。运筹学与系统分析的区别不太明显，以致于人们很难将二者区别开来。一般认为，运筹学解决的是低层次问题，即效率问题，系统分析处理的是高层次问题，即目标选择问题。换言之，当问题的解决只需要进行成本收益分析，就属于运筹学范畴；当问题涉及多元目标，且多元目标往往互相冲突，需要进行目标抉择时，就属于系统分析的范畴。

系统分析方法是由美国兰德公司在20世纪40年代末发明的一套费用与成本分析方法。战后50多年来，系统分析的应用有几个不同的领域：一是美国军事领域，用于研究和分析新型武器防御系统；二是在政府部门、民间企业；三是在大学和科研机构使用，为各领域的发展做出了重大贡献。

在系统分析方法广泛应用时，西方科学技术取得了突飞猛进的发展，科学技术出现了纵向分工、横向交叉融合的趋势，涌现出大量新学科。20世纪70年代，计量经济学、统计学、行为科学与管理科学中发展出许多新的研究工具，特别是和人类决策、政府管理有关的理论，如决策心理学、组织理论、大系统模型和应用社会学等也出现了新的突破。与此同时，一般系统论、控制论在社会科学领域内得到了不同程度的应用。这些都为政策科学的自身发展提供了理论基础。特别是系统分析用于政府领域的决策过程，由于涉及政策的制定与选择，涉及的政治和社会的因素很多，人们把它称之为政策分析。这些都为政策科学的产生和发展奠定了理论基础。

2. 实践基础。第二次世界大战结束后，各国都把精力投入到解决国内的经济恢复和发展问题上来，这时，政府的领导者发现他们面对着一些共性的问题，如国防、经济计划、技术开发、空间探索、城市社区发展规划、教育、环境污染、贫困、种族关系、精神心理等问题迫切需要解决，要解决这些问题，必须制定出完善的政策，必须改善公共政策的质量，因而需要进行政策研究。现实的需要，是政策科学产生的重要动力。

3. 思想库（智囊团）的成熟也是政策科学产生的催化剂。早在第一次世界大战后，为了对付社会主义苏联的崛起，为美国的对外扩张出谋划策，在西方开始产生了一些“思想库”。所谓“思想库”（智囊团），是指各种专家、学者和社会贤达所构成的跨学科、综合性的政策研究组织。如布鲁金斯学会，胡佛战争、革命与和平研究所，对外关系委员会，全国计划协会等。这些思想库主要从事经济、军事、外交等政策的研究。第二次世界大战后，为了解决战后美国国内和西方世界的各种矛盾，兰德公司、外交政策研究所、斯坦福国际和平研究所等思想库如雨后春笋般涌现，这些思想库不仅是政治设计的发明，也是政策科学产生和成长的摇篮。

4. 美国有适合政策科学产生的土壤和条件。美国在第二次世界大战后成为资本主义世界的强国，一方面西方资本主义阵营衰落，需要制定相应的政策加以扶持，同时本国社会存在大量的矛盾，如贫困、犯罪、种族冲突、公民健康、环境污染、学生造反、国防等问题亟待解决。另一方面美国的社会科学与自然科学交叉学科的发展迅速，思想库众多，客观上具备了研究解决社会问题的经世致用理论——政策科学的产生。

（二）20 世纪 70 年代政策科学的发展及特征

20 世纪 70 年代政策科学进入发展期后，在传统研究范式继续发展的基础上，又呈现出新的发展趋势，产生了新的研究范式。其具体表现如下。

1. 政策分析范式产生并迅速成长壮大。“政策分析”一词是美国经济、政治学家林德布洛姆首先提出的。他在 1958 年发表了“政策分析”一文，用政策分析表示一种将定性与定量相结合的渐进比较分析类型，将政策科学领域理解为一门应用性的社会科学学科。政策分析范式发展的原因是运筹学家、系统分析家和应用数学家的推动。20 世纪 50 至 60 年代中期，西方社会运筹学、管理科学和系统分析的定量方法及技术的发展和应用十分发达，客观上构成政策科学以及政策分析方法论的基础。20 世纪 70 年代以后，鉴于政策科学的目标过于远大和宏伟，研究不易取得突破，林德布洛姆、邓恩、奎德等人不再将一般的选择理论、人类社会的基本方向问题或一般的政策系统及过程作为自己的主要研究对象，而倡导政策分析范式，主要关注现实具体的政策问题的分析和解决方法。它针对的是具体的政策问题，容易取得突破。例如，一个州政府想建一个监狱，选址在何处妥当？州政府将这个问题委托一个政策研究组织去做。政策研究组织要为州政府提供政策建议，就要进行政策分析，应用分析技术和方法提出解决问题的办法。因此，与政策科学相比，政策分析具有更高的应用性，它以提供政策建议或备选方案为核心，有明确的委托者；其研究的问题比较明确，研究问题的范围、边界清晰，加之政策分析所需的各种分析方法和技术成熟，使得政策分析比起政策科学来更容易取得突破，较快地建立起相对成熟的学科体系。

2. 加强了对政策过程的其他环节尤其是政策执行及评估的研究。这种由政策制定向政策执行的研究重心的转移，构成20世纪80年代末90年代初"新公共管理"范式出现的契机。

为了了解公共政策实施的效果，政策评估的研究在美国迅速发展起来。由于美国政府在20世纪六七十年代出台了大量的公共政策和计划，投资了大量经费，政策执行的结果如何引起国会和学界的关注，于是需要进行公共政策的评估。为此，美国国会和政府开始投资大量的经费进行政策评估，20世纪60年代大约评估300项政策，评估经费3000万美元；20世纪70年代评估项目增加到1000项，评估经费达1.7亿美元，到20世纪70年代，政策评估已经职业化。政策执行和评估研究的发展推动政策科学的发展，对提高政府公共政策质量有重要的意义。

与此同时，政策执行问题引起了人们的注意。政策科学的传统范式是关注政策制定的研究，但发展到20世纪70年代，一些学者发现光有好的政策没有好的执行，同样不能收到好的政策效果。中国有句老话，"徒法不足以自行"说的就是这个道理。于是，一些学者开始重视对政策执行的研究。哈佛大学肯尼迪政府学院首先发表了一篇《公共政策执行问题的报告》，指出政策执行的政治与行政的方面往往为人们所忽视。加州大学的普雷斯曼和韦达夫斯基等则对美国西部加利福尼亚州的奥克兰实验案例进行详细的跟踪研究，写成经典的《执行：联邦政府的期望在奥克兰市落空》。该书令人信服地指出，再好的政策方案，如没有正确有效的执行，仍将导致失败。这些学者的研究吸引了学术界的目光，人们对政策执行的研究迅速升温，这一时期出现了种种研究政策执行的理论，如行动理论、管理理论、系统理论、演化理论等。

3. 政策科学的理论基础发生了显著变化。20世纪70年代以前，政策科学的理论基础是政治学。其表现是20世纪70年代前政策研究的基本途径如系统途径、精英途径、过程途径和制度途径都来源于政治学理论。但在20世纪70年代后，经济学途径在政策研究上逐渐居于主导地位，其中，公共选择理论的兴起是一个典型代表。该学派产生于20世纪60年代，其代表人物是塔罗克和布坎南（Gordon Tullok and James Buchanan）等。他们用经济学的研究方法去研究习惯上由政治理论家研究的问题。所谓公共选择，是指非市场的集体选择，实际上就是政府选择。公共选择理论的基本特点是以经济人的假定为分析武器，探讨在政治领域中经济人行为是怎样决定和支配集体行为，特别是对政府行为的集体选择所起到的制约作用。由于公共选择理论研究的内容与公共行政学、公共政策和政治学重叠，对政策科学产生了相当大的影响，促使政策科学的理论基础发生改变，这种理论基础由政治学转向经济学也正是后来的新公共管理范式的一个基本特征。

20世纪70年代政策科学在发展中存在的问题主要是传统的政策研究范式仍占主导地位，忽视对政策过程其他环节的研究，而且政策科学的目标是要改善全人类公共决策系统，端正人类社会的发展方向，一方面目标过于宏伟，难以实现；另一方面它在回避各国的政治制度和意识形态的差别与对立的条件下，抽象地谈改善政策制定系统，缺乏可行性，因此又被别人斥为“披着科学外衣的意识形态”。这些困难在相当一段时间内困扰着政策科学的发展。

(三) 20世纪80年代政策科学研究的发展趋势

20世纪80年代，政策科学研究的视角和主题进一步拓宽。主要表现在五个方面。

1. 加强了对政策价值观或公共政策与伦理关系的研究。政策科学虽说是对一般选择理论的研究，而选择必须以价值作为基础。传统的政策科学研究学派采取工具理性主义的立场，认为政策制定者的价值观是中立的，其实不然，由于政策制定者的偏好、价值观念存在差异，价值中立是不可能的，实际的情况是价值常常是冲突的。正是因为价值的冲突才导致了政策方案选择的困难。因此，价值、伦理问题在政策科学和政策分析中占有突出重要的地位，以至于著名学者邓恩（Dunn）称政策科学或政策分析为应用伦理学。根据丘昌泰在《公共政策——当代政策科学理论之研究》的概述，自20世纪80年代以来，公共政策伦理与价值问题的研究途径有三种。

(1) 社会哲学与政治伦理途径。从政治哲学的立场探索公共政策伦理，这是最普遍的方法。如罗斯（Rawls）的正义论，就强调以分配正义代替功利主义为主体的伦理。他认为，社会和经济的不平等可以存在，但必须基于这样一个前提，即最大限度地使先天有利条件最少的那部分人受益。他不仅强调机会的均等，也强调结果的公平。罗尔斯的批评者诺齐克在1974年出版了《无政府、国家和乌托邦》一书，对罗尔斯的观点提出了批评。他反对罗尔斯倡导的结果的公平，认为公正不得不面对的问题，不是什么公平，而是人们被给予了哪些权力，当每个人都获得了权利的公平时，社会就实现了公正。

(2) 伦理问题与社会道德途径。从特定的伦理问题个案探索公共政策伦理与价值，如国家安全、社会福利、堕胎或死刑犯等问题所引申的伦理问题。这类途径是问题取向的，强调的是公共权利的议题。如布坎南（Beauchamp）的《伦理与公共政策》一书。

(3) 事业与行政伦理途径。从政府机关或专业组织的伦理问题着眼，强调公共责任与义务的建立；这种研究途径特别重视专业道德规范与行政伦理的建立，如高斯罗普（Gawthrop）的公共部门管理、系统与伦理。

2. 公共政策与行政管理日益融合，并最终导致新公共管理范式的出现。公共政策与行政管理的关系可以说如同一把剪刀的两刃，关系密切，难分彼此。公共政策必须靠行政管理来推行，而行政管理主要是对公共政策的管理。林恩（Lynn）在《管理公共政策》一书中认为，必须熔管理与组织行为、政治与政策形成理论于一炉，才能有效地管理公共政策。这种研究趋势拓展了公共政策研究的空间。

3. 比较公共政策研究的发展。所谓比较公共政策，海德海默尔(Heidenheimer）指出，比较公共政策是对于为何、如何发展政府政策、将产生何种政策效果的跨国性研究。比较公共政策的研究兴起于20世纪70年代末80年代初，一些大学也开始设置比较公共政策研究课程，关于比较公共政策的研讨会更是频繁召开。近年来，跨国性的公共政策研究大量兴起，新的观点不断问世，其目的是希望政策制定者从历史或其他国家的公共政策发展经验中汲取教训，避免重蹈覆辙。比较公共政策的研究拓展了公共政策的研究范围，已经成为政策科学理论一个重要的研究领域。

4. 政策工具的研究受到越来越多学者的重视。由于学术界对政策执行的复杂性及政策失败现象的认识促使人们不断反思政策执行工具或手段等原因，政策工具的研究日益受到学者们的重视，关于政策工具研究的专著大量涌现，如20世纪80年代胡德（C.Hood）的《政府的工具》，20世纪90年代彼斯特和尼斯潘（B.Guy Peters and Frans K.M.Van Nispen）所主编的《公共政策工具》一书，成为当前政策工具研究的代表作。

5. 政策研究的视野进一步拓宽。这主要表现于1986年，德洛尔在其新著《逆境中的政策制定》中检视了政策科学的发展，提出政策科学需要在14个方面加以突破，把政策科学研究引向了高层政策制定领域。

（四）20世纪90年代政策科学发展的新趋势

1．高度重视宏观分析，促使政府政策制定系统的改进。由于世界经济全球化所造成的政策环境的变化对各国国内政策的影响和压力日益增大，使得政策制定者和政策研究者都认识到加强宏观政策分析，关注国家兴衰、政权命运、社会经济可持续发展等大问题研究的重大意义。在全球化的浪潮中，许多国家的政策制定者和研究者站在时代的高度，从国家与民族兴衰的角度，探索改善政策制定系统和进行政策创新的方法，这是20世纪90年代的鲜明特点。

2．加强规制政策研究，推动政府行政改革。自20世纪90年代初起，西方国家立足于宏观层面的政策系统改革，先后进行了各种政府改革，例如美国“重塑政府运动”、韩国的“第二次建国运动”和日本的“新行动审议会”等。鉴于西方国家实行市场经济制度已有较长的历史，各种规章制度繁多，影响政府的效率，因而，各国政府改革都把精简规章制度作为改革的主要任务。美国在克林顿政府时期进行了“重塑政府运动”，经过几年努力，到1998年，削减了30万名政府雇员，取消31.6万页不必要的管制，250项计划，以及64万页的内部规定，节约了近14亿美元的开支。减少繁琐的政策，是西方政策科学研究与实践的趋势。

3．政策绩效评估成为热点。政策绩效评估是政策科学研究的重要内容，也是政策分析的关键内容。政策评估在实践中有很大的难度，但在20世纪90年代政策评估发展很快。各国政府既开展了大量具体政策的评估，如环保政策、人权政策、贸易政策、教育政策、投资政策等政策的评估，也进行了政府政策制定能力的评估。

20世纪90年代政策科学的发展趋势对于提高公共政策的质量，提高政府政策能力有积极的意义。

第三节 我国公共政策研究发展的现状

公共政策在西方产生和发展已经有半个世纪的历史了，在公共政策研究发展的过程中，它已经对西方国家的政府政策制定系统的改善和公共政策质量的提高发挥了重大作用，成为政策过程不可或缺的重要工具。这一点已被我国的政界和学界所认识。改革开放后，我国加快了社会主义建设的步伐，加强政策研究、提高政策质量、减少政策失误就成为政府和学术界共同面对的问题，这也推动了政策科学在中国的发展。

一、中国公共政策研究的现状

应该说，中国共产党从诞生之日起就十分重视政策的研究工作。新中国成立后，我国的政策研究体系初步建立，并出版了许多研究成果，为现在的公共政策研究积累了许多宝贵的资料。但是，由于种种原因所致，自从新中国成立以来，我国在国家建设与社会发展的过程中，走了许多弯路，出现许多重大失误，政策失误的惨痛教训，使领导层认识到建立政策科学，实行决策民主化与科学化的重要性。1986年，全国人大常委会委员长万里在全国软科学工作座谈会上做了《决策民主化科学化是政治体制改革的一个重要课题》的报告，指出："我们没有决策科学，决策的科学性就无从检验，决策的失败难以受到及时和有效的监督，现在到了非改不可的地步了"。他明确提出要做"政策研究"这一重大课题。

在中国政府和学术界的共同努力下，中国政策科学迎来了蓬勃发展的春天。整个20世纪80年代是中国政策科学的酝酿阶段，进入20世纪90年代后，政策科学的理论研究和实践应用逐渐展开。中国公共政策研究取得了许多可喜的进步，具体表现于以下几方面。

1. 公共政策研究组织纷纷建立。公共政策研究组织是是现代社会为适应国家迅速发展面临的复杂问题的挑战而建立起来的规范化、系统化的组织。改革开放以来，各种类型的公共政策研究组织在中国不断涌现，这些组织规模不一，研究范围不同，有的侧重于经济、军事、外交问题，有的侧重于能源、环境、福利政策问题，也有的关注各种政策问题。各种公共政策研究组织性质各异，根据其特点可以把这些政策研究组织分为以下三种类型。

(1) 官方与半官方政策研究组织。这类组织分为中央和地方政府的政策研究组织。中央政策研究组织，是中共中央、全国人大、国务院及其各部委直接领导下的政策研究机构，对涉及全国性、全局性范围的政策问题，如经济增长、社会发展、科技进步等进行政策调研、信息搜集和综合整理工作，并向党和政府的高层决策者提供政策建议和咨询意见。这类组织有中共中央政策研究室、全国人大政策研究室、国务院发展研究中心、中国国务院农村发展研究中心、中国国家信息中心、全国公安计算机信息系统、中国国际经济信息中心、中国统计信息咨询服务中心等。地方政策研究组织，隶属于各级党委、人大、政府及其部门，在涉及本行政区域内全局性或领域性的政策问题时，为各级党委和政府的决策者提供政策建议和咨询意见。这类组织包括地方各级党委、人大、政府下设的政策研究室、信息中心等组织。由于这些组织或者作为党和政府的一部分，或者在资金、人事方面受党和政府领导而属于官方或半官方政策研究组织。这类研究组织对政府部门的决策者影响很大。

（2）学术性政策研究组织。我国的学术性政策研究组织也有许多，这类组织在我国都是国家事业单位性质。这种性质的组织也有几种类型。

全国性或区域性专业政策研究学会。随着政策科学研究的发展，各种专业性研究组织不断产生。如，1991 年，中国行政管理学会在吉林省长春市召开了全国首届政策科学讨论会。1992 年，全国政策科学研究会成立。1994 年，中国政策科学研究会正式在北京成立。一些省市也成立了政策科学学会。这类研究组织以学术研究为主要职能。

中科院、社科院、各专业研究院及其他团体所属的政策研究组织。这类研究组织的主要职能是以研究为主。

高等院校、党校、行政学院系统下设的有关政策研究所、研究中心等。如清华大学国情研究中心。

学术性研究组织的特点是学科广泛、人才众多、视野开阔、思想比较解放，有些实行教学与研究并重，对政府的政策制定的影响呈逐渐上升的态势。

（3）民间政策研究组织。这类政策研究组织是指企业、公司、集体或个人创办的政策研究所、咨询公司和研究会等。这种研究机构骨干人员不多，但他们能较好地利用同一些研究机构、高等院校的联系，吸收了大量的兼职研究伙伴，所以活动能量相当大。这种民间的政策研究机构大胆介入我国的政策信息传输网络，其影响不可小视。例如，设于北京军事博物馆内的“政策法规动态编辑部”的覆盖面已经相当广，它能为用户提供上百个专题的即时动态信息，在全国有 3000 多个服务点，在许多地区已深入到县，甚至北京的一些政府机构都是它的用户。[2]这种政策研究、信息咨询机构为社会提供服务，虽然数目不多，但具有较强的生命力，对政府和社会都有极大的益处。

目前，我国的各种类型的政策研究组织已经构成了一个高智力的研究系统，集中了大批的高素质的专家学者，它们是政府决策科学化的智力支持和保证。

2．公共政策研究领域成果丰硕。20 世纪 90 年代以来，中国研究公共政策的学者们出版了一大批有关公共政策的书籍、专著、译著和论文，许多公共行政学教科书也包括了有关公共政策的章节。中国还派出一部分学者去西方学习公共政策理论，他们学成归来后在大专院校任教，并出版了一批教材。经过大家的努力，在西方政策科学理论的评介、中国政策科学理论专题研究、实际政策研究经验的总结方面我国政策科学研究取得了丰硕的成果；学术交流日趋活跃，一批国外著名政策学者来华讲学，多次举行全国性的政策科学研讨会。公共政策研究的成果也大量产生。这些成果集中表现于：对公共政策基础理论的研究；对政策分析方法和工具的研究；对部门政策的研究。

3. 公共政策研究体制已初具规模。各重点大专院校都已建立了自己的公共行政专业，有许多院校开设公共政策课程，2002 年经国家教育部批准，中山大学和西北大学还开设了公共政策的本科专业，公共政策分析方向在研究生招生考试中是一个热门方向，国家 MPA 学位教育把公共政策分析列为学位必修课，这些培养制度已经或正在培养一批从事公共政策研究的学者和专家。可以预见，未来在中国将有一大批熟悉政策科学的人进入政府或各行业的决策领域，这对推动政策的科学化大有益处。在政府方面，由于各个部门都认识到了决策科学化的重要性，各级党委的政策研究室、政府的经济社会研究中心已初具规模。民间的政策咨询机构也有初步的发展。为支持政策科学研究，从“七五”计划开始，国家、省以及一些重点大学的科研基金就将政策科学方面的课题列入资助范围，政府部门则更多地资助实际政策问题的研究；而且，许多学者将政策科学研究及政策分析方法融入现实国家发展的重大政策、计划和重大工程项目的研究论证之中，使自身的发展与实践紧密结合，为决策的科学化做出了贡献。上述事实说明，由于政府和学术界的努力，中国公共政策研究的体制已经初具规模。

二、中国政策科学发展中的问题及产生的原因

虽然中国政策科学的理论基础和研究体制已经初步建立起来，但中国的政策科学仍处于起步阶段。中国要想建立有自己特色的政策科学理论和决策体制，并不是一件轻松的事，也不可能在很短的时期内做到。目前中国政策科学在发展中存在几个突出的困难或问题。

1. 没有形成中国特色的政策科学理论。目前国内虽然出版了许多政策科学的书籍，但书中所写内容基本上是西方政策科学的研究成果，还缺乏中国自己的政策理论。这种情况产生的原因是多方面的。首先，

一个学科的理论创立和成熟不是短期内能够一蹴而就的，西方政策科学理论的发展是半个世纪专家学者共同努力的结果。我国政策科学的发展才只有十几年的时间，所以不能苛求我国政策科学迅速建立起一个完善的理论体系。其次，政策科学的发展需要适宜的环境。它需要一个宽松的政治环境，有利的经济环境。再次，政策科学是一门实践性很强的学科，其发展需要实践的积累和锤炼。目前我国的学者很少有在政府机构工作的体验，自然对政策科学的发展不利。

2. 政策科学的学术研究存在许多薄弱环节。由于政策科学研究发源地在国外，国内学者在引进、吸收外来的政策知识和理论时往往一时难以洞悉特定社会环境下产生的政策理论和知识的精髓，因而对政策科学的内容研究不够清晰，其学术水平往往停留在介绍西方的政策理论、评价理论阶段，还没有深入到政策科学的实质。

3. 政府官员缺乏对政策科学应有的认识。政策科学是需要学者和官员共同研究的学问，而在我国，许多政府官员对政策科学的知识知之甚少，而又习惯于长官意志，这就使政策科学理论与技术无法应用，使政策科学理论与技术失去实践基础，难以得到迅速的发展。

4. 政策科学的教学案例不足。现在政策科学教材所用案例多是国外的，不切合中国的实际，虽然也有一些中国自己的，但数量不多，不够鲜活。导致政策科学与现实拉开了一段距离，影响政策科学的教学效果，不利于培养公共政策研究的专门人才。

三、21 世纪中国公共政策研究

中国政策科学研究面临的首要任务是创建中国自己的政策科学理论，形成有效的政策分析技术。之所以要把创建自己的政策科学理论体系作为政策科学的首要任务，是因为中国的国情与西方有很大差异，中国的政治制度和意识形态与西方不同，文化和价值观与西方不同，因而在西方行之有效的理论和技术到中国不一定有效，这就是“橘生淮南则为橘，生于淮北则为枳”的道理。因此不能照搬照抄外国经验，必须创立中国自己的政策科学理论体系。要创立中国自己的政策科学理论体系，需要从以下几方面着手。

1. 充分认识政策科学的理论意义和实践意义。政策科学研究具有重要的理论意义。首先，政策科学研究是探索中国特色社会主义理论，继承和发展马列主义、毛泽东思想、邓小平理论的有效途径。在中国，政策制定和执行过程中马列主义、毛泽东思想、邓小平理论、“三个代表”重要思想是指导方针，政策科学研究也要以此为指导思想，特别是其中的政策和策略问题对政策科学研究有重要的指导作用。马列主义、毛泽东思想、邓小平理论、“三个代表”重要思想不是僵死的教条，必须随着时代的发展不断丰富和发展，而进行政策科学研究可以丰富马列主义、毛泽东思想、邓小平理论、“三个代表”重要思想中政策和策略问题的理论，对我们探索有中国特色的社会主义理论有重要的意义。其次，政策科学研究是政策科学理论创新的基本途径。与其他社会科学理论一样，政策科学理论必须适应不断变化的社会环境，并服务于社会发展，因而需要进行政策科学理论创新。而理论创新只有不断地进行政策科学的研究、探索才能实现。所以，政策科学研究是政策科学理论创新的途径。

政策科学的实践意义主要是能减少政策失误，实现政策的民主化与科学化，减少政策失误给人民、国家带来的灾难性后果。这一点认识是我国政策失误的教训换来的。

2. 政策科学研究要把引进的西方政策科学理论本土化。政策科学研究在我国已经进行了十多年，学者们从国外引进了许多政策科学的理论，这些理论的大部分应该说是适用于我国政策过程的，但需要将这些理论本土化，也就是将西方政策科学理论应用于政策过程，以检验这些理论在中国的适应性，并发展新的政策科学理论。

3. 政策科学的研究者必须深入政策过程。创立中国特色的政策科学理论，要求政策科学的研究者必须走出书斋，深入政策过程中去，探索政策制定和执行过程中的奥秘，从中发现规律性的东西，摸索出切实可行的解决办法和应对策略，建立适合中国国情的政策科学理论。中国政策科学的研究者走进政策过程在中国不是一件容易实现的事情，它需要体制的支持，政府的支持。随着政府推进决策民主化与科学化的脚步不断前行，政府决策商业化也将不再遥远，这将促进专家学者走进政策过程，有利于中国政策科学理论体系的建立。但这只是学者深入政策过程的一个途径，还有其他的途径。

总之，中国政策科学研究的根本任务是创立有中国特色的政策科学理论体系，要实现这一任务，不是一朝一夕的事，需要学者和政府官员做艰苦的努力。

思考题

1. 公共政策学科的研究对象、目的、任务是什么？

2. 公共政策学发展的过程及其特点是什么?

3. 我国政策科学发展中的问题及解决措施是什么?

参考文献

1. 张金马主编．政策科学导论．北京：中国人民大学出版社，1992.3

2. 朱光垒．当代中国政府过程．天津：天津人民出版社，2002.220

第二章 政策模型

模型是对现实世界某些方面的简单化呈现。模型既可以是对现实实体事物的呈现，也可以是一种观念的图示呈现。前者如飞机模型，后者如城市建设规划蓝图。因而模型可以分为硬模型和软模型。对实际事物的符号化呈现是硬模型，一个硬模型可以是一幅拓扑地图，它再现了相关地形的实际状况，就其与现实的关系来说是精确的。软模型是对人们所关注的某些事物的想象特征做纯粹理论上的或假设的概念再现。[1]本书要研究的公共政策模型是一种软模型。公共政策模型是利用概念转化的方法，间接反映政策制定和政策分析过程中政策内部诸要素的性质与关系。

由于模型是对现实世界某些方面的简单化呈现，是对现实的简化、模拟和抽象，是理论的具体化和应用，因此，借助于模型有助于人们分析和理解研究对象，有助于问题的阐述和分析。借助于政策模型，可以帮助人们突破自身决策的局限性，使之在众多变量和极其复杂的相互关系中，借用成套的理论和方法，为决策者提供可供选择的假设、定义、描述、解析、对策等，以提高政策决策和政策分析的质量。

借助于政策模型，可以使政策的决策者、研究者、分析者更好地理解现实问题，准确地预测政策走势与发展趋势，有效处理模型所代表的那部分现实世界中的实际问题。正如C.S. 霍林所说：“任何模型都是对现实的不完全模仿，忽略所有非本质的东西，模仿才能取得成效；忽略不相关的细节，模型才能发挥作用。正如没有什么有力的模型会描述现实的所有方面一样，有效的模型通常也不会试图预测所有的细节”。[2]

本章对公共政策模型的分析，旨在简化或澄清我们的公共政策思维，指出公共政策议题的主要方面，明晰公共政策问题，把握公共政策要素，预测公共政策走势。

第一节　理性决策模型

理性决策模型包括绝对理性决策模型和有限理性决策模型。

一、绝对理性决策模型

绝对理性决策模型也叫传统的理性决策模型、综合理性决策模型、纯粹理性决策模型。它泛指决策者能够依据完整而综合的全面资料做出合理性的决策。绝对理性决策模型是1930年美国陆军工程团在开发水坝和河流盆地的决策中发展起来的，早期受古典经济学的影响。所以，最早绝对理性决策模型主要是用于经济领域和军事防务。20世纪50年代至70年代，此模型得到了充分发展，并随着运筹学、系统分析等优化技术的进一步发展，由英、美等国家开始将其从军事防务领域推广到其他领域。

借助于经济学中的投入-产出模型，绝对理性决策模型是指能达到“社会效益最大化”的决策模型，即政府所选择的政策，应该产出社会效益高于成本，且社会效益值最大的政策。衡量社会效益最大化有两个标准，第一，成本不得超过效益；第二，效益高于成本差值最高。它的核心是用最小的投入获得最大的产出，并使效益达到最大。

绝对理性决策模型是建立在如下假设基础之上的：第一，社会是一个全体，并且社会价值可把握；第二，决策者掌握政策选择的所有信息，包括了解社会的全部价值并能对每个社会团体的价值赋予权重；第三，决策者具有预测不同政策选择结果的能力并能正确计算决策成本效益比。所以，在绝对理性的决策模型下，决策者必须做到：了解所有的社会价值与相对权重；了解所有可获得的政策选项；了解每一政策选项的结果；计算每一政策选项成本效益比；选择最有效的政策选项。

公共政策学者叶海卡·德洛尔认为：一个纯理性的决策模型包括以下六个环节。

1. 建立一个政策目标的多方面层次，并就每一个层次的政策目标可达成的程度加以衡量。但必须注意：了解此政策目标层次之间具有多少程度的互通性。

2. 建立并衡量社会中存在的一切其他价值系统与资源。这是指前述政策目标以外存在的价值系统与资源，也就是社会中的多元力量。

3. 为政策制定者备妥一套完整的选择方案。

4. 就上述的政策运作目标、社会其他价值系统与资源所产出的每一选择方案确定完整的成本与效益的预测结果，包括每一方案所能达成的政策运作目标、消耗的资源、实现或损伤其他价值的范围。

5. 以每一选择方案的利益与成本的或然率乘以其效用，计算出每一选择方案净期望值，并计算效用单位中的净效益。

6. 比较每一选择方案的净期望值，如有两种以上的有利选择时，确定最高期望值选择方案。

以上六个步骤是相互关联的，如果每一步骤都接近了此一理性的模型，则可以认为这是纯理性的决策模型。

根据林德布洛姆的论述，绝对理性决策模型的基本内容是：

1. 决策者面临的是一个既定的问题。这一问题同其他问题相区别，或至少同其他问题比较而言，是重要的。

2. 决策者做出决定的各种目的、价值或各种目标是明确的，而且，可以按它们的重要性依次排列。

3. 决策者能够理出所有达成目标的备选方案，以供选择。

4. 决策者运用一系列的科学方法对每一决策方案进行评估，并预测出执行该方案后可能产生的后果。

5. 决策者将每一个备选方案进行一一对比，并按优劣排出先后顺序。

6. 决策者能正确地选择最大限度实现预定目的、价值或目标的那个方案。

由于绝对理性决策模型的过于理想化，绝对理性决策模型遭到了来自各个方面的批评，概括起来，绝对理性决策模型遇到的难以解决的问题有：

1. 任何社会没有完全达成的共同的价值规范，而只有特殊团体或个人的价值，而且不幸的是，这些价值又往往是相互冲突的。

2. 许多相互冲突的价值观不仅不能相互比较，而且也难以赋予权重。如个人尊严与税赋增加之间就不可比较或赋予权重。

3. 政策制定者处于利欲熏心的环境包围中，不可能精确地衡量多种社会价值规范，反而他们会极化个人的利益，包括了权力、地位、连任、金钱等。

4. 政策制定者并无动机将社会净效益极大化，而仅是满足发展的需求。他们不会直到发现“最佳方案”才停止搜索，而往往是在发现可行的替代方案后就停止搜索，因而，绝对理性模型在事实上是无法实现的。

5. 现实中大量政策都不是原创性政策，因而政策制定者往往会考虑已投入的政策成本，这必将阻滞政策制定者进行理性选择。

6. 理性决策模型的前提是决策者掌握所有的有关决策信息，并基于掌握的信息预测每一决策方案及其结果。但现实中由于信息收集受制于经费、时间，以及信息本身是否能获取等因素，信息收集将面临难以克服的障碍。

7. 就预测能力来说，当前社会科学与行为科学，甚至自然科学都无法精确到让政策制定者完全预测到每一个选择方案的结果。

8. 政策制定者即便拥有最先进的电脑化分析技术，但决策中涉及的大量的复杂的政治、经济、文化问题，是无法借助于现代分析技术完全加以成本效益计算的。

9. 个体的绝对理性状态是不存在的，当受到需求、偏好、习惯等影响时，人们往往是非理性的。而且各种决策方案的结果也具有不确定性、不完全可预期性。所以决策中的绝对理性是无法完全展现的。

10. 参与决策的政策制定主体会因专业的不同、社会阶层的差异、团体利益的分歧，使决策协调产生困难，存在着潜在的不稳定性，致使最终的政策方案抉择者为防止各种不可预测的后果的产生而紧盯以往的政策方案加以追踪。

总之，绝对理性决策模型虽然是政策制定与分析的理想境界，但在实际的政策研究运作中却难以做到。为解决绝对理性决策模型面临的困境，代之而起的是有限理性决策模型。

二、有限理性决策模型

有限理性决策模型的提出者是美国卡内基-梅隆大学计算机科学和心理学教授赫伯特·西蒙。西蒙由于“对经济组织内的决策程序所进行的开创性研究”而于 1978 年获诺贝尔经济学奖。

西蒙提出的有限理性学说，发表于他的代表作《行政行为》中。这本著作所阐述的有限理性思想主要表现在如下几个方面。

1. 对传统理性模型进行了批判。他认为传统的理性决策模型只是一种理想化的模型，它不符合决策的实际情况。因为，决策者不可能全部掌握有关决策状况的所有信息；决策者处理信息的能力是有限的；决策者不可能做出百分之百的最佳决策方案；决策者个人的能力是有限的，能力有限的决策者在极其复杂的决策状况下不可能做出最佳的决策；受特定的主客观条件的影响，事实上不存在最佳决策。

2. 提出了相对满意的决策原则。满意决策是指在现实的条件下求得满意目标的决策。西蒙认为，决策内容是广泛的，决策目标是复杂的，而决策者又不可能是完全的“经济人”和“理性人”，所以绝对最优目标是不可能实现的。因此，决策只能是满意的决策，即相对“最优决策”，在现实条件下力求选择最佳方案的决策。

3. 提出了两种用于有限理性的政策分析工具。其一是目的与手段的连锁模式。西蒙认为，价值与事实的区别就是目的与手段的区别，但目的和手段可以相互转化。例如 A 是达到 B 目的的手段，而 B 目的又可能是达到 C 目的手段。换句话说，B 既是目的又是手段。其二是可行方案与行为选择模式。西蒙认为，完全知识与完全资料难以得到，因此，不存在纯理性的经济学上的“经济人”，只有有限理性意义上公共行政的“行政人”。公共行政并不旨在执行政策，而是一整套决策与选择的过程。这时，政策推行的后果只能是一个有限理性的境界。

4. 提出了有限理性的决策步骤。西蒙认为，以往的决策理论着重研究决策结果的合理性，而很少注意决策过程本身。实际上，决策并不仅仅是最后时刻的事情，而是整个决策过程。西蒙提出整个决策过程可分为如下主要步骤：

(1) 确定需要解决的问题或所要定出的目标；

(2) 决定最低标准或水准，使所有被接受的方案都能符合这一标准；

(3) 选择一个可行的方案；

(4) 评估这一方案；

(5) 决定这一方案是否已符合所确定的最低标准；

(6) 如果此方案无法接受，再检查其他方案，并要注意通过评估过程；

(7) 如果这一方案是可行的，即开始行动；

(8) 执行之后，评定此方案的难易程度，并将资料作为提高或降低所定最低标准的参考。[1]

以上八个步骤可归类为四个阶段：(1) 为第一阶段，即“情报活动”，找出制定决策的理由；(2)、(3) 为第二阶段，即“设计活动”，找到可能的行动方案；(4)、(5)、(6)、(7) 为第三阶段，即“抉择活动”，在各种备选方案中进行选择；(8) 为第四阶段，即“审查活动”，对已进行的选择方案进行实施和评价。

第二节　非理性与渐进决策模型

一、非理性决策模型

理性决策模型的提出是基于人的理性行为。所谓理性行为，是指人类具有的合理逻辑支配的行为。理性决策模型就是基于理性行为的决策模型。由于历史发展不平衡，各国文化传统不同，价值标准各异，故而对最优、最佳的理解也不尽相同。这就产生了受各种非理性行为和不同价值支配的许多非理性决策模型。非理性决策模型也叫反理性决策模型，是指除绝对理性决策（以得到最优策略为目的）和有限理性决策（以达到满意或次优策略为目的）以外的其他决策。典型的非理性决策模型是宗教模型。

“宗教是一种社会意识形态，是对客观世界的一种虚幻的反映，要求人们信仰上帝、神道、精灵、因果报应等，把希望寄托于所谓天国或来世。”[2]人们通常所说的宗教，一般包括宗教的意识、信仰、感情、仪式、活动、组织等内容。宗教是一种历史现象，宗教在人类历史上的出现并不是偶然的，而是人类社会发展到一定阶段的历史必然，宗教的产生有深厚的社会经济根源和社会阶级根源。作为一种文化现象，具有不可忽略的力量。

宗教作为一种信仰，与传统习俗、文化、民族情绪一起支配着人们的思想。它使不少国家政府的决策无法摆脱神权和宗教教律的束缚，制约着一些国家与政府的决策，形成了典型的非理性的宗教决策模型。当今世界不少受宗教支配的国家特别是以宗教立国的国家，利用宗教为自己的政治主张辩护，借助宗教教义来激发民众的宗教情绪。

对待和使用宗教模型应该有一个客观的分析态度。一方面，在维护国家统一、民族团结的前提下尊重民族习惯和宗教信仰自由十分必要；另一方面，也要反对打着宗教旗号的民族分裂主义的错误倾向。从政策制定角度看，宗教是一个客观存在的文化环境，这就使得宗教决策模型在民族政策等领域内值得特别重视。宗教模型在决策中的作用集中到一点，是防止民族与宗教问题的潜在危险和不稳定性因素，这一点至今在国际与国内事务中仍有着不容忽视的现实意义，特别是在当今世界反恐怖主义活动中，应充分重视研究和分析宗教模型的特点和作用。

除了宗教决策模型外，非理性决策模型还包括单脑非理性模型，即决策者在决策时依据自己的猜测、习惯反应、条件反射、本能反应等非理性的心理因素去抉择，或者盲目遵从权威的分析意见作决策。如当决策者无法客观判断决策问题，或决策方案之间没有明显的优劣差异，或者决策问题需要决策者迅速反应，没有收集信息、分析论证的机会等，决策者甚至采用求神问卜、或抽签算卦等方法做出决策。

总之，对非理性决策模型，我们应该把握的要旨是：

1. 非理性决策是指除理性优化决策（以得到最优策略为目的）和有限理性决策（以达到满意或次优策略为目的）以外的其他决策。

2. 非理性决策认为政策在根本上是一个价值选择问题，理性方法(如运筹学、系统分析等）是不适用的。

3. 非理性决策模型在基本国策上拒绝理性分析，但在实质政策，如经济、军事、外交等政策上有时也使用理性分析的方法，借助理性优化模型。[3]

4. 理性决策模型与非理性决策模型的划分是相对的，任何决策都不可能是完全的理性或完全的非理性。只有当非理性因素在决策过程中起主导作用时，这个决策才是非理性的，或者说非理性方法并不指没有理性，而是偏重认为，在缺乏公平竞争的环境下，人们没有办法达到理性方法期望的最优方案或有限理性的次优方案和满意方案。所以，理性、有限理性、非理性甚或反理性方法都是现实世界决策行为的具体表现。现实中这些方法和模型的使用常常是交互的，在此的分类划分仅为说明其特征而已。

二、渐进的决策模型

渐进决策模型是由美国著名经济学家和政治学家查尔斯·E. 林德布洛姆提出的，是直接针对传统理性决策模型的缺陷，根据实际政策制定的特点，从“实际上如何做”而不是“应如何做”的角度出发建立的一套有特色的政策制定模型。

渐进决策模型把政策制定过程看做是对以往政策行为的不断修正的过程。这一决策模型的中心思想是，政策制定是根据过去的经验，在现行政策的基础上实现渐进变迁，依据现有的政策方案，经过小范围的调适、修订与完善，获得新政策。

林德布洛姆的渐进决策模型是对传统决策模型的批判。林德布洛姆认为，传统理性决策模型具有以下缺陷。

1. 传统理性决策模型要求有一个既定的问题，然后才能进入制定、选择和实施方案等阶段，然而在实际生活中，决策者面临的并不是一个既定的问题，而必须首先对所谓的问题加以明确并予以说明。但在明确和说明这一问题时，不同的人往往有不同的看法，也就是说，存在各种争论的余地，至于如何解决这些争论，目前尚没有行之有效的办法。

2. 传统的理性分析并不是万能的。对一项复杂的决策来说，分析永远是无穷尽的，有时甚至还会造成错误。况且在现实的决策中，也不可能漫无止境地分析下去。这是因为，一方面，决策受到时间的限制。常常是决策者在分析远未完成之前就要做出决定、否则就要贻误时机；另一方面，决策也受到费用的限制。对于有些决策来说，采用完全分析手段代价太昂贵，虽然对有的决策进行确定性的分析是可能的，但却往往不值得花那么大的代价。

3. 决策受到个人价值观的影响。由于决策集团内部个人价值观的不同，因而在进行方案选择时就必然会出现意见的不一致，但依靠分析却不能解决决策者价值观和意见的不一致问题。[4]4. 传统理性不能全面解决价值与利益的冲突；无法肯定地告诉人们可以有效地解决哪些问题；相对加强了政府集权地位，违背了民主政治的原则。

林德布洛姆的渐进决策模型包括如下基本内容。

1. 决策者必须保留对以往政策的承诺；

2. 对决策目的或目标的选择，对决策目标所采取的行动进行经验分析，两者是相互交织密不可分的，且决策者只能着重于减少现行政策的缺陷，而不必注重目标的重新改进，也不必注重手段和方案的重新选择；

3. 决策者只考虑解决种种可供选择方案的一部分，而不必过多地分析与评估新的备选方案，可供选择的政策方案与现行政策只有量上或程序上的差异，决策者只须着意于对现存政策进行修改和补充；

4. 在面对同一社会问题的不同解决方案时，决策者只能对每一可供选择方案可能产生的某些“重要”后果进行评价；

5. 决策者所面临的问题经常被重新鉴定，决策者应着意于对目的—手段、目标—方案进行无限的调适，从而使问题更容易处理，而不必关心基础的变革；

6. 处理问题的决定和解决问题的“正确方法”并不是惟一的，考查一个决策的优劣并不是看决策者寻求到了达成既定目标的最有效的手段，而是看决策者是否一致同意这一决策方案；

7. 渐进决策的形成，从本质上说是补救性的，它更多地是为了改革当今的具体的社会弊病，而不是为了未来的社会目标。

渐进决策模型表示了政策不断修正、渐进与变迁的动态过程，如图2-1所示。张国庆对理性模型与渐进模型做了如下比较，见表2-1。

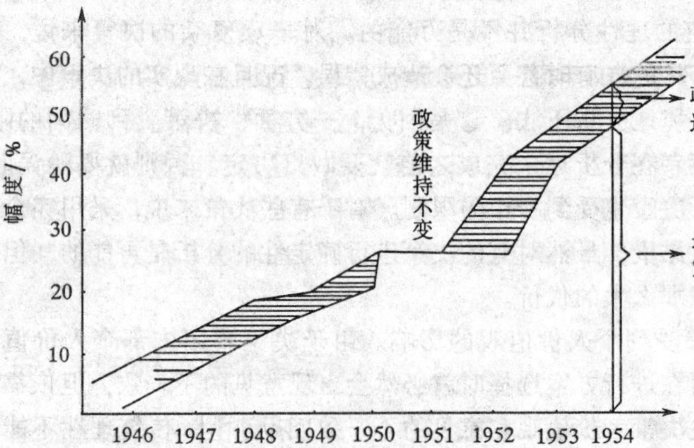

图2-1　渐进主义模型

表2-1　理性政策模型与渐进政策模型的比较

模型标准	理性决策模型	渐进决策模型
1. 目标与行动	两者明确区分 明确的目标是政策方案分析的前提	两者不区分 两者相互混淆
2. 目的与手段	明确目的与手段 先确定目的再找手段	目的——手段分析 并不适宜且有限
3.（好）的政策	（好）的政策经由达成 目的的最佳手段产生	（好）的政策经由 同意产生
4. 分析的情形	广博的、周全的	极有限；忽略了重要后果、可行方案、价值标准
5. 注重理论的情形	太依赖理论	由于连续比较，减少对理论的依赖

渐进决策模型具有一定的合理性。台湾著名的政治学家曹俊汉先生将渐进决策模型的优点概括为以下五个方面。

1. 渐进分析方式可以减少对理论的需要，因为一种完整而周到的理论框架往往是不易产生的，而我们解决的问题确实在一定的时间、一定的范围内出现，只有用渐进的分析方式才能把握问题的核心。

2. 在渐进分析过程中，我们只要能把握住问题相关性因素，而不须去计较整个理论环节中的一切变故，因为这是超过我们能力之外的。

3. 渐进分析的方法可以减少待考虑因素的复杂性。它不但能减少我们使用数量繁多的资料，而且亦能控制其直接产生的因果关系。

4. 渐进分析的方法可以容许试验，产生自我校正的效果，达到增进预测的能力。

5. 渐进分析方法的使用可以在一定时间内找到一连串的相关标准，以作为另一个渐进新方案的基础。[5]

张金马先生也分析了渐进决策模型的产生依据和适用前提。他指出：首先，当今各国的政治一般都呈渐进特性，所谓渐进政治具有以下一些特征：高层决策者对基本国策的看法是一致的；执政党本身的政治纲领虽不是一成不变的，但呈现渐进修改的特征；为解决某一特指的社会问题所制定的政策，为了稳妥，只采用不断修改的方式使之达到完善。

其次，由于多方面的原因，要具备理性优化模型使用时所需的条件相当困难，这使得比较稳健的决策者习惯于接受保守的观念。特别是在缺少公认的社会目标和统一的价值判断标准的时候，困守现行的政策就不失为上策。因为这样做对决策者来说具有安全感，并且不必再花大量精力去分析政策的有效性。况且渐进决策模型不触及更多政策制定系统的改进，原有的组织会长期存在下去。原有体制的长期不变反过来又会形成一种难以改变的操作程序，这种操作程序在进行政策分析时又会支持渐进主义的方案选择。因此，当原有的政策没有造成政治、经济、社会、组织、行政体制上的失调，不致造成重大的不良社会后果时，出于社会稳定的需要，接受渐进主义是决策者明智的选择。

再次，从政治上考虑，渐进主义也是一种权宜之计，或者说，在高层决策者内部，原有政策的修正容易达成协议。相反，重大的政策变更，风险较大的方案出台，容易引起决策集团内部的政治冲突和紧张状态，甚至引起政治与权力改组。因此，在原有政策尚有一定有效性的时候，渐进决策模型对于化解政治冲突，维持政治组织系统的稳定，是一种较好的选择。

他还指出渐进决策模型在以下前提下是可行的：①现行政策大体能满足社会各阶层成员的需要，只要进行一些边际调适即可充分显示政策有效性的进展。②待处理的政策目标和社会问题本质上也带有持续性。如国家预算编制、大型的长期规划项目。③决策者所使用的政策分析方法具有高度持续性。④决策集团将政策质量与达成一致性政策方案联系在一起考虑时，特别是认为政策质量取决于决策层意见一致时，渐进决策模型就更加可行。[6]

渐进决策模型确有实际意义。我国自改革开放以来，根据国际形势变化的新趋势，针对中国革命的新任务，把马列主义的基本原理与中国社会实际相结合，运用并创新了渐进决策模型，有效地解决了我国改革开放后遇到的一系列决策问题。渐进性决策具有以下特点：一是注意摸索、大胆创新。二是由浅入深、循序渐进。改革开放面临的问题很复杂，困难很多，不可能在短时期内建立一套新的管理体制。遵循邓小平同志的教导，逐步完善和规范我国的决策体制。从农村经济体制改革到沿海开放，到西部开发，无一不是这一决策模型的必然结果。三是由点到面，协调发展。抓典型是我党长期实践中总结出来的一条重要经验。改革开放后的渐进性决策，充分运用了这条经验，每一次重大的决策都要进行试点，先由点上取得经验，再由点推广到面，从而保证决策的稳定与协调。

渐进决策模型也存在着很大的缺陷。突出表现在：该理论过于重视短期目标和现实行为，因而偏于保守，而且不适用于战争等基本的、重大的公共政策问题；其强调的党派调适的主张极易导致党派利益之争，失去公共政策的社会目的；稳中求变的分析态度，只看到了社会的量变，忽视了社会的质变。因而一旦社会条件和环境发生巨大变化，需要对以往的政策进行彻底改变时，渐进决策所主张的修正和缓和不仅起不到推动作用，甚至还会对社会的根本变革起阻碍作用。因此，渐进模型也受到了来自各个方面的批评，批评者如德洛尔和埃泽奥尼。

第三节　综合决策模型和系统决策模型

一、综合决策模型

广义上讲，凡是将两种或两种以上已有模型混合使用、有机结合的模型都可称为综合决策模型。据此，现实中的所有决策实质上都是综合决策。但本节所探讨的综合决策模型则是特指基于对理性决策模型和渐进决策模型的批判，为克服理性决策模型和渐进决策模型的缺陷而重构的一种决策模型。综合决策模型的主要代表是德洛尔的最优化决策模型和埃泽奥尼的综观决策模型。

（一）叶海卡·德洛尔的最优化决策模型

最优化决策模型是德洛尔在其代表作《公共政策制定的再审查》一书中提出来的。他认为现实很难满足理性决策所要具备的那些条件，因而理性决策是难以实现的。而渐进决策虽然比较符合实际，但也具有不可避免的难以克服的弊端。如过于保守，妨碍社会的真正进步等。因此，德洛尔在批判、吸收理性决策模型和渐进决策模型的基础上，提出了他的最优决策模型。

德洛尔的最优决策模型是建立在以下四种基本假设基础上的：第一，优化的政策制定是努力追求政策的合理性，这种努力可以通过详细说明政策目标，广泛征求备选方案，明确政策范围，提高政策标准来实现。第二，在复杂的最优化政策制定中，超理性起着重要的作用。这是因为人类缺少完全理性的资源和能力。最优化政策制定中的超理性往往表现为直觉判断、总体印象和创造性提出新备选方案。第三，超理性的政策制定可以借助于案例讨论、敏感性分析和头脑风暴法来加以完善，也可以通过增加输入（尤其是时间），增加知识和提高政策实践者的水平等得到改善。第四，随着政策问题的增多，人类认识水平的提高，可利用的备选方案的多样化及制定政策所需的信息量的加大，因循守旧、渐进变化、维持现状与常规，但与政策所面临的问题，人们的报负水平、可利用的备选方案和政策过程自身的知识等的变化速率相比，大部分当代的政策制定方式已经滞后，这能够而且应该改变。[1]

最优化决策模型包括如下要点：用科学方法识别某些（不是全部）政策目标、价值与决策标准；通过比较研究和历史研究，强调理论工作者与实践工作者相结合，积极探求新的备选方案，特别是创造性的方案；通过估测有限的备选方案的期望成本，按优排序，从而得到风险较小的革新方案；决策者可以使用渐进决策模型检查现行方案、政策的执行情况，使用政策分析的各种方法与新方案进行比较并预测新方案的可能后果及期望值；提高政策制定参与者的人员素质、进行必要的组织建设、培训等是改进政策制定质量的有机组成部分。全部优化政策的获取是上述各因素综合作用的结果。

最优化决策模型强调对政策制定的过程进行分析。它把政策制定过程划分为以下三个主要阶段：

第一，元政策制定阶段。元政策制定即探讨政策制定的政策。它包括社会价值分析（如社会指标体系分析），环境因素的调查、分析，政策问题的认定、开发与资源分配，重新评估与设计决策体系，研究政策战略与策略等。

第二，政策制定阶段，包括资源分配后的调剂，建立按优排序的操作目标，对价值分析的各种结果按优排序，对第一阶段尚未考虑到的因素继续进行价值分析，设计有限的一些政策备选方案，对这些方案进行可行性分析与可靠性分析，进行预测分析，使用各种方法对备选方案按优排序，对优化方案进行全面评估。

第三，后政策制定，包括激励政策执行，政策评估，政策执行后评估等内容。[7]

最优化决策模型看到了理性决策模型和渐进决策模型的缺陷，试图建立一个更全面合理的决策模型。最优化决策模型提出，政策的制定应是基于对现行政策的检查与评估，既要吸收渐进决策模型的可取之处，也要充分吸收理性优化决策的操作性方法，这样才能保证决策方案的相对优化。另外，最优化决策模型还提出了系统的思想，强调对政策制定过程的分析，分析了元政策制定与后政策制定，并将之纳入到整个政策过程系统中。这些思想都极具启发意义。但是，这一政策模型也有明显的局限性。最优化模型实质上是一个折衷模型。有的学者认为，德洛尔在结合超理性因素的同时，强调绝对理性的许多因素是很不恰当的；也有人认为，德洛尔的模型重述了全面理性模型的许多步骤，但又进行了一些警告，所以，当决策者运用德洛尔的模型进行决策价值、目标评估时，将处于不明确状态，难以进行标准选择。

（二）A. 埃泽奥尼的综观决策模型

综观决策模型也叫混合扫描模型，它是美国哥伦比亚大学社会学教授A. 埃泽奥尼在“混合扫描理论：决策的第三种方法”一文中提出的。文中埃泽奥尼对传统理性决策模型和渐进决策模型进行了批判。他同意林德布洛姆对传统理性决策模型的批评，认为传统的理性决策模型对于决策的要求过于理想化，以致超出了决策者认识问题和解决问题的能力，完全理性决策是不可能的。同时他也分析了渐进决策模型的不足，指出渐进决策只是反映了社会中势力最强大而且有组织的那部分人的利益，而处于社会下层，政治上又无组织的那部分人的利益并没有被考虑进去。此外，由于渐进决策只把注意力集中在短期目标上，只是改变现行政策的某些方面，因而往往忽视基本的社会变革。对于那些重大的、带有根本性的决策，渐进决策就无能为力了。埃泽奥尼试图将传统理性决策模型与渐进决策模型的优点结合起来，他宣称混合扫描模型把理性决策和渐进决策都考虑到了，决策者可以根据不同的情况，灵活采用理性决策模型或渐进决策模型。

混合扫描决策模型的宗旨是：既要解决传统理性决策模型在实际应用中存在的困难，同时又要尽力补救渐进决策模型的弱点，使这两种模型相互结合、相互补充，从而提高做出最佳决策的可能性。混合扫描决策模型认为，理性决策模型过分理想化，现实难以实现，渐进决策模型过于墨守陈规，无法接触和改进政策核心问题。在操作程序上，混合扫描决策模型强调，首先运用渐进决策模型来分析决策中的一般性问题，以避免忽略基本的决策目标，然后在此基础上再运用传统的理性决策模型，保证对最重要的问题作深入的科学分析。同时该模型还强调，在决策过程中既要考虑决策者的能力，又要考虑不断适应决策环境的变化。因为决策者决策能力不同，对决策问题观察的程度必然具有差异，而决策环境又是不断变化的。因此，充分考虑这两个因素，才能保证决策过程的最大弹性。

总之，混合扫描模型既要求运用渐进决策模型，在宏观上把握政策方案总体的特征，不拘泥细节，避免理性决策模型的不现实性，又要求运用理性决策模型，在微观上对重点方案进行深入考察和检验，克服渐进决策模型的不彻底性。因此，从理论上讲混合扫描模型更具可行性。但是，对于渐进模型和理性模型如何有机结合，即混合扫描决策模型在实际运用中如何灵活运用的问题，埃泽奥尼的论述如同德洛尔的论述一样，并不是非常清楚。

二、系统决策模型

上述决策模型对决策问题的考虑都基于对政策本身的诸多因素的分析，如决策者、决策目标、决策方案等。实际上任何决策都不是一个封闭的体系，而是一个开放的系统，都是在特定环境下进行的。系统决策模型就是强调政策系统的环境作用。它将公共政策制定放在政治、经济、社会与文化环境中进行考察和解释。系统决策模型是政治学者戴维斯·伊斯顿在《A Framework for Political Analysis》一书中提出来的。系统决策模型认为，公共政策是权威性价值分配主体——政治系统对环境做出的一种反应。系统模型涉及环境、输入、输出、政治系统等概念。环境是指任何外在于政治系统界限以外的状况和事态，它包括社会内部环境和社会外部环境。伊斯顿又将社会内部环境分为：生态环境系统、生物环境系统、人格环境系统和社会系统。将社会外部环境分为：国际政治环境系统、国际生态环境系统和国际社会环境系统。政治系统是指一群相互关联的结构与过程，它可进行权威性的社会价值分配。输出是指政治系统权威性价值分配的结果，即公共政策。输入是指环境所产生的力量对政治系统的影响。

由于系统模型采用的是黑箱方法，所以该理论并不关注政治系统内部的组织结构和行为过程，而只着重环境与政治系统的相互作用和社会反映。在系统模型中，环境是政策形成的绝对条件，因此，研究环境输入是系统模型的一个核心。该模型认为环境输入包括两种形式：需求和支持。当个体和团体为适应环境采取行动去试图影响公共政策时，就会向政府提出要求，包括修改或建立已有的或新的政策，这就称为需求。在特定环境下，各政治个体和集团赞同政府的干预行动时就称为支持。这种需求和支持都是在环境作用下社会政治个体或集团对公共政策的反映，它们构成了系统的投入。

根据系统论的一般原理，上面提到的所有系统要素（投入、政治系统、产出）是相互联系的。系统能够也必须对作用它的环境做出反应。同时，系统也要有保存自己的机制。也就是说，公共政策制定系统要与环境相互统一，达到动态的平衡。系统保存自己的机制表现在：系统本身的产出要符合民众利益；系统本身（包括组织机构的职能作用和政策制定系统本身）要不断完善并具有法律支持的强制力；系统对各种投入，特别是冲突性的投入应有协调解决的措施。系统要素之间，以及这些要素与环境之间相互影响、相互制约的机制还表现在它的反馈机制上。在实践中，这种反馈机制还表现为在公共政策实施后应该进行政策评估，并将其评估结果作为投入成分叠加输入到系统中去，从而对原有的政策方案进行修订和补充。[8]

基于上述分析，我们可以看到，较之于其他政策模型，系统模型的最大优点是将政策研究置于环境的制约下，并将政策的形成过程看成是一个开放的、对环境适应的过程。例如，在稳定的政策环境中，需求和支持基本不变，系统的投入趋向稳定，此时公共政策呈现渐进调适的状况；当政策环境急剧变化时，系统的投入也随之改变，政治系统为了自身生存的需要，就必须大力改进政策制定系统，反映在系统产出上，就是新的政策方案的形成。

就像任何事情都不是绝对完美的一样，系统模型也存在一些不足。托马斯·戴伊认为系统模型难以解决如下六个方面的问题：

1. 什么样的环境会产生对政治系统的需求，从而对系统发生影响？

2. 政治系统将需求转化为政策产出时，具有什么样的实质？

3. 环境的投入作用是如何影响政治系统实质的？

4. 政治系统本身的实质又是如何影响公共政策内涵的？

5. 环境的投入系统如何影响公共政策的内涵？

6. 公共政策即系统的产出又是如何作用于环境并反过来对政治系统发生作用的？

第四节　政策过程模型、冲突与竞争情境下的对策模型

一、政策过程模型

政策过程模型是二次世界大战以后随着行为科学的发展而产生的一种政策模型。这种政策模型是政治学家们提出来的。该模型是希望对作为政治行为表现的公共政策制定系统提供一个统一的过程描述；或者说，通过政治行为与公共政策的关系，对政治行为的表现进行一个程序化的分析。政策过程模型将公共政策的研究限定在政治过程上，而相对忽略分析政策内容。政治学家琼斯曾说过："我认为政治学者的主要任务，是参与政治过程及其运作方式。因此，政治学者对于政策问题的真正兴趣，应该放在政策制定过程上，而非针对政策问题本身。这种想法促使我主张改进社会体系的方式，应该是多种多样的过程，提供各方利益更多接近的渠道，提出批评和反对意见，将决策予以公开化，并且说明政策是如何制定的"。[9]

政策过程模型将政策过程分为如下六个阶段：

1. 政策问题的提出。表达对政府活动的要求，旨在引起决策者的注意，并将此要求列入政府议程。

2. 决策议题的设定。设立开展公共政策问题讨论机构，决定即将被采纳的议题和问题。

3. 政策方案的形成。根据政策预测，提出、确定解决政策议题和问题的备选方案。

4. 政策立法。在备选方案中进行择优，谋求对该方案的政治支持，促使该方案成为法律。

5. 政策执行。建立政策执行机构，提供财力、物力及相应的服务支持，推行政策方案的实施。

6. 政策评估。研究政策方案，列出方案执行后产生的后果，分析政策方案对社会相关目标团体和非目标团体的影响，提出修正或改变政

策方案的意见和建议。

总之，政策过程模型将政策过程看成是一系列的政治活动，即问题的提出、议题的设定、政策的形成、政策的合法化、政策的执行、政策的评估。这个模型的重心是要求政策制定者“如何”去形成政策，或者说是“应该”如何形成政策，而不要求政策制定者对公共政策的实质进行评判。

虽然现实中，一个政策实际的生命过程，不一定完全与上述过程相符合，程序可能简化或泛化。但政策过程模型将复杂的政策过程程序化，的确为人们进行政策问题的研究和分析提供了一个基本的思维框架。而且政策制定过程和政策制定内容之间的相互影响关系也是有限的，政策的内容从根本上是取决于社会政治、经济与文化的因素，取决于决策者的政治行为。所以对政策过程进行模型分析有助于从动态上把握政策。

但是我们在具体应用这一模型时，又应注意以下问题。

1. 虽然政策的制定方式或过程对政策内容的影响很小，但毕竟有影响，完全对此忽略而不研究，未必是客观的态度。

2. 在现实的政治体系中，如下情形是很难达到的：人人都具有平等的政策制定发言权；许多不同的利益团体都能对公共问题提出解决方案；讨论、辩论和抉择政策方案对所有的人都平等开放；政策议案的选择和采纳是完全民主的；政策执行过程是完全合理、公平、富有正义的。特别是在国防、教育、福利、卫生、或刑事司法方面的决策，上述情形更难实现。所以，政策过程与政策内容之间的连结关系仍然必须加以探讨研究。

3. 一般地说，社会问题大多是先于政策制定而存在的，政策制定仅仅是政府试图加以干预时才发生的事。但有时为了防患于未然，政府的一项政策效果也可能使社会走向良性循环，许多社会问题也就得以相应解决，因此，原来意义上的社会问题并未出现，程序中有关问题的确认、列入议程可能也就没有发生。例如日本 1945 年遭受原子弹爆炸后并没有经过通常的御前会议就决定无条件投降，这主要是出于政治的需要。也有的出于竞争的需要，如美国在苏联太空技术发展后，很快地宣布成立了太空总署，计划发射载人飞船事宜。也有时因资料、时间、经费等多方面原因来不及进行政策分析。

4. 还存在着政策制定后不执行或执行不利，政策信息反馈后不修改，政策生命过时而不终结，政策失效而不废止的现象。况且社会是很复杂的，大量的偶发事件时有发生。特别是当今世界自然危机、社会危机事件频发，这些都对政策过程模型提出了挑战。

所以，上述政策过程模型的一些程序步骤只是一般的政策过程模式，一项实际的政策生命过程有时仅由上述过程中的若干阶段组成。

二、冲突与竞争情境下的对策模型

（一）冲突情景下的应付模型

在正常情况下，人们往往是理性的，决策的选择和行为的采取都是建立在缜密思考的基础上。但在竞争压力和趋避作用冲突下，人们则往往会失去某种程度的理性，不能最冷静地判断，形成一股基于摆脱压力的冲动，从而在决策选择上表现出模式化行为。贾尼斯[10]列出了压力和决定冲突的5种关系，并将5种反应模式归纳成一个系统的冲突模式，进而进一步分析了不同冲突模式下的决策反应模型。

贾尼斯认为在压力和冲突情景下，决策者的认知感受和反应有如下5种，见图2-2。

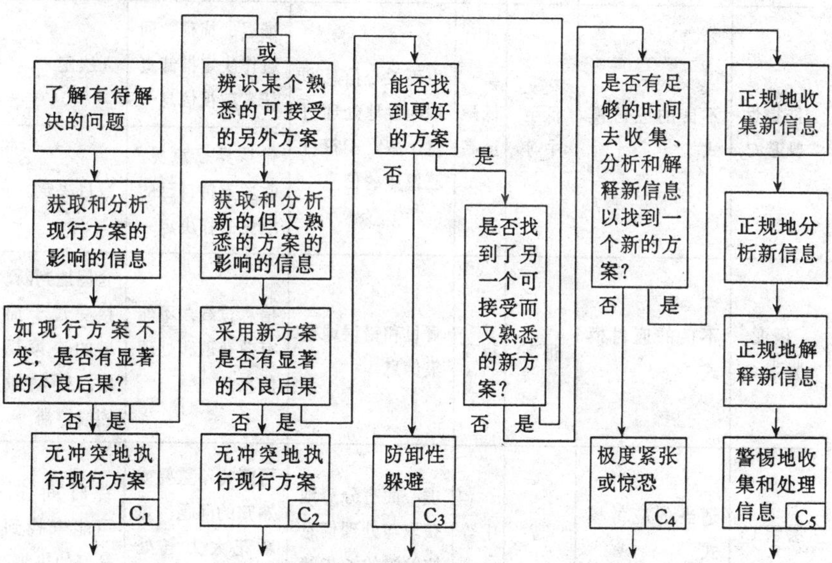

图2-2 制定决策的冲突模型和5种反应模式[11]

1．认为决定做出并不能消除压力，故取原方案；

2．认为消减压力取决于摆脱原方案的程度；

3．认为找不到有效方案可摆脱压力，因而拖延和推卸责任；

4．压力太大时因找不到适宜方案而限于极度紧张和惊慌；

5. 当允许从容考虑时，压力减轻，决策者可能努力去寻找并选择一个良的方案。

贾尼斯还认为，上述5种反应由于对信息依赖程度不同，呈现不同的信息处理模式和判断失误，其情况如表2-2。

表2-2　　冲突模型处理信息的方式与特征[11]

<table>
<tr><th colspan="2">5种应付模式</th><th>正确选择应付模式的特征</th><th>信息的影响</th><th>压力程度</th><th>信息处理的特征</th><th>潜在的应付误差</th><th>可能的误差特征</th></tr>
<tr><td rowspan="2">无冲突地选择方案</td><td>原方案C_1</td><td>按过去的经验选用老方案</td><td>低</td><td>低</td><td>不关心信息的获取和分析</td><td>判断可能大错，误将新问题作老问题或非问题处理</td><td>淡漠而平静地接近灾难</td></tr>
<tr><td>新方案C_2</td><td>从经验出发选用熟悉的新方案</td><td>低</td><td>低</td><td>不关心信息的获取和分析</td><td>判断可能大错，误将新问题作老问题或非问题处理</td><td>盲目地碰运气</td></tr>
<tr><td colspan="2" rowspan="2">防御性躲避C_3</td><td rowspan="2">不良的应付模式</td><td rowspan="2">低至中等</td><td rowspan="2">低骤至高</td><td rowspan="2">由不关心信息到倾向性地处理信息、忽略不符自己愿望的信息</td><td>推迟、拖延、回避作决定推卸责任，忽视信息</td><td>无决定</td></tr>
<tr><td>排斥异己意见，收罗支持自己的意见去作决定</td><td>盲目决定</td></tr>
<tr><td colspan="2">极度紧张C_4</td><td>不良的应付模式</td><td>很高</td><td>很高</td><td>盲目和错误地搜集信息</td><td>信息过载，不能有效获取和处理信息</td><td>仓促地判断、接受过于简单的决策规则，变动激烈或停滞</td></tr>
<tr><td colspan="2">警惕C_5</td><td>适当的应付模式</td><td>高</td><td>中等</td><td>虚心而有分辨地获取与处理信息按关键的6步骤</td><td>可能将不重要或熟知的问题，重新花大力气处理、投入偏高</td><td>费时间多，可能未找到最好的决策</td></tr>
</table>

（二）竞争情景下的博弈决策模型

博弈理论是一个抽象且演绎性的政策制定模型。该理论并不描述人们实际上如何做出决策，而是在完全理性的假定下，描述他们在竞争性的情境中将如何做出决策。因此，博弈理论是理性主义决策模型在竞争情境中的运用，其决策结果必须根据两个以上参与者的行为而定。所以该理论适用于没有独立的最佳选择的情况下，或者说最佳结果是根据其他人的选择而定。

该理论博弈的概念在于决策者必须在互相依赖的情况下进行选择。决策的参与者必须不仅是为了反映自己的愿望与能力而调整自己的行为，而且必须考虑他人将采取何种行动。

博弈的规则是描述所有参与者能够获得的所有选择。这些选择通常被画成一个矩阵图。此图呈现每一位参与者的替代选择，以及所有可能的博弈结果。二乘二的矩阵图属于最基本的情况；只有两位参与者，而每一位参与者只有两个选项可供选择：表 2-3。

表 2-3 **博弈决策矩阵表**

		参与者 A	
		选项 A_1	选项 A_2
参与者 B	选项 B_1	结果$_1$	结果$_3$
	选项 B_2	结果$_2$	结果$_4$

该简单博弈有四种可能结果，每一种结果在矩阵中皆用一格代表。其中确实的结果有赖于参与者 A 与参与者 B 所做的选择。

在博弈理论中，报酬和策略是两个主要的概念。报酬是每一位决策参与者与其对手因其选择结果所获得之价值，通常以数值的形式表示。策略是指理性决策中，采取一套设计过的动作（甚至在考虑过对方所有可能的动作之后），以获最佳报酬。策略设计的目的是为了在降低风险的情况下，使自己的损失极小化，或令其利益极大化。

博弈理论可应用于战争与和平、核武器的使用、国际外交等各种重要政治情境的决策。博弈的参与者可能是个人、团体或一国的政府，事实上它包括任何具有明确目标而有能力采取理性行为的人。

博弈理论在社会科学中常被当做分析工具加以应用，而较少被政府官员当做政策制定时的实际引导。博弈理论的条件很少接近真实生活的情况。政策选项本身亦很少以纯粹矩阵的方式被呈现出来。更重要的，很少有政策制定者明了自己或者相对立的各种政策替代方案的真正报酬大小。正如我们曾经指出的，理性决策将受到很多限制。博弈理论的作用只是提出了一种在竞争情景下的政策制定方式。

第五节　精英模型与集团模型

一、精英模型

精英模型认为国家重要的政治、经济和社会政策是由“少数精英人物”来决定的，公共政策的制定过程就是少数精英的活动过程。这些精英是社会统治集团的代表，他们占据社会支配地位，与处于被支配地位、被统治地位的大众构成对立的双方。一切公共政策都是这些精英们制定、颁布并强制大众实施的。公共政策反映的是少数精英们的偏好和价值，公务员和行政人员只是实施居于统治地位的精英所决定的政策。政策是这些精英由上往下施行的、并非群众需求的产物。如图 2-3。

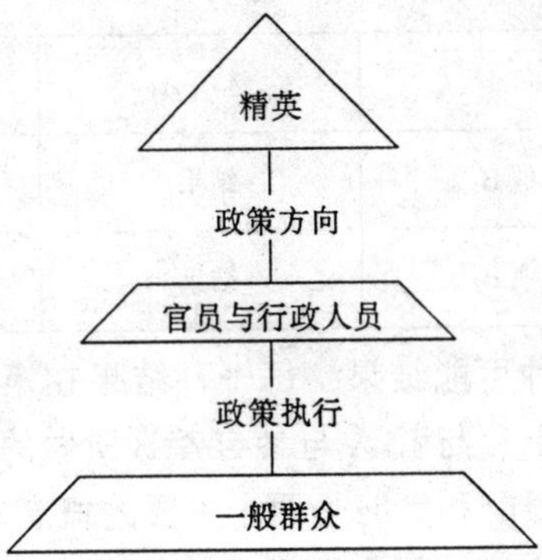

图 2-3　精英模型

精英模型的核心思想可归纳为如下几点。

1. 社会可划分为拥有权力的少数人和未拥有权力的多数人。仅有一些人享有分配社会价值的权力，群众不能影响公共政策。

2. 精英的选拔都是不成比例地来自社会经济地位较高的上层阶级。

3. 非精英往精英阶层的流动必须缓慢而持续，以维持社会的稳定并避免革命发生。唯有接受精英基本共识的非精英，方能被接纳进入统治团体。

4. 精英为了社会体系的基本价值，以及为了保护此社会体系，而分享彼此的共识。在美国，精英共识的基础包括财产权的神圣性、有限政府与个人自由。

5. 公共政策所反映的不是群众的需求，而是精英普遍性的价值。

公共政策变迁不是革命性而是渐进性。

6. 积极的精英很少受到冷淡群众的影响。精英影响群众多于群众影响精英。

精英模型强调虽然公共政策反映的是精英的利益与价值，而不是人民的需求，但这并不意味着其制定的公共政策可违背大多数人的利益。相反大多数人的利益都是由少数的精英来承担，以政策的形态表示出来的。因为，当某件事威胁到社会体系而造成政治体系发生改变时，根据自利的基础而采取行动的精英，就会提出改革措施以维护社会体系及他们的地位。此时精英的价值是非常“尊重群众”，并把大众利益看成是自己的“责任”，是自己分内的事，而不是群众的事。

精英模型还认为，公共政策中的“民主”只具有象征性的价值。任何公共政策方案都不可能交由人民来决定，因为群众是被动的、冷淡的、且掌握不多的信息。群众对精英的决策行为最多只具有间接的影响力。

总之，精英模型反映了行政决策过程与阶级统治、阶级关系的政治联系，虽不完全具有合理性，但也一定程度上反映了西方所谓“民主”的现实。

二、集团模型

集团模型的基本观点是：一个社会有若干不同的利益团体，各利益团体之间的斗争所达成的均衡的结果，就是公共政策的形成。所谓的政治就是各利益团体之间的斗争。所谓的利益集团，就是由拥有一定权力并具有共同政治观点的人组成的群体。社会中的个体只有以团体的名义，或代表团体利益时，他们才能成为政治生活的一部分。团体是个人与政府之间的基本桥梁。政治实际上就是团体之间为影响公共政策而进行的竞争。

根据团体模型，任何特定时间的公共政策皆是团体竞争达成的均衡结果。如图 2-4。

政治学者拉沁在用团体模型对公共政策作过如下的描述：“所谓公共政策，实际上就是任何特定时间下，团体斗争达成的均衡结果，它代表互相竞争的派系或团体，努力争取所达到的一种平衡。——政策立法隐喻了团体的斗争、确认赢方联盟的胜利，并以法律的形式记录放弃、妥协和征服的条款。”[12]简言之，公共政策是政府将利益团体斗争的均衡结果合法化。

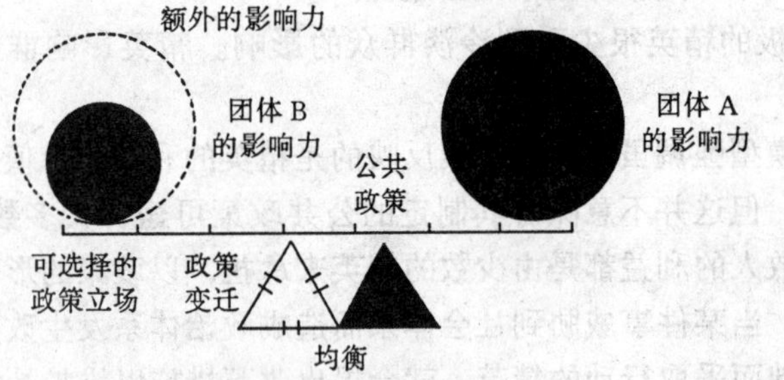

图 2-4　团体模型

根据团体模型，各利益团体之间斗争的均衡取决于各利益团体的相互影响力。任何一个利益团体的相对影响力一旦改变，就可预期公共政策的结果也将改变。政策总是朝向相对影响力大的团体所期望的方向前进，而影响力较小的团体则处于妥协让步的一方。各利益团体影响力的大小又取决于他们的数量、财富、组织强度、领导、接近决策者的通道及内部亲和力的大小。

像其他模型一样，集团模型也是对公共政策进行诠释、理解、分析的一种手段，一个角度，一种学说。集团理论着意于描述集团之间关系中有意义的政治行为。政策制定过程就是集团斗争对政府施加压力从而使政府不断做出反应的过程。这种反映就是通过协调、妥协、讨价还价而制定的一系列公共政策。在集团模型看来，政治系统就是各种利益集团利益竞争的关系系统。公共政策作为使这些利益关系达到均衡的杠杆，在政治系统中不断起作用。

三、其他政策模型

（一）从政策制定的角度，根据美国政策分析专家克朗的看法，政策模型还有以下几种。

1. 超理性模型。根据系统中超理性的特点来制定政策，而不顾忌这种政策是否具有合理性，它可能合理，也可能不合理。

2. 剧烈改变模型。以剧烈地改造过去，用重新设计未来替换现有系统的方式来制定政策，也叫突变模型。

3. 顺序决策模型。当意见不一致或材料不充分的时候，先同时选择一些决策，待意见较为一致或获得新的认识后，再选择较为可行的决策。

4. 无为模型。不作决策，有意识地决定不做什么事情。这种不作决定的决策，形成一种没有政策的政策。

5. 历史踪延模型。以未来是过去到现在的自然延伸的思想，追索历史的踪迹来预见未来，制定政策。

6. 未来牵引模型。以直觉或洞察力做出政策方案的未来目标，形成对现实的牵引力。以这种思想，设计现在的政策方案和实现目标的政策措施。

7. 历史类比模型。对不同国家或不同地区的不同历史阶段的事件与特点，通过政策的比较分析，进行类推来构思政策方案。

8. 象征比喻模型。借助自然现象或图形特征的比喻，来形象地表征所研究的各种因素及其关系，从而构思出政策设想或政策。[13]

（二）从政策分析的角度，根据模型所使用的方法，顾建光先生将政策模型分为以下几种。

1. 描述模型，亦称行为模型。它主要以政策选择后果之间的对应逻辑关系为研究对象。具体说来，描述模型是要通过描述现实特定社会系统的动作途径和动作方式，来说明某些变量的改变会如何影响系统内其他变量乃至整个系统的变化。

2. 规范模型，亦称标准模型。与描述模型相比较，规范模型的主要功效不在于阐述性的描述，而在于为实际的政策选择提供规则和建议，换言之，它是要在若干可取的政策选择中，通过一定的有规则的分析，帮助决策者做出最佳选择。通常，在程序上，规范模型首先寻得可以产生最大效益的政策价值（自变量），然后评估决策所期望得到的政策结果的价值（因变量），最后提出现实选择。

3. 语句模型。语句模型是应用广泛的分析模型。它的最大特点是完全运用自然语言来表述对特定政策问题的分析判断。所以，易于在专家和外行之间进行充分的沟通。但是语句模型的分析判断很容易出现不够严谨或过于模糊的现象，因而理解上容易出现歧义。

4. 符号模型。符号模型使用精确的数字符号以描述那些直接影响特定政策问题属性的主要变量及其相互关系。它主要是用数学和统计学的逻辑方法进行分析、预测和提出对策。因其方法论上的这一特点，它在包括大部分政策制定者在内的人员中进行沟通方面存在着明显的困难。

5. 程序模型。程序模型主要使用一系列基本的程序阐述那些被认为足以影响一项政策问题特征和各项变量之间的动态关系。程序模型主要用于未来研究。在程序模型中，发展趋势预测及其相应的解决办法，主要是根据一定的发展过程或序列，通过对一组可能具有相关关系的变量的模拟或设定而出现的。之所以如此，是因为事实上根本无法得到与特定政策问题相关联的诸变量的数据资料，所以，模拟或设定是惟一的选择。

思考题

1. 理性模型与渐进模型的优缺点是什么？

2. 试用系统模型分析公共政策是如何从政治系统产出的？

3. 我国公共政策制定适用什么政策模型？

参考文献

1. 陈振明．政策分析的不同模式、理论和方法．岭南学刊．1995，2

2. 中国社会科学院语言研究所词典编辑室编．现代汉语词典（修订本）．北京：商务印书馆，1997 年．1672

3. 张金马主编．政策科学导论．北京：中国人民大学出版社，1992.101～202

4. 刘建军编著．领导学原理．上海：复旦大学出版社，2001.201～202

5. 张国庆．论理性主义公共政策分析的局限性．北京大学学报，1997(4)

6. 张金马主编．政策科学导论．北京：中国人民大学出版社，1992.107～108

7. 张金马主编．政策科学导论．北京：中国人民大学出版社，1992.109～110

8. 张金马主编．政策科学导论．北京：中国人民大学出版社，1992.117～118

9. Charls O. Jones. An Introduction to the Study of Public Policy. 2nd ed. Boston: Duxbury, 1978.6

10. I. L. Janis, L. Mann. Decision Making. New. York: 1976

11. 谢燮正、刘泓泽著．领导者决策选择．沈阳：东北大学出版社，1993.337

12. Earl Latham. The Group Basis of Politics, in Political Behavior, ed. Heinz Eulau, Samuel J. Eldersveld, and Morris Janowitz. New York: Fress Press, 1956. 239

13. 沈承刚著．政策学．北京：北京经济学院出版社，1996.271

第三章 政策系统

第一节 政策系统的构成要素

20世纪30年代美籍奥地利科学家贝塔朗菲在前人的研究基础上，提出了关于一般科学方法的基础理论——一般系统论。这个理论的产生，在很大程度上改变了20世纪科学思维的传统图景。由于其在方法上、观念上有很多优于传统的分析方法、意识，在自然科学、社会科学中得到了越来越广泛的应用。恩格斯指出，“随着自然科学领域中每一划时代的发现，唯物主义必然要改变自己的形态”。[1]作为一般的方法论，一般系统论的产生丰富和发展了辩证法思想。

一般系统论把“系统”定义为相互联系的元素构成的统一整体，所以它所揭示的是系统与元素之间、元素与元素之间、系统与环境之间的多层次、多维度、多变量的联系和过程。按照贝塔朗菲的说法，系统论的方法与传统的“科学分析方法”存在诸多差异，比如在分析方法上，所谓科学的“分析方法”是指“一个被研究的整体被分成解为聚集着的各个部分，因而它也就能由这些部分来构成和再构成”，[2]按照这样的“分析方法”，在理论上，整体可以被无限分成若干相对独立的部分，各个组成部分之间的相互作用可以忽略不计，各个部分可以还原成原有的整体。但是，事实上，系统理论认为系统的整体功能并不符合简单的“加和”原理，比如一架飞机的各个部件的简单相加并不等于飞机具有的飞行功能。因此，简单的还原方法存在着很多弊端。

一般来看，系统是指由相互作用和相互依赖的若干组成要素构成的并具有特定功能的有机整体。系统论的思想在其性质上是区别于分析思想的，在认识整体和局部的关系上提出了新的认识模式和思路。由此，这样的思想方法对人们的社会实践活动有着积极的意义和价值。在研究某社会事物的时候，不但要区分整体和局部的地位及关系，还要确定整体中各个部分的相互关系和地位，确定各个部分在整体功能中的作用和意义；同时，系统是存在于环境中的系统，系统和环境之间存在着互动作用和机制；另外，系统的规模具有相对性，在一个大系统中，各个要素也可以被看做是大系统中的“小系统”，由此，系统就同外在的“大”环境和“小”环境之间发生相互作用，这些作用可以是直接的、也可以是间接的。因此，欲使系统整体发挥最佳的功能就必须处理好系统和要素、系统和环境的关系。

政策科学的创始人哈罗德·拉斯韦尔把政策定义为“具有目标、价值与策略的大型计划”。这表明，一方面，政策是一个包含政策目标、政策价值取向以及政策制定与实施的系统工程；另一方面，这个定义表明，政策是在规模、广度以及深度上有别于其他社会计划的，由于政策所关注的不仅是社会个体的活动，其更关注从作为社会整体的角度来制定各种社会规范；它所约束的不是一个或一类人群，而是关注所有社会的群体。同时，任何政策的出台都是社会环境发生变化的结果，社会环境的变化对于政策的制定和实施起着基础性的作用。

由此，我们发现，首先，政策产生于社会大环境下，它与社会环境存在共生互动的密切联系，政策制定与实施和社会大环境之间时刻都在进行着物质、能量和信息的交换，社会的开放系统也使得政策具有开放性；其次，作为一项具体的政策，它的存在与发展都同其他政策发生着这样或那样的联系，使得一种政策的有效实施依赖于其他社会政策的支持和维护；第三，作为处理某一项社会事务的政策，其内部存在着很多支持部门，这些可以看做是支撑要素，他们工作开展情况的评价直接关系到这一政策实施的效果。基于以上三点，政策有着很多同系统理论相似的特征，同时这些特征以与系统理论所描述的诸多特征不同的方式表征出来，由此也就有了自己的内部和外部的系统特色。所以，政策作为社会大系统中的一个关键子系统的存在有着客观的现实基础，我们可以从系统的角度对政策进行分析与探讨，这将对我们理解政策系统的本质特征起到积极作用。

一、政策系统的构成要素

作为一个系统，存在着构成其整体的各个要素。作为一种系统类型的政策系统同样存在各种构成要素，大致包含政策主体要素、政策客体要素、政策环境要素以及政策程序要素等（见图 3-1）。

1. 政策主体要素。主体是指“事物的主要部分”。[3]政策主体应该

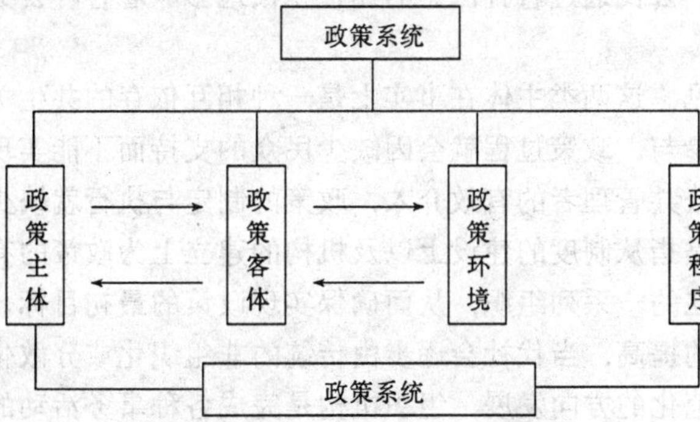

图 3-1　政策系统的要素图

包含以下两层含义：

首先，参与者的角度来看，“政策主体”应该包含从政策制定、实施、评估反馈诸多环节的所有参与者。

其次，从自然属性来看，“政策主体”也包含具有人格意义的各种组织，如政党、利益集团等等。由此，“政策主体”不仅具有传统哲学意义上“主体”同“客体”二分的意义，同时也丰富了作为传统意义上“主体”在政策过程中的内涵。

政策主体要素的类型：

按照政策过程参与者的属性划分，可以将“政策主体”划分为“政策主体”的自然人主体要素以及“政策主体”的组织要素。

前者是指能直接或间接在政策过程中影响政策的制定、实施等过程的个体。这些个体大致包含两类，其一是在公共部门中履行职责的管理者；其二是普通的民众。

对于第一类“政策主体”，他们广泛地存在于各级公共管理部门以及司法部门，他们在事实上构成了“政策主体”要素的核心部分，因为无论是作为各级行政机关的最高层领导，还是作为基层的公共部门的工作者，他们在政策过程中都充当着重要的角色，缺少了这些“政策主体”的存在，政策过程就会停止，政策系统就会陷入瘫痪；

对于第二类政策的指向对象的民众也是“政策主体”的有机组成部分，实际上，政策制定的动因一方面来自于第一类处于核心地位的“政策主体”，另一方面，也来自于民众的提议。这些提议既包含对于现行政策的意见，也包含了提出问题的解决方案。如果说第一类“政策主体”是直接参与政策过程的话，那么第二类主体则可以认为是间接地参与到政策过程中来。对于民主化程度较高的国家或地区，民众的参与程度是很高的，公民通过各种法定的途径积极地影响着各种公共政策过程的各个环节。

由此可见，这两类主体在事实上是一种相互依存的共生关系，离开民众的积极参与，政策过程就会因缺少民众的支持而不能实现政策的目标；而没有公共管理者的有效介入，政策的制定与执行就缺少了现实的基础。后者是指从制度的建设上以及机构的建立上为政策的有效运作提供支持而建立的一系列组织，从而确保实现政策的最初目标。随着社会建制化程度的提高，当代社会逐步由传统的非组织化或分散化的管理向组织化、规范化的方向发展，组织机构是完成各种事务活动的有效载体和依托。组织之所以能完成个体所无法完成的社会目标，是因为组织有很多个体所不具备的特征和优势。

首先，组织的建立一般都是基于法定的基础之上，法律具有特定的法定性通过赋予组织而体现出来，由此，组织具备了特定的合法性基础，组织的权威性由此产生，而这正是组织区别于个体的首要因素之一，同时，也是组织在行使权力的过程中具有比个体更大的优势之所在。一般地，作为社会的个体都直接或间接地被纳入到某一个或几个社会组织当中，这些组织可能是正式的，也可能是非正式的，由于组织可以为个体提供个体所无法完成的社会使命，个体就具有了一种依附组织的天然属性；其次，组织可以在制度上保证社会任务的实现。组织的建立一方面是依据法定的或是授权的方式得以建立，另一方面，组织在建立之后还要为组织的存在提供用以发展自己的特定规则。这些规则的有效实施将在组织各项任务的实现过程中起到对组织成员积极的约束和导向作用；同时，组织的这一保证可以有效避免非组织个体的松散性而产生效率低下的问题。由此，组织由于具有上述诸多特征，因此也就拥有了个体无法完成的社会角色。

作为政策过程不可或缺的各类政策制定组织在各类社会组织中是一类重要的组织。这些组织大致包含两类，其一是与政策过程直接相关的各类公共管理部门以及各种司法机关、政党等；其二是同政策过程间接相关的各类组织。前者大致包括行政机关、立法机关、司法机关、各类政党等；后者则包含诸如新闻媒介、利益集团等。由于政策制定组织在政策过程中的角色不尽相同，由此，他们的在政策系统中的地位和作用也存在着一定的差别。

（1）行政机关。行政机关作为政策主体的一个关键因素，在政策过程中起着核心的作用。

一般来看，行政机关是指按照法律设定的、依法行使行政权力、对社会的各种公共事务进行管理和约束的组织。事实上，行政机关在政策过程中的作用是其他组织和个人所无法替代的，随着科学技术的不断发展，同传统社会相比产生了很多社会问题，因此，社会事务复杂程度也在不断提高，各种社会问题层出不穷。因此，在上个世纪后半期开始，在西方国家出现了以行政权力为主导的政府改革倾向，这种倾向主张政府应该全面干预社会生活的各个层面；同时，行政领导的角色和权力也因此而得到了加强，特别是像美国这样的国家，行政领导在政策过程中的作用是十分明显的，尤其是高层行政领导更是如此。

作为政策主体的行政机关，对公共政策的制定、执行、监督等诸环节起着关键的作用。一般来看，行政机关在政策过程中的作用表现为以下几个方面。首先，行政机关大都具有一定的立法权，由此，在法定的范围内，他们都可以制定法规或规章，并通过对法规的解释以及实施对科学、文化、卫生、教育等社会事务进行管理；其次，对各项社会事务进行日常管理。同制定法规或规章的政府行为不同，这些日常的管理行为都是基于各个机关的日常管理工作，这些机关大都属于基层政府组织，与上级机关不同，他们并没有制定、颁布法律、法规或规章的权限，他们的管理工作是具体的、操作性的。尽管他们没有权限或被授权制定或颁布法律、法规的权力，但是，他们的工作在政策过程中却是不可或缺的，因为这些工作的主要目标的实施正是对有关政策、法律、法规或规章的相关规定，政策过程结果的好与坏，政策本身的优与劣固然是影响该政策的实施效果的一个重要因素，但是，政策执行部门对政策本身的理解程度的高低，以及政策执行人员对政策实质领会水平的高低，都直接关系到政策执行的结果；同时，政策过程是一个完整的、连续的、动态的过程，政策过程的每一个环节都与具体人员的“政策水平”直接相关。“上有政策，下有对策”的不良社会现象，正说明了政策的贯彻过程对于实现政策本身价值的关键作用。

(2) 立法机关和司法机关。现代社会的显著特征之一就是法制性，立法机关与执法机关则是有效实现社会法制性的组织前提和制度保障。由于各个国家的历史与传统不尽相同，因此，对于立法和司法机关在政策系统的作用和地位也存在诸多差异。在法制化程度较高的社会里，立法机关和司法机关在政策系统中起着比其他机关更大的作用，这两个机关在整个政策过程中常常具有决定性的作用。比如在西方实行三权分立的国家，立法机构大多是议会或国会，一般是先由议会制定和通过法律，然后交由国家元首或政府首脑签署后，方可生效。在我国，全国人民代表大会及其常务委员会是我国的最高权力机构，也是最高立法机构。作为国家的最高权力机关，人民代表大会在我国的政策系统中居于最高地位。这表现在全国人民代表大会拥有立宪权、修宪权、立法权，拥有对国家生活中重大事项的决策权。因此，它是重要的政策主体。一般认为，在立法机关和司法机关这两个国家机关中，大多数人更关注前者，认为立法机关在实践上影响着我国的政策过程，对于后者则重视不够。事实上，司法机关的职能不仅涉及到司法审查以及监督，而且大量的司法解释对于政策过程的影响也十分明显，因为司法解释在实践上仍然对社会活动有着普遍约束性，对各种社会行为产生了积极的影响。

(3) 政党。政党通常被认为是一定阶级利益的代表，是为了维护一定阶级利益而形成的政治集团。无论是实行一党制还是多党制，执政党都需要在执政期间以执政的名义对各种社会性和阶级性事务进行管理，而管理的前提是颁布具有普遍约束力的政策、法律以及法规等。通过合法的形式指定各种经济、文化、外交等各方面的社会政策，因此，在国家尚未消亡，阶级尚且存在的当今社会，政党在政策系统中将继续扮演重要的角色。无论是在台下的参政党还是在台上的执政党，他们都需要得到民众的支持与拥护，因此，制定符合最广大民众利益的政党将在竞选中获胜。西方的政党制度一般分为两党制或多党制，无论是哪种形式，争取得到议会的支持是其在政策过程中发挥作用的必然选择。

(4) 利益集团。通常，利益集团是指基于共同的信念和需要而自发联合起来的具有一定规模的民众团体。与行政机关、立法及司法机关等组织的形式不同，前者具有正式性的特征，而后者则具有非正式的特性。利益集团的组合是自发与自愿的，具有易变性、多变性和开放性的特征。对政府的影响渠道具有多样性。例如，在政策的制定阶段，利益集团可以通过游说，进行“院外活动”，对政策制定者施加影响；在政策的执行阶段，通过执行部门按照他们的意图进行政策的执行；在政策的评估与反馈阶段，通过对评估结果和评估标准提出自己的主张和见解，从而影响整个政策过程。这种影响越是持久，其所带来的长远影响就越是深刻。通常，利益集团通过以下集中方式施加对政策过程的影响，一是游说，游说可以是直接的也可以是间接的；二是政治捐款，即向与自己利益一致的候选人竞选捐款；三是通过投票的方式实现对政策过程的参与。

(5) 新闻传媒。由于技术手段的先进性、影响途径的独特性以及和人们日常生活活动的相关性，使得人们认为新闻传媒是区别于正式权力的“第四种权力”。比如，通过电视这种形式的报道，就会对公众产生巨大的心理影响，进而对其行动也会产生积极的影响；同时，通过暴露公共部门存在的各种问题，也将在消极的意义上促进其不断改进原有的管理模式和政策定位。

2. 政策客体要素。政策的客体要素是相对于政策主体要素而言的，是指公共政策所影响的对象，也就是政策影响的人口和各种政策问题。

作为政策的客体之一，政策所直接或间接影响的人口，学术界称之为目标团体或标的人口。虽然政策的标的人口要受制于政策，但政策的标的人口不是消极地受政策的约束，而是对政策具有能动的作用。一般来说，当政策需要规范的标的人口的数量和行为较少时，政策实施的效果要好些，当政策需要规范的标的人口的数量和行为多时，政策效果则增加了许多不确定性。而且，政策的标的人口对公共政策的态度直接影响政策的实施效果。当标的人口对政策表示支持和顺服时，政策实施的效果好，反之，政策实施的效果差。例如，在我国，由于人们的纳税意识不强，致使我国的税收流失十分严重。税收政策执行效果不佳，很显然是政策对象不配合所致。因此，政策的标的人口作为政策的客体不可以忽视，必须进行必要的政策宣传、教育，减轻政策客体对政策的消极影响，发挥政策客体对政策的积极的能动作用，使政策收到较好的效果。

政策的另一客体是政策问题。政策问题来源于社会问题。由于社会问题的复杂性和持久性，因此，面对诸多的社会问题，不是所有的问题都会成为政策的客体，也就是并非所有的社会问题都会被纳入到政策过程当中来。因此，从这个意义上看，政策客体的构成要素是受到限制的，这些限制不仅来源于社会问题的错综复杂的现实，同时，也反映了政策本身的局限性，特定的政策总是只能解决特定的问题，而不可能有包罗万象的“通用政策”，在人类进入大同社会之前，公共政策是有着特定历史的、文化的和传统的背景的。由此可见，成为政策的客体要素应该具备两个基本的标准或条件。

其一，政策客体的社会性。事实上，任何社会政策的出台都是基于解决社会性问题的需要，所谓社会性问题是指具有普遍性而非个别性的问题。这说明政策客体具有社会性意义。社会问题表明，问题的存在具有普遍性意义和价值。普遍性表明，尽管有些问题确已出现，但是不具备相对普遍的意义，这样的特定问题虽然也发生在社会现实当中，但是，由于社会政策的约束对象具有普遍意义的属性，由此，对于特定的问题只能通过个体解决的方式，而不能通过政策的解决方式，否则，就会因政策的普遍性而使一些人受到损失。

其二，政策客体的现实性。政策的客体不仅有着社会性的特征，同时，政策的客体还具有现实性的特点。政策客体的现实性表明，各种社会问题总是先于政策出现，从这个意义上看，政策就是对已经发生的社会问题的补救过程。政策尽管具有“亡羊补牢”的意味，但是，为了避免更多类似社会问题的发生，制定相应的政策用以解决或缓解现实的社会矛盾是切合实际的。例如，对乱砍乱伐树木的社会问题的规范就是如此。当然，不能把政策的补救功能视为政策的惟一功能。恰恰相反，对于未出现的社会问题，如果事先可以预测到其发展的方向以及可以带来的社会问题，同样可以被纳入到政策客体的范围之内。由此，政策也就不仅有了消极地进行社会问题的补救社会功能，同时，也就有了积极地进行预防的社会价值。

由于社会事务、社会问题纷纭复杂，因此，我们不可能列举出政策系统中所有的政策客体，诸如经济的、政治的、文化的，法律的、伦理的、外交的，等等。这些政策客体在政策系统的运行中并不是孤立的个体存在，而是相互错综复杂地交织在一起的，呈现出立体网状的复杂结构。

3. 政策环境要素。政策系统作为社会大系统的有机组成部分，不仅包含上述的主体要素和客体要素，他们构成了政策系统的基础部分、核心部分、内在部分；同时，外在的环境也同时构成了政策系统的一部分，这些外在的环境因素从各个层面对政策系统施加不同的作用力，这些作用力的合力效果最终在某个方向上影响着政策的整个过程，这个合力效果既可以是在正方向上产生对政策过程的促进作用，同时，它也可能在相反的方向上产生对政策过程不利的消极作用。总之，有什么样的政策环境就会有什么样的政策产出，同时，政策产出也在同时改造着其所处的外在环境。

(1) 政策与环境的关系。首先，政策对环境存在依赖性。

由于无论何种政策都是针对某种现存的社会问题，因此，从某项特定政策的角度看，其出台的直接动因是来自于政策所处环境对政策系统的外在压力，社会环境的变更必然促使政策系统发生某种程度的变化，同时，政策变化的速度和深度也依赖于社会环境的变更。

政策对环境的依赖性主要表现在以下几个方面。

第一，政策依赖于现有的社会资源环境。一般来看，社会资源包含两个方面，一是指自然资源，包括地理条件、能源储备等。自然条件的优劣对于一个国家的发展在客观上将起到基础性作用，由于自然条件在国家之间存在客观的差别，因此，不同地理环境下的国家能源政策将会千差万别。石油丰富的中东地区以及水利资源丰富的美国，相对于这两者缺乏的国家或地区来讲，考虑到本国的利益和将来的国际竞争的需要，他们在制定国家或地区的资源政策的时候就会同本国的实际情况有机地结合起来。随着可持续发展战略在全球的兴起，各个国家在这个战略的指导下都制定了相应的资源战略，同时，由于政策系统的关联性，资源环境政策与其他政策之间也存在着互相制约的关系，可见，自然资源对政策的影响是客观存在的；二是指人力资源，包括社会的整体人口结构、人口素质等。通常，人口素质不同、教育普及程度存在差别的地区，对政策过程的影响也不同。一般地，受到良好教育的民众要比教育程度稍低的人口对于政策有着较深的理解，同时，由于政策执行需要民众的积极支持与合作，所以，在文化教育程度较高的地区就比较容易贯彻政策，相反，在文化教育水平不是很高的地区，在政策制定时就要考虑当地居民对政策的实际理解能力，否则，在政策的执行过程中可能因为对政策理解程度的不够而产生不利的后果。

第二，政策依赖于现有的社会制度环境。社会制度是指“存在于人类社会生活在中的稳定的、受到遵守的社会关系的组织体系和行为模式。”[4]社会制度是人类历史上出现的特定社会现象。它同特定的历史阶段结合在一起。不同的历史发展阶段有着各自不同的社会制度，不同的文化地域存在着不同的社会制度。社会制度通过一定的规范和约束机制把社会成员联合在一起，使之成为具有某种共同政治倾向和信仰的群体。一般可以从三个方面理解社会制度环境的含义。

一是指社会的经济制度环境。按照生产资料所有制的不同，社会的经济制度可以分为以私有制为基础的经济制度和以公有制为基础的经济制度。作为上层建筑的经济基础，经济制度在很大程度上影响着经济发展的水平，而经济制度环境也同时影响着政策的基本走向。在经济制度中，经济体制是其中的重要组成部分。从人类社会发展的过程来看，按照经济制度的不同特征，可以大致把经济体制分成原始（或自然）经济体制、计划经济体制以及市场经济体制。三种不同的经济体制对人类社会的不同历史发展阶段有着不同的历史意义。从特定的历史发展阶段来看，这些类型的经济体制都是适合当时社会生产力发展水平的。从这个的意义上看，三种经济体制下的社会制度都需要有相应的社会政策支持系统。原始经济体制是一种在生产力十分低下的社会条件下产生的自我封闭、自给自足的经济形态。由于在生产上处于十分分散的状态，分配上存在剥削的不平等的社会现象，为适应这样的经济体制，社会政策调整社会关系的范围、尺度、方法就会受到限制。比如，原始社会里的社会公共问题，诸如卫生、市政、教育等等方面就不会像现代社会这样受到政策的广泛关注。但是在市场经济条件下，由于生产规模的急速扩张、社会化大生产的空前膨胀，导致各种适合市场经济体制的价值规律、价格规律以及供求规律相继出现。由于社会生产以一定的组织形式进行，比如各种企业、公司等，他们在市场机制的自由竞争规则驱使下，必然以追求利润最大化来实现其目标，自由竞争的资本主义由于只重视市场中“看不见的手”的价值规律的作用，因此自由竞争的结果有时可能导致竞争的非充分化、非公平化以及非公开化。1929 年爆发的席卷西方资本主义国家的经济危机促使其政府开始干预经济的发展，成为市场经济制度游戏规则的制定者。因此，无论是作为一个国家还是作为一个特定的地区，政府的宏观经济政策都是不可缺少的关键因素。由此可见，从原始的经济体制到市场经济体制的过渡，社会政策的调整是不可避免的一个过程，经济体制的改革必然导致政府经济政策的相应调整。计划经济体制是社会主义发展的一个特定历史阶段出现的经济体制，是社会主义国家探索适合自己发展和生存的有益尝试。无论哪种经济体制，都存在着社会政策的有效调适问题。从根本上，社会经济制度对社会政策过程的影响具有基础性，经济体制的改革必然导致经济政策的调整，而经济政策的调整又将对整个政策系统产生持续的影响。

二是指社会的政治制度环境。政治制度一般是指构成一个国家权力运行的组织运行模式，也就是居于统治地位的阶级为有效地实现有利于本阶级的统治而采取何种政权组织形的问题。它一般包含国家权力体系的基本构成，国家政权的归属以及各种政党在政权体系中的地位和作用等制度。在历史上曾经出现过专制以及民主两种政治制度。前者多见于原始社会和封建社会，而后者则为现代大多数国家的政治体系所采纳。由于两种政治制度在本质上存在分歧，因此，作为用来贯彻这两种政治制度而采取的社会政策就会迥然不同。前者由于少数人掌握权力，社会的决策模式是自上而下的固定的模式，民众的参与被认为是多余的行为，因此，其社会政策必然带有很强的主观意识色彩和强烈的阶级偏见；同时，由于权力的过分集中掌握，社会政策过程必然倾向于掌握权力的群体，而社会下层的民众则因此而失去参与的权利。但是在民主制度下情况就完全不同。由于民主社会在决策时是按照少数服从多数的原则来行事的，在实施决策的时候也采取公开社会监督的方式，同时建立健全了各种各样的民主参与的社会规则，由此，在政策的制定上就可以有效避免主观臆断的弊端。一方面，来源于民主制度在程序上的规范性，另一方面，由于积极吸纳绝大多数人员参与到政策的制定、实施以及监督和反馈的各个阶段，因此政策的内容也就具有了相对的科学性。

三是指社会的文化制度环境。文化的含义具有无限丰富的特点，它是“由各种不同的、表现独特的情感、幻想、思想方法和人生观构成的整个上层建筑。整个阶级在它的物质条件和相应的社会关系的基础上创造和构成这一切”。这表明，作为人类社会特有的文化现象，它的内涵是十分丰富的，文化不仅包含器物层面的文化，还包含作为制度文化的含义，如果前者可以看做是凝结于人类创造的物质世界当中“硬”的文化的话，那么后者则是体现在人类在利用和改造自然以及利用和改造社会的进程中不断积累起来的“软”的文化。由于特定的制度文化和特定的经济制度和政治制度存在着密切的共生关系，因此，特定的经济制度和政治制度必然产生特定的制度文化，制度文化以反映社会的基本政治信仰和经济倾向为自我展现 的方式，在政策过程中也就会表现出不同的特征和模式。

综上所述，作为共同存在于社会大系统的这三种制度环境，都在不同的维度上影响和制约着政策过程的基本走向，其中，经济制度环境的影响是基础性的，而政治环境和制度文化环境也在同时对政策的各个过程产生各自的影响，尽管这三种力量对政策的影响不甚相同，但是通常他们都是以某种“合力”的效果表征出来的。

第三，政策依赖于现有的政治环境。实际上，政治环境从空间的尺度上可以分为国内政治和国外政治两个环境，前者已经做过一些讨论，作为后者的国际政治格局对政策的影响也是很明显的，特别是作为一个国家的外交政策和贸易政策更是如此。一方面，国际政治环境作为一国所处的外围政治空间，在国际风云变幻莫测的今天，如何把握世界整体的政治格局的基本发展方向和发展态势，如何处理好国内政治和国际政治之间的关系，如何在同其他国家交往的过程中赢得利益，这些都是一国政府在制定国家对外政策时应该考虑的必要因素；另一方面，外围的政治空间的变化性对及时灵活地调整本国的战略政策提出了挑战。因此，作为国家的外交政策、贸易政策等涉外因素的各种政策都会在一定程度上影响一国的整体政策系统。

尽管在上述的讨论中，我们看到政策在诸多方面受制于各种社会因素的影响，但同时，我们也应该看到政策系统自身具有不断适应环境和改造环境的结构和能力，政策一方面离不开周遭环境的制约和限制，另一方面，政策的能动性也在相反的方向上不断地进行着对其所处环境的改造。

事实上，政策过程的每个环节都是在适应环境的同时在改造着环境。例如，政策制定的初衷就是出于对现实以及将来社会环境的改造，不断把不适合社会发展的、违背社会发展规律的各种社会问题排除在正常的社会秩序之外，起草以及修订各种政策、法规，加强科学文化教育等等都在改造着社会环境；在政策的实施阶段，由于政策本身存在的脱离实际的问题以及在政策颁布后新出现的社会问题，都会在政策执行阶段表现出来，由此，政策的执行也就是如何把握和处理政策的实质和具体实践相结合的问题，这必然要适应已经变化了情况，必然要在不违背现行政策的前提下进行对新问题的处理，而这正是政策能动性在改造环境中的真实反映。同样，在政策的评估阶段以及反馈阶段同样如此。

4．程序要素。如果把政策的要素区分为实体性和形式性的话，上述三者都可以被认为是政策系统的实体性要素，这些要素组成了政策过程的实体部分，不论是主体要素、客体要素还是环境要素都在实际上影响着政策过程。同时，也应该注意到，尽管政策系统的实体性要素在整个系统中占有重要位置，但是，政策系统同时还应该包含其形式的部分，也就是政策系统的程序性要素，而对政策系统的程序性要素的研究则是以往研究的薄弱环节。政策系统应该是包含各种实体性要素的内容与包含各种程序性要素相统一的系统。

（1）程序性要素对于政策系统的价值。政策系统的运行过程实际上是把社会问题统一归纳为一定的社会规范，政策制定者依照具有法律效力的社会规范，可以对特定的社会问题进行管理与控制，特别是对于干扰或破坏政策系统的行为，政策系统将做出积极的反应，从而对违规行为进行调控。程序性要素贯穿于政策系统从输入到产出的全过程，程序性要素对政策系统的重要价值表现在以下几个方面。首先，规范的程序性要素是保证政策系统良性运行的重要保障。通常我们认为公共管理部门应该“依法行政”，这里的“依法”的含义就包含两个方面，其一是依照现行的实体性法律、法规、规范，其二则是依照现行的法定程序处理社会事务。特别是后者的有效实施与否将在很大程度上影响到前者的合法性问题，因为程序上的违规操作在客观上很可能会导致实体上操作的非合法性。因此，制定和实施政策丝毫离不开程序性要素的支持；其次，在保证政策系统依法运行的同时，政策系统的程序性要素还为提高政策系统的运行效率提供有力保障。法定的程序可以确保参与政策过程的各个主体按照规定的程序要素有秩序地进行政策的各种操作，这样就可以保证政策过程在运行中受到一定程度的控制和约束，而控制和约束的结果就使得政策可以按照既定的方向和步骤有条不紊地进行，避免了政策过程的各个参与者因无所适从而导致的效力低下问题，因此，如果整个政策系统都按照规范的程序要素行事，就可以提高政策系统的运行效率。

(2) 程序性要素在政策系统中的体现。因为政策系统本身处于不断的自我调适过程中，因此政策过程是一个连续的、动态的过程，从对社会问题的调查研究到政策草案的出台；从政策开始正式实施到政策执行过程的不断评估和反馈等，这些环节都表明政策系统是一个政策持续不断的连续过程。而贯穿于整个政策过程的程序性要素就必然体现在各个政策环节当中。

从政策系统动态性过程的角度可以大致把政策系统的运行过程分为四个环节，即政策形成环节、政策实施环节、政策评价环节以及政策调适环节。这些环节的有效、合法运行都必须按照既定的法定程序进行。

如前所述，政策的形成过程事实上是社会问题暴露出来后公共管理部门做出的能动反应，这些能动的反应既可以来自于社会民众的普遍呼吁，也可以来自公共管理部门的主动行动，不论在何种情况下，作为政策制定者的公共管理部门都要按照法定的程序进行政策的初步起草工作。一般分成以下几个步骤，首先是政策问题的确立。因为并非所有的社会问题都要进行政策导向，因此，政策问题的确定是一个十分重要的决策环节。因为政策的形成具有非可逆性，政策的制定作为政策系统的一个关键阶段需要慎重考虑各种相关社会因素，否则改变原有政策或废除既定政策都将造成很大的经济和社会损失。为此，必须进行深入细致而广泛的调查研究，从全局的视角，把握要处理的社会问题的实质所在，分析问题的关键点，进而有的放矢地进行政策制定过程。当然政策的形成环节既可以是构建全新的政策体系和政策目标，这样的政策由于涉及以前未有过的社会领域，因此带有很大的风险性。例如我国的改革开放政策就是如此。开放的成功与否在政策的实施前是不确定的，只有通过政策的运行过程才可以检验政策的正确与否。在现实社会中，大部分政策的制定都是在原来基础上进行的改进过程。因为社会进程的速度以及社会问题的出现并非是突然的、瞬时的，因此，政策处理的问题就带有渐进性、连续性，由此，政策的制定过程也就一系列连续的过程。其次，是政策的起草。起草过程一般可以按照确立政策的大致原则——确立政策被选方案——进行方案择优的过程进行。制定政策的原则一般应以不同现行宪法和基本法律以及法规相冲突为基本原则，被选政策方案应本着方案的可行性、前瞻性等方面的原则进行，确立被选方案则需要慎重斟酌。一般来看，被选方案可以是一个，也可以是多个，要视具体情况而定，前者简便、易于操作，但灵活性以及应变性较差，后者则可以有效处理突发性事件，但制定起来很难做到考虑周全。因此，方案的选择应充分听取民众的意见和建议，尽量做到与客观情况相一致；第三，由于政策在具备了合法的前提下才对社会有普遍的约束力，因此在起草完成以及经过讨论之后，实施之前应完成政策的合法化程序。政策的合法化过程一般都是以有权进行政策审核的机关，按照法定的程序进行审议与表决，这个过程可能需要一段时间，直至通过权力机关的签署方可正式生效进行实施。

政策的实施环节。政策的制定是为了解决社会问题，而政策的实施过程则是不断地解决社会问题的过程。通常认为，政策的执行阶段是整个政策过程最为困难的环节，因为执行的好坏将不仅表明政策是否符合客观实际情况，同时也表明政策执行者是否真正领会了政策的本质。一般来说，政策的执行过程包含这样几个程序，首先，是政策的宣传过程。新政策的出台是对以往政策的扬弃，因而，对新政策的宣传是政策实施前的关键环节。宣传的对象既包括执行政策的公共管理部门的人员，也包含接受政策导向的民众，宣传的内容既包括政策的内容，也包含政策的精神，宣传的方式既可以通过集中学习，也可以通过大众媒介进行舆论导向。其次，是制定适当的实施规划。制定适当的执行规划不仅应合理调配人力、物力资源，同时也应该适当把政策目标按照自身的条件进行分解，比如从时间上可以分为长期、中期以及短期目标，从空间上可以分为先城市后农村，先发达地区后落后地区等原则；第三，是进行试点。政策的不确定造成的损失可以需要通过多种方式得到避免，进行政策的试点就是其中之一，选择针对性较强、带有普遍意义的、条件比较成熟的地区进行初步试点，既可以初步验证政策的可行性，也为下一步的逐步推广提供可以借鉴的经验；第四，是逐步推广。推广时要针对不同地区的情况实施不同的政策策略。

政策的调适与政策的评价环节。政策的实施过程不可能是一帆风顺、畅通无阻的过程，总会出现新问题，新问题的出现可能来自于社会环境的变化而导致政策的滞后而带来的操作性问题，可能来自于政策本身的问题，即脱离实际，不符合客观环境的条件，也可能是政策制定的行动方案存在疏漏。总之，问题的出现必然使政策的执行受阻，因此，政策就需要在原来的基础上进行适当调整。同时，政策执行完毕并不意味着政策过程的结束，相反，一项社会政策的结束正是下一个政策开始的标志。所以，在这样的情况下，政策的在执行过程中不仅需要不断进行有针对性的调整，而且在政策过程告一段落的时候，政策的评价也是至关重要的，因为政策的评价同时包含了对现有政策的评价，对下一个或一些社会政策的出台也将提供十分有益的经验。

政策的调整并没有统一的程序可循，但是应该注意几项原则。一是适时原则。在执行中适时调整政策有利于政策的顺利执行，不仅可以解决新出现的问题，而且可以提高政策执行的效率，避免因问题累积而耽误政策实施的有利时机；二是适当原则。政策的调整幅度要适中，既不能因为要保持政策的连续性而偏于保守，也不能因为问题的出现而偏于激进；三是持续原则。调整的过程应该与政策的整个过程保持一致，政策的执行与政策的调整应该处于同步的状态，政策的每个运行阶段都需要政策调整机制的连续调适。

政策的评价是一个比较复杂的问题，因为政策的目标在于其实现社会利益的最大化，而在短期或在一段时期内是表现不出来的，比如教育政策以及环保政策等。因此政策的评价问题，不是单纯的比较、定量问题，在某种程度上是复杂的、很难定量的问题。尽管如此，对政策的评价还是应该引起重视，对于如何进行政策效果的评价，仁者见仁，智者见智，但总结起来应该包含以下几个过程，

首先是确定评价标准。选择正确的评价标准是正确评价社会政策的前提和基础，不同评价标准将导致不同的评价结果。实际上，选择的评价标准已经体现在制定政策的目标中，因此，选择评价的标准首先应该是检查政策是否实现了预期的目标，在此基础上进行标准衡量。在各种标准中，最重要的是社会进步标准，无论是经济增长标准还是效率标准都应该以是否增进社会的整体进步为标准。

其次，广泛收集，进行实证研究。考察政策实施前后的变化，这些变化既应该包含积极的、良性的变化，也应该包含消极的、新出现的问题，指标体系建立得越周密，收集的数据越全面、详实，评价的结果就

越接近客观情况。在方法的运用上，可以采用抽样调查法、典型调查法等多种社会调查方法有机结合的调查方法。

第三，分析与结论。将收集的资料、数据进行综合分析和评价，运用计算机等现代办公手段在硬件上提高效率，同时应用各种统计软件进行辅助分析，揭示政策取得的成绩以及政策实施后存在的社会问题。在此基础上，得出对该政策实施以后的综合社会评价结论，为以后的政策实施过程提供有益的参考。

第二节　政策系统的结构和基本分类

一、政策系统的结构

构成系统的基本条件是其有一定的结构，按照系统的基本理论，只有形成有序的结构才能使系统具备特定的功能。作为系统的一种，政策系统同样需要有一个稳定的、有序的结构。由于政策系统存在于社会大系统之中，因此，作为一个子系统在结构上有着同社会系统的某种相似的结构，只有如此，政策系统才可以在社会系统中进行有效运行，不发生抵触。同时，由于政策系统有特定的目标和要求，因此，其本身也有同社会系统不同的结构体系。

1. 政策系统的宏观结构。官僚机构在纵向上为了实现权力的合理分配，必须建立与之相适应的自上而下的各级机构，上级机关在权限上有优于下级机关的权限，从而可以有效实现权力的纵向分配，也可以使上级的政策得到切实的履行和落实；后者表明，在同级公共管理部门之间存在平行的权利关系，他们之间并不存在管理与被管理的关系，因此从政策系统的横向结构来看，各个部门之间在总的公共管理政策前提下，各个部门都会制定自己管辖部门或管理领域的政策，这些政策之间由于是一种平行关系，因此，从政策导致权利的分配的角度看，这些政策之间没有互相隶属和重叠的问题。但是，由于社会事务本身的复杂性，从而也使得一些政策之间也存在着一定的交叉和重叠，有时也可能导致一定的政策冲突的问题，因此，政策系统的横向结构所无法解决的问题，在系统的纵向层面上则可以依据政策体系的权力划分得到解决。

2. 政策系统的微观结构。从这个角度可以分为政策制定、执行、评价过程人员的结构以及政策过程的组织结构。前者如年龄结构、知识结构。合理的老、中、青三代的年龄结构对政策系统的有效实行将起到关键作用；后者如政策过程的各个组织的内部层级结构等，不同的组织有着不同的结构体系，适应组织发展的结构体系将对组织的发展起到推动作用，相反不适合组织发展的组织体系不但对组织的发展不利，而且常常会使组织的效率呈现下降的趋势。

二、政策系统的基本分类

1. 按照政策覆盖的范围和效力划分。可以分为总政策、基本政策以及具体政策。一般来说，“总政策”是指制定政策的政策。这样的政策在实践上常常表现为指导一定时期政策的基本导向、基本原则、总体目标。因此，这些政策的制定不仅应具有全局性、科学性，同时还要有前瞻性、权威性；从政策体系的等级构成来看，“总政策”处于最高等级，它的指导方针和原则对基本政策以及具体政策均有强制性的约束力，其他政策都应以此为依据；“总政策”的实施需要分解为不同的社会政策领域，比如经济的、教育的、法律的、外交的等等，在政策系统的层级体系中，基本政策处于“总政策”和“具体政策”的中间环节，因此具有承上启下的作用，在政策体系中处于核心的地位；具体政策是用来实现“总政策”和“具体政策”的具体措施，在政策体系中处于等级的最低层次，常常表现为具体的实施办法、规定等等。

另外，从动态的角度对其划分，还可按照政策的过程分为制定政策的结构、执行政策的结构以及评价政策的结构。这些结构因为具有动态的特性，因此也就具有了某种不确定性。政策的各个过程在结构上的灵活性将使得政策过程有效地实施各种社会政策。

2. 按照政策的内容划分。财政政策系统、科技政策系统、教育政策系统、产业政策系统、外交政策系统等。

3. 按领域划分。按照政策所涉及的社会领域，政策在总体上可以划分为社会政策、经济政策以及政治政策等（见图 3-2)。各个政策领域都有不同的子政策系统，这些政策之间既互相独立——在各自的社会领域内规范不同的社会问题，又有一部分相互的制约和交叉。

4. 按照政策的生成过程划分。政策系统可以分为政策制定系统、政策运行系统、政策监控系统、政策评估系统、政策反馈系统。其相互关系可用图 3-3 表示。

其中，政策制定系统作为政策过程的开端，可以看成是系统的输入；政策运行系统则处于政策过程的核心环节，对于整个政策过程将起到关键的作用；最后，政策执行和政策反馈系统需要政策系统监控系统

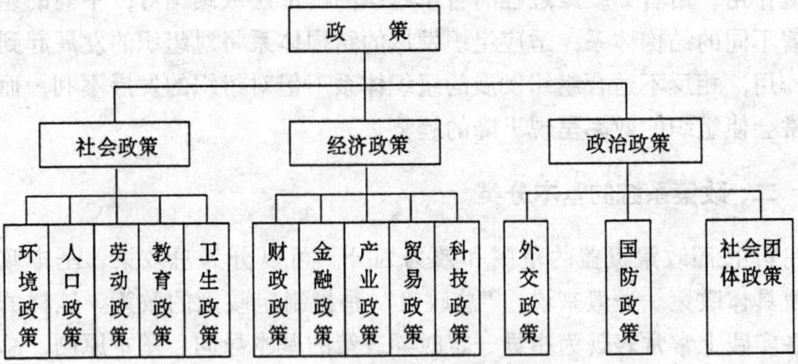

图 3-2　政策所涉及的社会领域

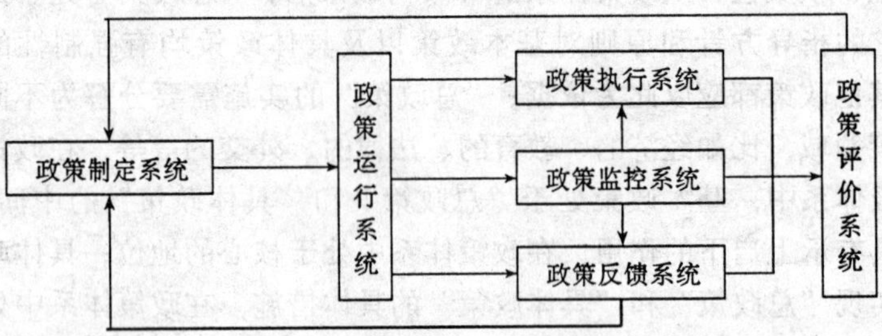

图 3-3　政策生成过程图示

的支持，而政策的评价系统将在整体上对政策过程实现政策的评价。

5. 按照政策的属性划分。政策系统可分为政策的方法系统和政策的价值系统。政策的方法系统包含了在政策制定、政策执行以及政策评价等政策过程所使用的一系列方法和技术。政策的方法系统按照应用的领域和属性可以分成预测方法、评价方法和反馈方法等。这些方法不仅影响到政策执行的效率，同时也将影响到政策执行的效果和质量。

政策的价值系统与政策选择、执行和评价过程中所遵守的基本价值倾向和信念密切相关。政策过程也是政策参与者对政策的理解过程、适应过程。在这个过程中，政策参与者对政策的理解程度、认同程度，直接影响着政策的实施。特别是政策的执行者对一项政策本质的把握对有效贯彻政策将起到至关重要的作用。政策参与者对政策理解的程度越深，对政策的价值判断就将越接近政策预先设定的价值目标。由于社会处于不断的价值转化之中，原来的价值体系与新的价值观念必然产生冲突，因此，在政策的价值系统中常常产生价值的冲突，这些冲突不仅反映到政策过程的每一个环节，同时在客观上也可以促进政策制定者适时地改变既定的价值观念。因此，与其他的政策系统相比，政策的价值系统是一种“软性”或是“柔软”的价值系统，这些价值系统对整个政策系统的潜移默化的影响将是长远而深刻的。

6. 按照政策的支持系统划分。政策系统可以分为法制的支持系统、文化的支持系统、以及地域的支持系统等。政策系统作为社会大系统中的一个子系统，同其他社会子系统之间时刻都在进行着各种信息的交换，各个系统之间互相影响、相互制约，共同在社会系统中得到不断的生长。由于各个系统之间存在着彼此的相互依赖的密切关系，因此，各个系统都成为了其他各个系统的外在环境，各个系统都离不开其他系统支持，政策系统也不例外，缺少了其他系统的支持，政策系统的存在和发展就会遇到障碍。

归纳起来，政策的外在支持系统大致可以包含政策的法制支持系统，政策的文化支持系统以及政策的地域支持系统。这三个系统，一方面可以从各个角度对政策系统形成某种程度的推动力，从正方向上推进政策向前发展，起到促进作用；另一方面，这些系统也可能从相反的方向从各自的角度对政策进行各种约束和限制，使政策在与外在环境的调适以及对自身内容的调整中求得发展。例如，如果把发达国家的政策硬性地移植到发展中国家，就会因缺乏发达国家已经具备的外部环境而遇到困难。所以，从这个意义上，所谓的政策支持系统中对“支持”的理解应该是双层的，如果外部环境与政策本身产生互动效应，外部环境就会产生“支持”的正效应，反之则会产生副效应。

第三节　政策系统的基本特征

政策系统具有整体性、开放性、动态性、目的性、以及非线形等特征。

1. 政策系统的整体性。政策系统的整体性表明，构成政策系统的每一个环节、每一个要素都是构成政策系统不可或缺的组成部分，各个环节、各个要素之间，以及各个环节、要素同外围环境之间通过某种机制或者规范联合在一起，从而在协调政策系统运行和发展的过程中对外表现出一种整体性的、协调性的效应。由于政策系统既是一个静态的组织、制度、人员的结合体，同时也是一个动态的过程、机制的持续发展链条，因此，理解政策的整体性特质就应从这两个方面入手。

(1) 构成政策系统的静态要素具有整体性。如上所述，构成政策系统的要素大致包含政策的主体要素、政策的客体要素、政策的环境要素以及政策的程序要素等方面。

首先，从政策的主体要素来看，它既包含作为自然人的个体形态，同时也包含作为机构存在的组织形态，因此，如何把机构和人员的积极性充分地调动起来是政策主体要素实现其能动性的关键问题。事实上，组织的设计以及人员的配置都是为了在整体上实现组织的高效化运行、都是为了最大限度地挖掘组织中现有的人力、物力和制度的资源，用以满足实现组织目标的要求。因此，组织的层级结构以及人员的合理安排，都是政策主体在结构上满足优化的需要，从而在整体上表现出相互协调、相互适应的整体发展态势。

其次，从政策的客体要素来看，政策面对的各种现存的以及预期的社会问题构成了政策客体的主要组成部分。这些社会问题的存在一方面是客观条件变化导致与传统不相适应的结果，另一方面，也是社会的各个层面由于产生了各自的问题所表现出来的一种整体问题趋势。

第三，从政策的环境要素来看，其整体性也十分明显。制定政策的基点是与经济发展水平相适应，无论是超越还是滞后于现有经济发展水平都将对政策产出产生巨大影响。由于政策系统不能脱离外围环境而独立发展，因此，必须从政策所处的社会环境的客观条件出发，综合考察外围环境的整体情况，在此基础上方可开始政策过程。经济环境对政策系统的整体约束尚且如此，其他社会环境对政策的影响亦然。

第四，从政策系统的程序要素来看，政策系统依靠既定的程序运行于社会系统中，象政策环境要素所具有的整体性那样，政策系统的各种程序在事实上也构成了对政策过程各个环节的制约和限制，制约其违反法定程序的政策行为，规范公共管理部门在法定程序内进行管理活动，同时，也是对公共政策的指向对象的民众以及各种组织的引导，使其能依照法定程序顺利实现其权益。因此，各种法定和约定成俗的各种程序在政策系统中交织成一张无形的纵横交错的网格结构，在整体上，各个网格结构都是针对特定的政策程序问题，只有依照网格的规则行事，政策制定者才能顺利实现既定的政策目标，同时也就能满足政策受众的需要。

（2）构成政策系统的运行体系具有整体性。一般的政策过程可以被认为包含三个部分，首先是政策的产生部分，这里包含政策问题的提出、政策的初步起草以及政策的制定和法定化。其次是政策的实施，包括政策的具体操作以及及时的进行调整；最后是政策的结果评估，包含建立政策评估体现、评估标准等等。因此，从政策体现的系统来看，政策对社会的干预可以认为是一个政策输入、政策运行以及政策输出的过程，任何一个政策的实现都必须经过这些必要的环节。同时，一个政策的输出结果不仅可以成为该政策本身进行反馈的客观依据，从而为改进现有政策存在的问题提供参考系，而且，这个输出结果对其他已经存在的政策或者预期制定的政策提供有效的参考价值。虽然一个政策的过程可能只包含几个有限的阶段，但事实上，各个政策之间以及政策本身的运行是一系列的过程，这些过程彼此依存、互相促进，从而在整体上表现出特定的有序结构和特定功能。

2．政策系统的开放性。系统存在的重要特征之一就是它的开放性，必须和外界进行物质、信息的交换，这些交换的过程是连续的过程，任何间断开放的系统都将对系统本身产生一定的影响，如果终断了开放的可能性，那么系统就将面临死亡的危险。

政策系统也是如此，首先，必须与环境进行物质交换。政策从制定到实施和评价的任何阶段都需要投入一定的社会成本，这些成本可能是资金的、技术的，也可能是人力的、知识的。同时，政策在实施过程中同样产生效益，这些效益既可以是无形的、长远的，也可以是有形的、当下的，无论那种效益都是对外在环境的输出。政策过程是一个连续的，在每个环节都时刻存在着物质的输入和输出过程，这种交换机制是双向的、互动的过程，但是，并不一定对等，也即输入和输出在客观上存在不平衡的现象。所以，我们也可以通过系统与环境交换的机制、过程和方式来检验政策系统同外在环境之间的关系；其次，与环境的信息的交换也是必须的。政策过程是不断从环境中摄取各种有用的信息资源，逐步消除非确定性因素的过程。外界环境的各种变量对政策过程本身的作用都会产生或大或小的偏差，所以，如果不时时并适时与外界进行信息的交换，就可能因此而隔绝政策系统同外部环境的联系，没有了新的信息的及时输入，政策系统就会因缺乏必要的信息而陷于停止甚至瘫痪状态。同时，政策系统在吸收外界信息的同时也在向外界输出信息，从而使得政策系统呈现出信息的开放性。

3．政策系统的动态性。政策系统的动态性是由政策本身与环境之间的相互关系决定的。首先，政策本身就是一个动态发展的过程。这是因为人们在认识社会复杂事务的时候，难免具有这样或那样的偏差，因之，政策本身同社会问题的客观性之间必然存在着一定的差距。所以，政策在实施的过程中必然要进行或大或小的调整，及时纠正偏差，及时改进政策措施以解决新出现的问题。因此，保持政策系统本身的动态性不仅是政策系统本身的要求，同时，也是适应外界环境变量变化的能动反应。与政策具有的相对稳定性特征相比，政策的动态性更强调政策的适当调整，政策的稳定性和动态性是一个过程的两个方面，应在稳定中求得发展，及时应变，同时也应该在强调动态性政策过程中保持政策系统的稳定性，两者统一于政策的整个运行过程。

4. 政策系统的目的性。政策系统作为一类人工系统，是人类设计的一种试图通过反馈与控制等手段达到特定社会目的的人造系统。同其他人造自然系统不同，政策系统是复杂的多因素系统，同时因为政策系统处于社会大系统之中，各种因素交互影响，由此，政策系统的目的性在复杂的社会系统中就很难把握，常常是一个社会政策的最终实施结果可能导致与当初设计的目的产生偏差和背离，甚至有些时候可能产生与目标相反的结果，或者产生几个预期难以预测的结果。政策系统的目的性特征表明，人们设计政策的同时也就内在地规定了政策的目的性，并且在整个过程中政策的设计者都企图调整政策朝着既定目标发展，但是事实上，在政策系统中，有些因素是可以控制的，但是有些因素则是不可以控制的，比如战争的来临以及天灾的出现等。因此，政策系统的目的性一方面使得政策朝设计者的目标发展，另一方面，政策的目的性并不表明政策的目的能最终得以实现。

5. 政策系统的非线性。非线性是与线性相对应一个概念，政策系统不服从线性的简单加和或比例的原理，而具有非加和性特征，系统中各个要素之间以及各个要素同系统外部环境之间的相互作用在多数情况下都是非线性的，系统中一个因素的变化的结果 通过非线性的逐级放大作用，将使系统的发展方向发生突变，导致系统失去控制。发生与政策系统目的性偏离甚至背离的现象。因此，建立政策系统的监控和反馈机制将在一定程度上避免政策系统的非线性发展，从而保证政策系统有效地运行。不过，有些时候也可以利用政策系统的非线形来检验政策系统对因素变化的敏感程度，从试验的结果中判断出何种因素在该系统中会引起系统的非线性反应，进而避免类似错误的再次发生。

思考题

1. 政策系统同其他社会系统有何异同点？
2. 政策本身是否可以看做是系统的一种类型？
3. 政策系统的开放性程度如何把握？

4. 如何理解政策系统是一个动态的连续过程？

参考文献

1. 马克思恩格斯选集．第2卷．北京：人民出版社，1995.47

2. [德] H·赖欣巴哈．科学哲学的兴起．北京：商务印书馆，1983.25

3. 中国社会科学院语言研究所词典编辑室编．现代汉语词典（修订本）．北京：商务印书馆，1997.1643

4. 刘斌，王春福等．政策科学研究．北京：人民出版社，1992.111

第四章 政策制定

政策制定是政策过程的核心环节，它本身又是由一系列功能活动或环节构成的复杂的活动过程。对政策制定的理解学术界存在广义和狭义两种不同的观点。广义的理解认为政策制定包括政策的全过程，也就是“始于决定什么事情需要做出决策，即设定政策议程”，包括政策方案规划、政策合法化和政策执行、评估等过程。叶海卡·德洛尔和美国学者托马斯·R. 戴伊即持此观点。狭义的理解是把政策过程看做议程设立、方案规划和方案合法化几个活动相互关联的过程。美国政策学者詹姆斯·安德森即持此观点。本书采用狭义的观点。因此，这里把问题构建、议程设立、方案设计、方案合法化作为政策制定过程的基本环节或阶段加以阐述。

第一节 政策议程建立

一、问题建构

（一）问题建构的重要性

不论是政策制定过程还是政策分析过程，问题建构都是首选的工作。关于问题建构的含义，学术界存在歧见。有人认为问题建构是客观事实的陈述，也有人认为问题建构是主观理解的诠释，前者的观点其哲学基础是逻辑实证论，后者的观点其哲学基础是后实证论。不同观点分属于不同的学派。这里采纳后者的观点。因为虽然问题的存在是客观事实，但问题的性质、状况如何，要取决于人对客观事物的认知，因而，不能否认，政策问题的建构具有主观性。所以，承认问题建构是对问题现状的认识与描述是有道理的。

问题建构的含义既然已经明确，还需要正确认识问题建构的重要性。因为对问题的认识、诠释正确与否会在相当大的程度上影响整个政策制定过程及后续政策执行过程。所以当政策制定者认定政策问题时，所感受到的问题情境、问题特征与性质必须与实际问题的性质相符合，当问题建构发生错误时，即政策制定者所感受到的问题情境与问题的实际相违背，这就是问题建构发生错误，这时不但无法解决问题，反而可能会衍生新的问题或使问题复杂化。因此，必须重视问题建构。

（二）问题建构的基本内容

关于问题建构的基本内容，应该从以下几方面着手。

1. 发现问题，确认问题是否是政策问题。政策制定的目的是要解决社会问题中的影响社会进步与公平、公正的急性或慢性的问题。因此，首先必须发现问题。有些问题容易发现，有些问题不易发现。特别是政治问题，往往具有隐蔽性，不是容易发现的。有时问题的显现只是冰山之一角，需要政策制定者有敏锐的政治嗅觉，及时发现问题，加以解决。在发现问题之后，应该确认它是否属于政府职责范围内应该解决的问题，要考虑政府介入和采取行动是否具备合理性和正当性，政府是否具备解决能力等。

2. 确认问题情境。也就是要了解问题的由来、是谁提出问题，问题现状、问题涉及的标的人口的数量、严重程度及问题的性质，可能采取的行动方案并预测其后果，由此确定问题情境的类型。例如，我国许多城市都有马路上井盖被盗，“马路杀手”不断伤人或致人死亡的问题屡屡发生。要解决这样的问题，就要首先了解井盖被盗的情况，被盗原因，盗窃井盖问题解决的难易程度。对这些问题的了解和掌握就是把握问题情境。

3. 了解政策利害关系人的切身感受。政策利害关系人是指政策影响或影响政策的个人、阶层或团体。政策利害关系人既包括政策制定者，也包括政策的标的人口或与问题有关的人。了解他们的切身感受、立场、观点，对此一政策问题是否存在共识，对于清楚地认知政策问题，制定合理的政策有重要的价值。

4. 问题陈述。这是政策议程确立的前提。问题陈述是用清晰、明确的语言或模型描述问题，以便使核心的政策制定者洞悉问题情境，保证合理的问题建构进入政策议程。一般来说，到问题陈述阶段，需要明确以下内容。

（1）澄清问题的本质，包括问题的严重程度、影响范围、是否新问题、对问题的切身感受及问题解决的迫切性。

（2）陈述问题发生的原因，是自然原因还是人为原因，自然原因具有不可控性，如地震、火山喷发等，人为原因可以控制。政府的政策常常解决的都是人为原因造成的问题。如个人出门坐车可能会导致交通拥挤，政府可以通过一些政策规定加以解决。

(3) 确定标的人口。也就是政策的受益人口或受约束的人口。

(4) 初步提出解决问题的思路，做为方案设计的基础，并阐述该思路的现实可能性、符合社会价值观的情况、政策资源的承受能力等。

需要知道的是，问题建构的行动者不一定就是政策制定人员，它通常由专家学者、政府官员、大众传媒、利害关系人等构成。

问题建构作为政策制定过程的第一步，关系到政策问题能否进入政策议程，因而必须做到真实，尽可能使之与客观实际相符合，从而保证政策制定的科学性。

(三) 公共政策问题的确认

问题是理想与现实的差距。我们这里所说的问题不指个人问题而专指社会问题，社会问题是社会上产生或存在的各种社会矛盾。社会问题存在于特定的地域或国家，由特定地域或国家中的社会成员、制度因素或物质环境因素所导致。由于人类的共性，一些社会问题在世界各国普遍存在。例如，战争、人口骤增、环境污染、贫困、毒品泛滥、暴力犯罪、能源危机等，这些是人类共同面对的，已经超出了国家或地域的范围，自然属于公共问题。这是全人类面临的公共问题，这些问题需要在世界范围内由各国通力合作才能在一定程度上解决。通常在一国之内，存在许多社会问题，有些问题是否解决对国家或地区的稳定与发展无大关碍，有些问题不解决则会影响国家和社会的稳定。为了人民安居乐业和维持社会的正常秩序，那些特定地域上的居民共同面临需要解决的社会问题，便由于某些社会成员向政府表达迫切需要解决的愿望，政府又具备解决问题的技术能力，而上升为公共政策问题。公共政策问题需要政府制定政策进行解决或加以缓和。那么，如何确认哪些社会问题是政策问题，哪些社会问题不是政策问题呢？一般说来，政策问题具有下面的特征：

1. 客观性。即政策问题往往是客观存在的问题，如民族矛盾、贫富分化、暴力犯罪等，这些问题不是人们臆想出来的，一般都经过长期的积累，隐藏在某种平静的表象下蓄势待发。

2. 主观性。即问题虽是客观存在，但是否将它确认为政策问题要依赖于人的主观认定。由于不同社会人的价值观不同，即使同一时期，各人的价值观也存在差异，因而对客观存在的问题的认定往往有较大差异。比如，家庭暴力在我国是政策问题，在有些国家则不是政策问题，同一种现象定性却不同。由此可见，政策问题取决于人的主观认定，因而带有极大的主观性。

3. 关联性。政策问题往往不是孤立的，而是整个社会问题系统中的一个有机组成部分，其存在与发展往往影响其他领域，或导致其他问题产生。如人口增长过快的问题不仅影响家庭的生活水平，还会造成国家的就业、教育、住房问题，乃至经济发展速度下降等连锁性的问题出现。因此，具有关联性的问题往往是政策问题，需要尽快解决以免影响其他领域或因此滋生其他问题。

4. 时代性。政策问题的确认不是一成不变的，而是随着时间的改变而改变，即呈现出动态的特点。在几十年前是政策问题，几十年后可能不是政策问题。比如，“投机倒把”在我国的计划经济年代就是政策问题，有专门的政策加以遏制，有人因此被判刑入狱，但在改革开放的今天“投机倒把”则不是政策问题。再者，能源问题在农业经济社会绝对不是政策问题，但在工业经济社会则是一个令政府和公众头痛的政策问题。

(四) 公共政策问题的情境

情境是个心理学概念，指特定环境中人的心理状态。将这一心理学术语用于政策问题，是指决策者对政策问题认知和掌握的状态。一般来说，政策问题的情境有三种状态，分别为确定性、风险性和不确定性。

所谓确定性情境，是指政策制定者面对的自然状态只有一种，同时，政策制定者有几套方案可供选择，政策制定者可以根据自己的偏好、经验和政策目标的要求做出选择。

风险性情境，是指政策制定者面对的自然状态有几种，每种状态出现的概率可以测算，有两套以上的方案可供选择，政策制定者可以通过决策树等方法对几套方案的损益值进行计算，根据各方案的损益值大小确定政策方案。这种政策选择方法存在一定的风险。

不确定性情境，是指政策制定者面对的自然状态有几种，每种状态出现的概率不能测算，政策制定者虽然也有几种方案可以选择，但由于每种状态出现的概率不能测算，因此，方案选择的风险很大。政策方案选择往往根据政策制定者的偏好和经验而定。

需要注意的是，不同的政策问题情境需要使用不同的政策制定方法和原则，不能一概而论。在现实中，政策问题情境往往不都是确定性的，在很多情况下是风险性和不确定性的，因此需要政策制定者谨慎分析，明确问题情境，以便制定出高质量的政策。

(五) 政策问题的结构

政策问题的结构是指构成政策问题的因素组成的框架。一般来说，构成政策问题的因素有政策问题的情境、政策的利害关系人、政策方案的数量、政策价值冲突与否、方案选择的后果、特定后果产生的概率等。这些因素的不同组合构成了不同类型的政策问题结构。关于政策问题的结构类型，美国学者威廉·邓恩根据政策问题结构的复杂程度把政策问题的结构分为结构良好、结构适中和结构不良三种类型，可供参考。

结构良好的政策问题，其问题情境为确定性或有一定风险，决策者人数较少，政策涉及的标的人口也有限，具有有限的政策方案可供选择，在方案选择中决策者的价值观基本一致，方案选择的结果是确定性的或有一定风险的，而且这种结果的概率可以测算。

结构适中的政策问题，其问题情境、政策利害关系人、备选方案的数目、政策价值的共识方面与结构良好的政策问题具有相似性。但政策方案的后果具有不确定性，而且各种后果出现的概率难以估计。

结构不良的政策问题其问题情境是不确定性的，政策的利害关系人也比较多，存在多种政策方案，政策制定者的政策价值观不同，政策方案的选择相对困难。政策方案的后果具有不确定性，方案的后果出现的概率具有不可预测性。

由此可见，结构不良的政策问题是比较难处理的问题，它需要政策制定者慎重行事，否则将会造成不可估量的损失。在政府政策制定过程中，政策问题的结构有许多是不良的，特别是象我们这样一个大国，地域辽阔，各地的情况千差万别，民情也各具特色，一旦政策方案出现错误，后果就是灾难性的。

问题建构结束后，政策问题就进入了政策议程建立阶段。政策制定过程是政府把社会上各种利益和要求输入政府系统之中并转化为政策输出的过程，一般情况下，政策议程又可分为公众议程和正式议程。这一概念是由罗杰·科布等提出的，公众议程也可称为系统议程，正式议程也可称为政府议程。

二、政策议程的建立

在政策问题建构的基础上，政策议程建立成为一项水到渠成的工作。

所谓公众议程是指某个社会问题引起社会公众广泛关注，并呼吁政府出面解决的过程。在这一阶段，由于媒体或某些个人、组织的传播，某一社会问题已引起公众的关注，大家议论纷纷，一致认为此事应该由政府出面解决。比如，2002 年沈阳市政府关于限制养狗的规定出台前，沈阳市的大街小巷到处都能见到狗，狗叫声声，扰民不休，一些居民不胜其烦，纷纷建议政府该管管了。媒体也几次报道此事。狗的骚扰不仅影响市民的安全和休息，而且对公共环境的清洁也有许多不利的影响。这种问题不仅沈阳市有，世界其他城市也有，在法国首都巴黎，有句口头禅——“没踩过狗屎就不是巴黎人”，说明养狗这种行为所引发的问题具有普遍性。当这类问题引起公众的关注，并纷纷要求政府采取措施加以限制的时候，养狗这个私人问题便上升为公共问题，并进入政策议程的最初阶段。那么，什么样的问题容易引起公众的关注呢？引起公众关注的问题一般有下面几个特点。①与公众的切身利益密切相关，对公众的生产和生活有较大的影响；②问题已经存在相当一段时间，因此在公众中存在对问题看法的共识；③该问题民众自身无权或无力解决；第四，该问题政府出面能够解决。当公众向政府寻求解决办法时，政策议程便进入政府议程阶段。

所谓政府议程是指引起政府官员的深切关注，并进入政府部门的议事日程加以讨论，以确定是否采取行动的议程。实质是政府有关部门对问题进行分析和研究的阶段。在这一阶段，问题得到较为清晰的描述，政府基本掌握了问题的原因、性质和状态，并根据问题的轻重缓急决定采取政策行动的时间和次序。因为即使进入政府议程，由于政府的工作千头万绪，许多问题等待处理，必然要排出次序，分别轻重缓急。政府议程作为政策议程的第二阶段，是十分重要的，因为政策问题只有进入政府议程才有解决的可能。

这两个政策议程一般是相互联系的，公众议程是政策议程的起始阶段，政府议程是政策议程的高级阶段。在公众议程阶段，由于公众在信息方面的局限性，公众对政策问题的情境认识尚处于较为模糊和不系统的状态，政府议程则不同，在这一阶段，政府有关部门经过对多方面信息的整合，对政策问题的情境已经有较为清晰、明确的认识。通过对问题状态、性质和严重程度与政府能力的分析与描述，政府有关部门将决定是否对问题采取行动，以及何时采取行动。

需要注意的是，并非所有进入公众议程的问题必然进入政府议程，也并非所有进入政府议程的问题都必然经过公众议程。有的政策问题早已进入了公众议程，但政府在当前阶段可能无力解决，因而难以进入政府议程。例如，广大农民的养老保障问题早已在公众的议论之中，但是政府无能力解决这个问题，因而难以提上政府的政策议程。而有的政策问题进入政策议程则没有经过公众的议论，比如核武器研制计划“863”计划，等等。这些政策的产生并没有经过公众的讨论，将其推向政府议程的阶段，而是直接进入了政府议程。这说明公众议程并不必然是政府议程的必由之路。

三、推动政策议程建立的途径

推动政策议程建立的因素是多方面的。对此，国外的学者已有许多研究。美国学者安德森在《公共决策》中指出，政治领导人、危机或引人注目的事件、抗议活动、大众传媒注意等因素是推动政府议程建立的途径。美国政策学者琼斯在《公共政策研究导论》一书中指出，政治运动、对大量人员造成威胁的事件、大规模的宣传、个人的努力、先前政策的应用等因素是政策议程建立的途径。科布和爱尔德在《美国政治中的参与：确定议程的动力学》中指出，在国内，自然大灾难、不可预测的人为事件、技术革新、民权抗议、工会罢工和生态变化是推动政策议程建立的途径。在国外，战争行为、武器技术创新、国际冲突、世界联盟变化等因素是推动政策议程建立的途径。这些学者提出的上述各种因素是美国社会政策议程建立的有效途径，有些因素不仅在美国有效，在中国也有同样的作用。这里主要分析中国政策议程建立的推动因素或途径。

1. 党和政府的主要领导者。在我国，党和政府的主要领导者凭借其政治权威地位和政治敏感性，能够发现和预测一些重要的问题，并推动这些问题迅速进入政策议程。例如，20 世纪 70 年代初，中国的安全形势十分严峻，毛泽东主席通过对国际形势的分析，通过对美国对华态度微妙变化的观察，决定改善中美关系，开辟中国外交的新局面，并推动这种思想进入政策议程。这一政策使中美关系有了明显的改善，中国很快进入联合国，提高了中国的国际地位，打开了中国外交的新局面。这说明党和国家领导人在推动政策问题进入政策议程的过程中有着特别重要的作用。

2. 专家学者。在当今时代，由于专家学者具有知识分子的使命感，他们以“铁肩担道义”的责任意识，紧紧跟随时代的脉搏，通过调查研究能够及时发现经济发展和人民生活中潜在的问题，并根据自身掌握的政策分析的技术方法，通过在对各自研究领域的问题进行深入的统计、分析、调研、论证和预测，提出明确的政策建议，这些专家学者将他们的研究所得以论著、报告、建议等形式向社会公开，以引起社会和政府的重视，推动一些问题进入政策议程。清华大学国情研究中心胡鞍钢等学者进行的国情研究，引起时任国务院总理朱镕基等领导人的重视，直接推动扩大内需的一系列政策，如增发国债、银行降低利息、个人储蓄实名制、高校扩招等政策进入政策议程并迅速出台。也有的专家学者直接致书党和政府领导层，推动政策问题进入议程。如，我国的高技术研究和发展计划（简称863计划）的出台就是由科学家与政治家联手推出的政策。1986年3月，曾为我国“两弹”发展做出过突出贡献的四位德高望重的科学家王大珩、王淦昌、杨家墀、陈芳允上书中央，提出《关于跟踪研究外国战略性高技术发展的建议》，邓小平亲自批示，很快使这一问题进入政策议程。当前，专家学者对政策议程的影响和推动更多地是以思想库或智囊团的形式出现，对政府的公共政策制定系统影响很大。

3．各级人大代表和政协委员。各级人大代表和政协委员是我国政策议程建立的制度性的推动者。各级人大代表在人大会议期间可以向会议提出建议、批评和意见、提出议案。其中议案对决策影响更大，它直接推动某些问题进入政策议程。随着人大代表素质的提升，议案的数量越来越多，八届人大一次、二次、三次会议上议案的数量分别为611、723和732件，十届人大一次会议期间收到议案1050件。各级政协委员也积极参政议政，提案是政协委员议政建言、民主监督的重要形式，也是了解和反映社情民意的重要渠道。以九届政协为例，五年间，共收到全国政协委员、参加政协的各民主党派和人民团体、政协专门委员会提交的提案17722件，数量是历届政协最多的，质量也有新的提高。政协委员提案的内容涉及政治、经济、文化和社会生活的各个方面，反映了大量社情民意，提出了许多意见建议，为中央及有关部门掌握实情、制定政策、改进工作起到了积极的作用。

4．政治团体。在西方，政治团体主要指政党和利益集团，它们都履行利益聚合功能。特别是利益集团，它们通过游说的方式，向政府施加压力，以团体的力量推动一些政策问题进入议程，并制定出有益于本团体的政策，这就是我们常说的压力集团。在我国，不存在类似于西方的压力集团。政治团体在我国主要指共青团、工会、妇联、全国工商联和民主党派等团体。它们是中国共产党领导下推动政策议程建立的制度性组织。工、青、妇分别作为工人、青年、妇女的代表，全国工商联作为个体工商业者和私营企业主这两个社会利益群体的代表，不断吸纳本领域的意见，提出代表有关群体的基本政治主张，推动政策议程的建立。而民主党派在我国是中国共产党领导下的参政党，通过各级政协发挥参政议政的作用。民主党派作为全国性政治党派，在政治生活中关注的重点是全国性的事务，但作为知识分子群体的代表，他们从知识分子的角度表达对国家事务和政策的关心，他们通过各种专业性的建议和意见推动某些问题进入政策议程。例如，各民主党派中央在1991年间向中共中央和国务院提出12项重大建议，民盟中央的《关于建立黄河上游多民族经济开发区的建议》，九三学社中央的《关于建立长江上游生态保护和资源开发区的建议》、民进中央的《关于切实贯彻义务＜教育法＞加强基础教育的几点建议》等都是其中的一部分，这些建议都是在调查研究的基础上提出来的，因而受到中共中央和国务院的高度重视，有的被采纳，有的被批转有关方面研究参考。这说明民主党派作为一个政治团体对政策议程的建立有重要的作用。

5．大众传媒。新闻媒体是推动政策议程建立的功能性途径。所谓功能性途径，是指它具有某些表达意见，影响公众的功能，而又不属于国家政治制度的组成部分，也不固定反映某一方面群众或某一两个社会利益群体的意见和建议。在国外，随着传播和通讯技术的飞速发展，大众传媒发挥着日益重要的社会及政治功能，从政治的角度看，它已经成为一个重要的政治角色，尽管大众传媒的政治功能十分复杂，人们对其政治功能的认识也存在很大差异，但有一点是无可质疑的，即大众传媒已经成了资本主义国家政策过程和政治过程中的一个不可或缺的重要环节和有机组成部分，有人称大众传媒是三权——立法权、司法权和行政权——之外的“第四种权力”，[1]足见其在推动政策议程建立中的重大作用。在我国，大众传媒目前表达意见的方式主要是：有选择地摘发读者来信，选登在读者来信版和读者来信内部版上，前者诉诸舆论，后者提供给有关领导机关做内部参考，按系统将来信转给有关部门研究、处理，在一定的舆论导向下，通过自己的言论、报道反映和表达意见；一些中共机关报采写“内参”，向领导机关反映记者所见到的重要问题及相应的分析、意见或建议。[2]大众传媒通过上述手段推动政策议程的建立，对政策过程进行监督，对推动公共政策的民主化发挥着积极的作用。

6．科学技术进步。科学技术的进步对世界所有领域的影响和冲击都是有目共睹的。对公共政策领域的影响也是十分深刻的。电子信息技术的飞速发展，从技术的平台上推动了政策议程的建立。倒如，从20世纪70年代开始，欧美几个发达国家就开始信息高速公路的建设，发展到今天，由于互联网的普及，许多国家的政府目前大多都在制定或正在酝酿电子政府的相关政策，旨在为公众提供政府信息、提供公共服务。电子政府政策议程的建立从根本上说是互联网和信息技术发展推动的结果。

7. 突发性的事件或危机。每个国家都不断地出现突发性的事件或危机，其原因有二，一是自然界的灾难，二是人为因素造成。前者如地震、大洪水、飓风、近地小行星撞击地球，后者如空难、海难、经济危机和战争等。不管是自然的因素还是人为的因素，一旦危机发生或有发生的迹象，都是推动政策议程建立的有力途径。例如，针对自然灾害，各国政府都会推动一些防灾减灾的政策问题进入议程，并很快进入决策程序。针对安全生产问题严重而导致的各种事故，政府会推动一些控制政策进入政策议程。针对影响面广，危害严重的经济危机，政府会推动一些法案进入政策议程。例如，1929～1933年的经济大萧条，就使美国政府的新政措施进入议程，并很快决策实施。因此，突发性的事件和危机是推动政策议程建立的重要因素。

8. 公民个人。在一般情况下，中国公民主要是通过自己所在的组织表达自己的政策诉求。而在目前政治民主化的潮流下，我国各级政府也不断采取措施，为公民开辟多样化的政策参与渠道，如人民建议征集制度、听证会等渠道，使公民参与政策过程，推动新的政策议程建立的机会显著增加。以四川省为例，2002年省人大公开向社会征集地方立法建议以来，在不到1个月的时间里，社会各界通过电话、传真、电子邮件和来访等形式提出立法建议411条，其中185件具有参考价值，有9件普通群众提出的立法建议已被列入今年的立法计划。成都市普通市民谭作人建议立法保护大熊猫，逐步废止把大熊猫当做礼品赠送的做法。他的立法建议在四川引起强烈反响，2002年12月，被列入四川省人大的立法规划。此外，公民还通过信访等渠道，推动一些问题，如反腐败等问题进入政策议程。

四、推动政策议程建立的策略

不管是什么样的社会问题进入政策议程，一般都有几个方面的因素在其中发挥突出的作用，学术界称之为推动政策议程建立的策略。概括起来主要有三种策略，一是政府积极，二是社会积极，三是政府与社会双方均积极。

1. 政府积极。政府作为国家的管理机构，掌握着国家的重要资源，建立了遍布全国的信息网络，因而有能力及时发现一些重要的社会问题，并推动一些社会问题进入政策议程。同时为了实施对国家的有效治理，保证政治稳定和经济的可持续发展，政府也积极地从国家发展、民族进步的高度，把握社会发展的方向，从全方位、多角度了解和掌握许多社会问题的状态，并根据问题的性质和状态采取不同的策略推动一些急亟解决的问题进入政策议程。而这些关系大局的问题，社会上的个人或团体由于资源有限无力推动解决。一般情况下，政府对下面几种类型的问题比较关注，表现出一种积极的态度。

(1) 对于关系国家民族前途命运的重大问题，政府比较关注并致力于解决。如国家安全问题，政府积极地予以关注，并下大力气推动一些有关军队建设，武器装备的计划提上政策议程。

(2) 对于政权稳定问题政府积极关注。这包括维持现行社会的政治经济秩序，打击破坏现行社会秩序的社会异已分子，建立社会保障制度，解决社会的贫困、失业和人口就业问题，对于政府内部破坏国家利益的腐败行为予以整治。

(3) 对于涉及政府自身利益的问题比较关注。例如当中央政府与地方政府的经济利益分配上发生矛盾时，中央政府会主动将问题提上政策议程；当地方政府的利益受到影响时，地方政府会主动推动问题进入政策议程。

2. 社会积极。社会积极是指社会上的个人和团体在自身或团体的利益受到影响或威胁的时候，积极行动，要求政府将问题提上政策议程，加以解决的态度。例如，有些消费者受到一些商家的欺骗，经济上受到损失，这些消费者在忍无可忍的情况下就会以个人或群体的身份要求政府予以关注和解决。这就表现出一种积极推动的态度。与社会的积极态度相比，政府的态度显得有些消极。政府态度消极的原因可能有以下几方面：

(1) 政府基本上不知道问题的存在。尽管现代政府有广泛的信息网，但政府不是万能的，世界之大，每天都会产生许多令政府无法获知的事情。

(2) 政府知道问题的存在，但没有权力去解决。比如，政府知道一些股民炒股时赔了本，但股民作为市场的主体之一，其行为是市场行为，政府没有权力拿纳税人的钱去包赔股民的损失。

(3) 政府知道问题的存在，但由于问题的复杂性、政府所掌握资源的有限性一时没有能力解决。例如，政府也知道社会治安不好，但由于引发犯罪的因素众多，政府确实无力做到完全消除治安方面的隐患。

(4) 政府知道问题的存在，也有能力解决，只是政府还有更重要的问题需要解决，因而尚未排上政府的政策议程。

社会主动对于政策议程的建立有作用，但不可估计过高。

五、政府与社会均积极

对于一些社会问题，政府与社会都有较为清醒的认识，因而双方都表现出了尽快解决问题的积极性与主动性，这种情况对于推动政策议程的建立有积极的意义。这种情况可能有几下几种类型。

(1) 政府希望解决的问题与公众希望解决的问题具有一致性，因此政府与社会都致力于推动这类问题进入政策议程。比如，对治理腐败，打击黑社会恶势力，提高就业率、扩大高校招生比例等，政府与社会在解决这些问题上存在共识。

(2) 政府希望解决的问题与公众希望解决的问题相反，双方的主动行为构成某种矛盾。例如，我国春节时旅客流量大，政府希望提高铁路、民航的运营票价，以便增加政府的收入，但旅客则不希望涨价，希望提高服务质量。

(3) 政府希望解决的问题与公众要求解决的问题既有一致的一面，又有分歧的一面。例如，在扩大高等教育的招生规模，以提高国家和民族的素质这一点上政府与社会具有共识，但在高校招生收费问题上政府与社会存在分歧，政府希望减少些政府财政的负担，让社会负担一部分，而社会希望政府多承担一些。由于政府与社会对问题的理解和要求不完全一致，也存在矛盾。

尽管存在多种策略推动政策问题进入政策议程，但不是所有的政策问题都能进入政策议程。一般说来，威胁政权生存、影响社会稳定的问题难以进入政策议程；与社会的主导价值观和政治文化相悖离的政策问题不能进入政策议程；政府能力不逮的问题难以进入政策议程；表达方式失当的问题难以进入政策议程，决策过程过于封闭的政府妨碍政策问题进入议程。当然，如果政府与社会双方都对某些问题的解决持消极态度，这类问题就永远不会进入政策议程。

第二节　方案规划

政策议程建立后，政策制定过程就进入了关键的设计和规划政策方案的阶段了。这一阶段，需要确定方案设计的原则，明确设计的程序，选择设计的方法。

一、方案规划的含义及原则

方案规划是指为了解决某一具体的政策问题而由政策制定者精心设计的行动计划和步骤。它通常是由目标确立、方案设计、方案预评估、方案选择几个步骤构成。方案规划的目的是解决政策问题，其基本内容是方案设计和择优，方案规划不是一个孤立的环节，而是由一系列活动构成的逻辑的过程。

政策方案的规划必须建立在一定的原则基础之上，一般来说，需要遵循以下的原则。

1. 信息准全原则。政策方案的规划需要充分、真实、准确的信息，因此在制定政策方案之前必须获取足够的有用信息，否则会造成决策的失误。如 20 世纪 70 年代的“川气出川”工程，在耗资数亿元人民币后下马。该工程于 1976 年开始，计划于 1979 年竣工，本拟以几十亿元人民币的投资为代价，每年开发 300 亿立方米的天然气，一半用于四川省自身，一半输向长江中下游直至上海。但由于该工程的决策方案是在没弄清四川天然气储量的情况下制定的，在查清实际储量不足时，被迫于 1978 年宣布川气不能出川，工程即刻下马。[3]该工程决策失误的根本原因在于信息不充分，由此可见，信息不充分或失真是政策失误的根源之一。

2. 系统原则。从系统论的角度看，任何政策问题都不是孤立地存在的，都是社会大系统的有机组成部分。在这个大系统内，不同范围、领域、层次的社会问题存在着相互联系、相互制约的辩证统一关系。因此，政策制定者在进行政策方案设计时应该根据事物的系统特征，从联系的观点看问题，正确处理整体与部分、当前利益与长远利益、主要目标与次要目标的关系，从事物的整体出发，去处理和解决局部的问题。我国建国初从优先发展重工业，相应地发展轻工业和农业，到 1958 年强调钢铁生产的“大跃进”，就是只强调国民经济这个大系统中的重工业，忽视了这个大系统中的轻工业、农业及其他的子系统，造成国民经济比例严重失调，人民生活发生严重困难。这种决策是只见树木，不见森林，这种决策失误从系统论的角度看是领导者忽视决策的系统原则所造成。

3. 预测原则。政策方案规划是立足于现实，对未来的设计和安排。因此，必须对这种设计进行预测。古人云，“预则立，不预则废”，科学预测是政策方案设计成功的保证。所谓科学预测，就是在正确的理论指导下，按照科学的原则、程序和方法对未来情况进行估计和分析的活动。例如，举世瞩目的三峡工程在决策酝酿过程中就动用了全中国的科技力量对工程的巨大经济效益和对生态环境的不利影响进行预测分析，特别是针对工程的负面效应，我国的科技工作者们在工程上马之前就进行深入的预测分析，并做好了充分的预防负面效应的各种方案设计，如针对水库保护、物种保护、水生生物的保护、环境地质问题、泥沙问题、施工区的环保措施等对策。[4]三峡工程这一跨世纪的宏伟工程就建立在专家学者的反复调查研究、预测分析基础之上，如果没有科学的预测，难以想像这一工程上马的后果。

4. 民主原则。为了保证政策方案规划的科学性，政策方案设计时必须实行民主原则。方案规划中的民主原则不仅体现在方案的内容符合社会公众的利益和要求，而且更体现在政策方案设计时吸收公众参与，吸收专家学者参与政策方案的设计。由于现代社会生活的复杂性，政府面临的问题往往是专业性很强的问题，政府官员的专业知识不足以应对复杂的问题，因而吸收专家学者参与政策制定是政府官员避免决策失误的根本保证，同时也是民主原则的体现。

5. 可行原则。可行原则是政策制定者必须遵循的基本原则。它是指政策制定者对某项要制定的政策方案在社会中是否切实可行和是否行之有效所作的各种分析论证，以确认政策方案是否符合客观实际，具备实施的现实可行性。这种现实可行性是多方面的，包括政治、经济、技术、法律与伦理的可行性。政治可行性是指方案在政治上与国家的性质、政治制度和目前的方针政策相符合，以求得政权的支持，如果不一致，则不具备可行性。经济可行性是指该政策方案在经济上合理，即效益与成本的差额最大。技术可行性是指政策实施有技术上的保证，如果没有，则不具备实施的可能性。法律的可行性是指政策方案的内容与现行国家法律没有冲突和矛盾。伦理的可行性是指政策方案与现行社会人们的伦理道德观念相一致，否则，则没有可行性。社会可行性是指政策方案能得到社会公众的理解、认同、接受、拥护和支持。可行性分析实际是政策制定过程中一个综合性的分析，是实践层面的分析。有些政策的实施除进行上述内容的分析外，可能重点是国家安全层面、环境层面的分析，三峡工程就是一例。当然，进行哪种可行性分析要结合实际来确定，一般来说，工程项目问题首先必须进行环境评价，我国的环境评价法规定要先评价，后实行。

6. 协调原则。协调原则是指政策制定要从纵向上做到前后一致，横向上做到左右平衡，还要做到上下衔接。纵向上协调一致，一是指政策制定首先要认真研究、准确把握过去的政策规定，力求保持政策的连续性和稳定性，防止政策多变，执行者无所适从的问题产生；二是要研究和掌握过去的有关情况，弄清政策问题的来龙去脉和因果关系，使即将出台的政策能够在现有的基础上得以延伸和发展；三是要分析未来的发展趋势，力求使政策既符合当前的实际，又能有适度的前瞻性，经得起时间和历史的检验。

横向上左右平衡要求政策制定首先要考虑同国际惯例接轨，避免政策与国际惯例相违背给国家带来麻烦。其次要了解和掌握邻近地区情况，使政策尽可能与其他地区政策相衔接，便于政策的执行。第三要考虑相关政策间的协调，例如在制定文化市场管理政策时，不仅要遵守国家文化政策，还要考虑新闻出版、广播电视、公安、工商等有关方面的法律、法规，防止政策打架的现象发生。第四，政策制定要考虑相关事务之间的协调。例如，在制定煤气调价政策时，要考虑煤炭、液化气、电力等的价格政策，不要顾此失彼，要使之大体平衡。第五，要考虑条条之间、块块之间、条块之间的协调。

上下衔接要求政策制定既要吃透国家的总政策、基本政策，又要对基层的实际情况了如指掌，使政策科学化。

二、政策方案规划的程序

政策方案规划是由一系列相互关联相互区别的程序构成的，概述起来有以下几个：目标确立、方案设计、后果预测和方案抉择。

(一) 政策目标确立

公共政策制定首先必须确定目标。政策目标是政策制定者希望政策实施后解决政策问题达到的某种效果或状态。政策目标具有十分重要的作用，政策目标既是政策制定的方向，也是未来政策评估的标准。同时目标具有明确的引导和激励作用，能够引导目标团体为实现目标而不懈努力和奋斗。因此，政策目标的确立是必须慎重的工作，一个政府正确的目标会对社会的进步和发展产生重大乃至深远的影响，而一个错误的政策目标会导致一个灾难性政策的出台。对一个组织的发展来说，正确的目标会推动组织的蓬勃向上，错误的目标可能会导致组织走下坡路，严重者会导致组织的垮台。因此，不论从大的方面，还是从小的方面着眼，政策目标的确立都不可小视。政策目标的确立一般应该注意下面几个问题：

1.目标的系统性。现代社会生活的复杂性，决定了公共政策问题的复杂性。一个政策问题的解决必然涉及其他问题，其他方面，这就决定了公共政策目标不可能是单一的，而是由一个大目标或几个主要目标和若干个子目标构成的复杂的目标的系统。从纵向来看，政策目标具有层次性和阶段性，低层次目标是高层次目标的手段，高层次目标是低层次目标的目的，高层次目标与低层次目标构成目标与手段关系。从横向来看，政策目标具有多元并列性。即在政策大目标的前提下，各子系统的子目标是多样化和并列存在的，它们都是政策目标大系统的分解。这些复杂的子系统目标体系庞杂，很容易出现矛盾和冲突。这些矛盾和冲突可能是不同层级的政府之间、同一政府的部门之间、不同利益群体之间的矛盾与冲突。这种冲突是政策目标设计过程中常常会遇到的问题。解决的办法只有选择。即选择重要的目标，舍去难以两全的目标，或采取折衷的办法。

例如，我国农业政策目标具有明显的系统性。它是由一系列主要目标和附属目标所组成的目标系统。中华人民共和国农业法规定，农业的主要目标是努力发展农村社会主义市场经济，增加农产品的有效供给，增加农业劳动者的收入。在每个主要目标下，都存在许多子目标作为实现主要目标的手段。就增加农产品的有效供给而言，农产品的有效供给涉及种植、林、牧、副、渔五业的政策目标作为支撑，但这五个目标之间也存在矛盾性，种植业要提高粮食产量，需要保证粮食种植面积，其他几业发展又必然导致种植面积减少。要解决这种矛盾性，不是放弃一个保存另一个，而是在保证种植面积尽可能不减少太多的情况下，平衡发展其他几业，以保证不同人群的生活需要。

2.目标的可行性。政策目标的可行性是指政策目标既有先进性，又有合理性。所谓先进性，是指政策目标必须是经过努力才能实现的目标，也就是说要有一定的高度，不费力气便能达到的目标不是合理的目标。同时，政策目标又必须是经过努力可以达到的目标，那种经过努力也达不到的目标不是可行的目标。比如，我国1958年8月搞“大跃进”

时制定的一些指标就是不可行的目标。目标的可行性还要求目标必须具体、明确，有可操作性。有时笼统的目标可能对制定者有利，但过于笼统，不利于政策的执行和评估。

3. 目标的动态性。政策目标的动态性是指政策目标应该具有一定的弹性，不可定得过死。因为政策目标是针对未来的目标，而未来有许多的不确定性，如果把目标定得过死，一旦环境条件发生剧变，政策的不可控因素增加，政策目标就难以实现，而人们往往受目标所累，偏要捍卫目标，甚至不惜制造虚假数字。政策目标制定过程中应该注意目标具有一定的弹性，以便使环境发生突变时政策制定系统能够掌握主动。

（二）政策方案的设计

政策方案设计是政策规划的核心环节，也是实现目标的手段。通常，政策方案设计由三个环节构成。一是有限方案的搜集；二是方案的初步设计；三是对重要方案进行周密设计，使之更加完善。

1. 有限方案的搜集。在设计政策方案时，应该全面、充分考虑解决问题的途径，尽可能使可能的政策方案都进入政策制定者的视线，但不要过分追求理想化，方案既不要搞得过多，也不要过少。方案搞得过多，时间消耗多，容易贻误时机。如果政策制定所面临的环境条件是稳定的，可以借助渐进模型来进行方案搜集。如果政策制定所面对的环境是动态的，而且变动较大，则应考虑理性模型，并要开拓视野，进行创造性思维，要力求有所创新。因为客观环境不断变化，解决问题的方法不能总是因循守旧，针对新情况、新问题必须打破传统观念，另辟蹊径，创造出解决问题的新思路。需要注意的是，在非常规决策（即风险性、不确定性决策）过程中，不管使用什么政策模型来考虑政策方案的搜集，不要搞一个方案，一个方案是“霍布森选择”，等于没有选择性，适合的方案数量是2至3个。

2. 方案的初步设计。这一程序要解决方案内容的框架问题。在进行方案内容的初步设计时，要注意方案内容不雷同，也就是说各方案之间要有互斥性，不能使一个方案包含另一个方案。例如方案A包含方案B，方案B包含方案C，方案之间具有相互关联性，不符合方案设计的要求，无法应付环境变化后的新情况。因此，方案的初步设计应该注意不要搞雷同的方案。

在方案的初步设计中，参与的人员可能不多，一般由政府主管人员牵头，几个人协助政府主管人员制定而成。

3. 政策方案的精细设计。在几套方案中，肯定有一套或两套方案是政策制定者比较满意的，在经过初步比较和筛选后，方案设计者要从中选出比较满意的方案，对其进行重点设计。通过严格的程序，层层进行深入细致的研究，进行周密的设计。在细节设计时，设计者要有冷静的头脑，实事求是的态度，切忌头脑发热，要充分考虑政策实施中可能遇到的各种不确定性因素，充分估计政策实施中的难点和关键环节，对方案的各个细节进行严格的论证，反复的计算和认真的考虑。

在方案的精加工设计过程中，如果涉及的技术性因素较多，如果方案设计者的能力与学识不足以应对，不妨借助专家进行。现代社会，政府的许多决策对社会都有很大的影响，一着不慎，灾难性的后果影响深远，不如借助专家学者的力量进行方案设计，最后决策者进行选择。目前西方发达国家进行的政府决策，国会制定法律，由于牵涉许多技术性问题，都是在专家们的策划、参与下制定出来的。

在这一阶段，可能参与者不是少数人，许多政府部门、政府官员都要介入、提供建议和意见，而且在我国，政策方案起草者要征求同级党委的意见，征求民主党派及无党派民主人士的意见和建议，以保证政策方案的严密与周详。因此，这一阶段往往是广泛民主的阶段。

需要指出的是，上述政策方案规划的要求不是绝对的，现实当中并非所有的方案设计都是按此简单的程序行事，也不一定都要搞多套方案。这与具体的情况有关。一般是在非常规决策中要搞多套方案，常规决策则不一定非要搞多套方案。而且，不同性质的政策方案其规划设计过程也存在许多程序性的差异。例如，政府面临的一般问题的方案规划与重大问题的方案规划是不同的。一般问题的方案规划可能会由政府主管人员牵头提出初步的方案，由政府主管人员召集相关部门的人开会商议，对存在的问题进行分析，并提出解决问题的办法，然后落实到文字上便形成了方案。重大问题的方案规划则不同，例如我国中央政府的施政纲领——政府工作报告的起草过程则要复杂得多。这一起草过程主要包括确定报告的主题，文字起草、形成讨论稿、国务院常务会议审议、中共中央政治局原则审议、广泛征求意见、修改定稿。

国务院的政府工作报告一般在每年的 12 月份开始起草工作，总理作为报告人，要亲自召集、会见参与起草报告的工作人员。总理要明确地提出报告的主题，主题确定之后，起草工作正式开始，起草初稿一般需要一个月，一般要经过若干稿，如两至三稿才能形成正式的“报告草案”。总理要与起草小组成员推敲修改报告草案，并提出原则意见，由小组成员再修改，形成“报告的讨论稿”。这期间的工作应属方案的初步设计阶段。

报告草案初步设计完成后，要由国务院常务会议进行初步审议，并须取得“原则同意”，由于总理是国务院常务会议的召集人和主持人，总理又是政府报告的报告人并主持起草工作，因此，国务院常务会议的审议仍属于内部修改和完善阶段。也就是政策方案的精细设计阶段。在国务院常务会议的审议结束后，国务院要将政府工作报告的“讨论稿”送交中共中央政治局全体会议审议，中共中央政治局全体会议以“集体领导”的方式，从更好地体现党在一个时期的基本路线和中心工作，从报告内容的完善和准确的角度进行审议。到此方案规划并没有结束，在正式提交全国人民代表大会审议和通过之前一个月的时间内，政府总理还要召开国务院全体会议，专门布置征求意见稿。会议要求国务院各部委负责人在一定的时间期限内提出修改意见。国务院还将报告的征求意见稿发给各省、自治区、直辖市人民政府和其他各有关方面负责人征求意见。随后，由中共中央统战部出面邀请民主党派中央、有关人民团体的负责人和部分民族宗教界人士、无党派民主人士座谈，听取大家对报告的修改意见，并提交政协全国委员会常务会议征求意见。与此同时，总理亲自召开若干次各方面人士的座谈会，以便直接听取基层对报告修改的意见和建议。在对方方面面的意见进行综合研究的基础上，尽可能吸收合理化建议，充实和修改报告，最后由总理定稿。这一阶段仍属于政策方案的精细加工阶段。因为，在没有提交全国人大审议通过之前都属于政策方案的规划阶段。[5]

政府工作报告的起草过程反映出政府重大政策方案起草过程既有程序性，又有特殊性的特点。虽然不一定搞多种方案，但在方案起草设计过程中注重理性，反复征求各方面意见，通过海纳百川的活动使方案达到至善。

（三）预评估

预评估是指对已经制定出来的方案进行后果预测，通过预测分析政策方案的可行性。这是政策方案制定过程中必须进行的程序。

方案后果的预测一般要考虑两种情况：一是环境条件不变情况下政策方案的后果，也就是常规情况下政策方案的后果；一是环境条件变化情况下政策方案的实施后果，也就是非常规情况下政策方案的后果。

对于常规情况下政策方案预测，要预测政策方案取得的经济和社会效益如何？政策方案实施中会出现什么问题？会存在哪些问题？存在什么样的解决办法？政策方案实施对社会政治、经济、文化与人民群众的生活环境会产生什么显著影响？政策的标的人口会产生什么反映？这些问题都是需要考虑和预测的，否则，一旦政策方案实施出现重大偏差，政策制定者便成为问题的制造者，招惹众怒。

对于非常规情况下的政策预测，需要特别关注非常规情况出现的概率，非常规情况出现的程度预测。并对这种特殊的情境，预测经济与社会效益、对政治、经济、文化、环境的重大影响，对人民生活的重大影响等方面。

由于预测对于政策方案选择的重大意义，预测的准确性就成为重中之重。一旦预测不准确，就会出现决策的失败，给政府和人民带来各种损失。例如，我国一个规模较大的城市修建环城路，由于资金不足需要与港商合作签订 BOT 项目。事先市政府的决策者组织人员进行论证，认为环城路修好后，一天可收过路费 70 万元人民币，于是与港商签订了项目，规定 BOT 项目 20 年有效，20 年之内一天给港商 60 万元，20 年后港商将路的所有权交给市政府。可事情并不像想像的那样如愿，环城路修建完工后，每天的过路费仅能收到 20 万元左右，市政府每天必须补助 40 万元左右给港商。这个项目的预测就是一个失败的预测。

这是一个沉痛的教训，值得我们的决策者引以为戒。因此，必须重视科学预测。虽然预测是对未来的估计，未来有许多的不确定性、未知性，但也还是有规律可循，因此预测的方法选择变得十分重要。

预测的方法有很多，现在比较常用的有回归预测分析、直观判断法、时间序列法、决策树分析、德尔菲法、系统分析方法等。其中成本效益分析是比较基本的方法。在使用分析方法时应注意把定性与定量分析相结合，尽可能做到准确预测。当然，预测不是靠决策者能解决的事，必须依靠专家的力量，而且要依靠专家集体的智慧。

(四) 方案抉择

在方案预测结束后，政策方案制定就进入了方案抉择阶段。也就是择优选择方案，这是政策制定的关键阶段。到这一步，专家的“谋”基本结束，这一程序需要由法律意义上的政策制定者来完成，也就是政府官员或其他的政策主体进行“断”。

政府官员的“断”当然也不可能完全离开专家的“谋”，它仍然需要在专家的建议下决断，做出方案的选择。但是，需要注意的是，此时决策者需要以自己特有的敏锐，根据自己的工作经验与政治体验，独立自主地做出判断，决定方案，不能完全为专家所左右，因为专家也有其局限性，专家的意见更多是技术性的，理想化的，有时与实际的政治情况也有出入，因此最后如何决定还要决策者来决断。择优也有一些应该遵循的要求与标准。

(1) 符合国家的总政策和基本政策。在我国，政策方案选择首先必须符合宪法和基本法律，符合国家的基本政策。

(2) 服务于国家进步和社会发展的长远利益，不能只考虑眼前利益。

(3) 政策风险应尽可能小、政策收益应尽可能大，政策成本应小于收益。

(4) 对环境没有恶劣的影响和破坏。

(5) 政策的标的人口能够不反抗政策，不会破坏社会的稳定。

(6) 政策具有政治、经济、文化、技术、伦理和社会等可行性。

总之，经过政策选择之后，政策制定阶段基本结束，但政策方案不能马上付诸实施，必须经过特定的程序使之获得合法的地位，这就是政策的合法化。

第三节 政策方案合法化

政策合法化是政策制定过程的最后一个环节，它不是一个简单通过的孤立的活动，而是在严格的程序下进行的一系列十分严肃的行为过程。这个过程是政策制定过程不可或缺的组成部分。

一、政策合法化的概念与含义

关于政策合法化的概念，学术界有多种不同的解释。

美国学者琼斯在《公共政策研究导论》中说，对于任何一个政治系统而言，至少可以辨别出两种合法化：第一种是那种使政治过程包括批准解决公共问题的特定建议过程的合法化；第二种包括那些政府项目被批准的特殊过程。前者可称为合法化，后者可称为批准。

另一位美国学者托马斯·戴伊在《理解公共政策》一书中把政策合法化分解为三个功能活动，即选择一项政策建议，为这项建议建立政治上的支持，将它作为一项法规加以颁布。

由此看来，国外学者对政策合法化概念的定义并不统一，也不严格。

我国学者也根据我国国情给政策合法化做出了概念界定。

张金马主编的《政策科学导论》指出，“政策合法化是指政策规划得到的政策方案上升为法律或获得合法地位的过程。它由国家有关的政权机关依据法定权限和程序所实施的一系列立法活动与审查活动所构成”。

兰秉洁在《政策学》一书中指出，政策合法化就是“通过法定程序，提交有关机关讨论通过，并以公报、决定、决议等形式向全社会发布，使政策决定取得公认的合法地位和全国人民的认可、接受和遵照执行的效力”。

陈振明在其主编的《政策科学》一书中指出，“政策合法化是指法定主体为使政策方案获得合法地位而依照法定权限和程序所实施的一系列审查、通过、批准、签署和颁布政策的行为过程”。

相比之下，我国学者在追求概念的准确性方面比较严格，关于政策合法化的概念也存在一定的分歧，比较明显的区别是立法议案的审批是否应列入政策合法化的范畴，这实质上是对政策概念界定的分歧的反映。本书倾向于将其列入政策合法化的范畴。

本书认为政策合法化是指政策方案经由特定国家机关的审议、修改、通过、批准、签署、公布等程序而获得合法地位或成为法律的行为过程。

政策合法化这一概念具有下面的内涵：

（1）政策合法化的主体是国家政权机关。包括国家的立法、行政、司法机关。

（2）政策合法化的客体不仅包括政策也包括法律。从广义的角度看，法律也属于公共政策的范畴，因此，政策合法化理当包括法律在内。

（3）政策合法化是一系列有着特定程序的活动。政策合法化的程序是由审议、修改、通过、批准、签署、公布的一系列活动有序构成。

（4）政策合法化是政策获得合法性的必由之路。任何方案不经过国家政权机关的特定审批程序便不能成为公告天下，具有强制执行力的政策。在我国，人民代表大会制度是根本政治制度，中国共产党领导的多党合作和政治协商制度是基本政治制度。政策合法化的程序具有中国特色。

二、公共政策合法化的特点

作为政策制定过程的一个重要环节，公共政策合法化有其鲜明的特点，主要表现在以下几方面。

1. 公共政策合法化有其特定的主体。即不是随便哪个国家机关都可以使一项公共政策合法化，它必须是享有权力的国家机关。而且，政策合法化的主体不一定只有一个。

2. 公共政策合法化与政策方案规划存在相似性。政策合法化决不是简单表决和通过政策，而是要进行严格的审议，而审议实际上是新一轮的政策方案规划，只有在重新修改、补充政策方案后，方案才能获得批准，成为具有合法性、权威性、普遍性的公共政策。

3. 公共政策合法化的程序性十分鲜明。要使一项政策方案成为合法的政策，必须要经过一道道的程序，缺少任何一道，都难以实现政策的合法化。

三、政策合法化的过程

政策合法化的过程因政策的性质不同，而需要由特定的国家政权机关来进行，因而合法化的程序不同。由于各国政府体制存在差异，为了叙述方便起见，以我国的情况为例。在我国，一般的公共政策其合法化的机关是本级国家行政机关，涉及国家生活中重大事项的政策合法化应通过国家权力机关来进行。政策法律化需要通过国家权力机关进行。

（一）一般公共政策、行政法规与规章的合法化

一般公共政策、行政法规和规章的合法化根据宪法授予政府的权力规定，由中央和地方政府来进行。根据法律规定，国务院有权制定行政法规，各部委有权制定规章，省、自治区、直辖市人民政府、较大市人民政府及省、自治区政府所在地市的政府有权制定地方性规章。此外，各级人民政府有行政制令权。我国的行政机关实行行政首长负责制，因而行政机关的政策合法化过程突出地表现为行政首长对政策方案的决定、批准、签署和公布。但是，我国的行政首长负责制不是行政首长个人独裁制，而是建立在民主集中制基础上的行政首长负责制。因此，政策方案的合法化不是简单的由行政首长决定、批准、签署和公布就完结了的，而是必须经过一系列程序的审查，才能实现合法化的过程。这些程序具体表现为以下方面：

1. 法制工作机构的审查。自 20 世纪 80 年代以来，我国县以上政府和相当一部分政府机构都设立了法制工作机构，作为领导者政策制定的咨询和参谋机构。其主要职责是对政府有关部门交付审查的政策方案提出审查意见，为政府领导决策提供法律支持。

2. 领导决策会议的讨论决定。领导决策会议一般是指行政首长办

公会议、政府常务会议及全体会议。一般日常事务的决策通常由首长办公会议来决定。重大的问题，根据法律规定，县级以上各级人民政府工作中的重大问题，须经政府常务会议或全体会议讨论决定，行政首长主持召集和主持会议，会议要充分集思广益，发挥集体智慧，使行政首长在充分吸取班子成员意见的基础上做出最后的决策。何为重大问题？我国的法律没有明确界定，但涉及地方行政立法、国务院制定行政法规应属于重大问题之列，此外，事关国家和地区发展的大工程、大举措等重大事项应属重大问题。对于行政立法这类重大决策必须由政府常务会议和政府全体会议讨论。而涉及国家和地区发展的重大事项还须由国家和地方的权力机关来决定。

3. 行政首长签署行政命令，公布政策。经领导决策会议通过的政策方案由行政首长签署命令，公布施行。如果需要报请上级行政机关审批，还要在本级行政机关批准后报上一级行政机关，经过同样的审批程序，实现合法化。经过上一级行政机关批准的政策方案根据规定或由原行政机关公布、或由上级行政机关公布。

(二) 国家生活中重大政策的政策合法化

国家生活中的重大政策，一般包括国民经济和社会发展规划和计划，国家重大工程建设项目，省级行政区划事宜，战争与和平，重要的授权事宜等。根据宪法的原则，国家生活中重大事项的决策合法化权力应属于全国人民代表大会。全国人民代表大会的合法化程序如下：

1. 国家生活中重大政策一般由国务院等国家机关提出。国务院等国家机关提出的议案，由全国人大主席团决定是否提交大会审议，如决定提交，则直接进入议事程序。从国务院有关负责人在全国人民代表大会上作关于议案的说明起，人大的审议程序正式启动。

2. 大会主席团决定，将议案交各代表团和有关的专门委员会分别审议，提出意见，专门委员会并负责向大会主席团提出正式的审议报告。

3. 大会主席团在人大常委会委员长的主持下审议决定将该议案提交全体会议进行表决，决定是否通过决策草案。

4. 公布表决结果。如果已列入大会议程，但在审议中发现存在重大疑难问题需要进一步研究才能做出决定时，经大会主席团提出，大会全体会议决定，可以采用下述两种方法之一处理，提请下次人大全体会议再次审议，或授权全国人民代表大会常委会审议决定，但须报下次人大全体会议备案。

重大政策的政策合法化实质上是标准的立法程序。我国三峡工程的决策就属于重大事项，经过七届人大五次会议使之合法化，随即三峡工程的建设工作全面展开。除了规范层面的重大政策合法化渠道，在我国，党的高层会议也是政策合法化的渠道，而且是最重要的渠道。

（三）政策法律化

政策法律化也称为政策立法。在现实生活中，政府的一些政策经过一段时间的实施和修改，已经趋于成熟和稳定，为了增加政策的权威性，有必要经过立法程序使之上升为法律，这就是政策的法律化。可见，政策法律化的过程是一种立法过程。

1. 政策法律化的前提条件。能够适用于法律领域的政策才有可能实现法律化。需要指出的是，不是所有的政策都有必要实现法律化，也不可能都实现法律化。因为政策与法律适用的领域不完全相同，一般来说，法律调适社会生活的范围较窄，政策调整社会生活的范围较宽，只有在适合法律的领域，才能使用法律来调整社会生活中的各种关系，只有那些适用法律调整社会经济关系的领域，政策才有法律化的可能性。那些不能用法律来调整关系的领域，只能用政策来调整。例如，民族、外交、宗教领域，只能用政策来调整各种社会关系。因此。政策法律化的前提是可以适用法律领域的政策才能进行法律化。

2. 确有立法的必要。当有些政策其重要性增加，但在政策实施中政策的权威性不足，需要进一步提高其权威性时，政策立法的必要性便凸显出来。

3. 政策已经成熟、稳定。当一项公共政策经过较长时间的适用，已经多次修改，呈现出成熟、稳定的特征，便具备了上升为法律的条件。可以通过政策立法实现政策的法律化，我国有许多政策就是在这个基础上实现其法律化的。例如，人口与计划生育法就是经过政策上升为法律。

以上三个条件是政策法律化必备要件。否则，不应推动政策法律化，以免使法律在实施中出现问题。

应该说，政策法律化是政策合法化的一种形式。它的有益之处是增加了政策的稳定性，提升了政策的权威性，但是也容易出现滞后性。法律的滞后性是法律与生俱来的特点，出现滞后性只能启动立法程序进行修改，而不能以政策代替法律。

政策立法的程序如下：

（1）提出议案。议案是各种议事提案的总称，包括立法议案、质询案、罢免案等。

(2) 审议议案。审议的过程是议案修改的过程，立法机关会提出关于议案的一些建议和问题要求议案的提出者给予解释，而议案的提出者也能从立法机关吸取意见对议案进一步修改和完善。

(3) 表决和通过议案。表决和通过一般的议案是多数原则，制定和修改宪法的议案需要 2/3 的多数才能通过。

(4) 公布法律。法律一般由国家元首公布。我国法律由同家主席根据全国人民代表大会或常委会的决定签署主席令公布。一些地方国家权力机关如省会市、国务院批准的较大市的国家权力机关制定的地方性法规，还要报上级国家权力机关批准后公布。

从以上的分析可以看出，通常情况下，我国的公共政策合法化权力属于行政机关、国家权力机关拥有，司法机关作为执行法律的机关，似乎不具有公共政策权力。但事实上，我国最高人民法院出台的大量司法解释和典型判例作为法律的延伸，在司法审判中极具权威性，也属于公共政策。所不同的是，司法机关的合法化程序在司法系统内部进行，也有一套严格的程序。但在西方一些实行三权分立政治架构的国家，公共政策的合法化与中国不完全相同。这突出地表现在西方国家的违宪审查制度。

(四) 公共政策合法化的特殊方式

与中国的政策合法化方式不同的是西方国家的公共政策合法化。它突出地表现在司法机关的违宪审查制度上。

美国公共政策的合法化权力不仅由行政与立法两方面分享，而且其真正意义上的合法化权力属于联邦法院，这是因为美国在 1803 年建立了司法审查制度。美国的司法审查制度规定，司法机关拥有通过司法程序审查立法和行政机关制定的法律、法规、规章、命令等是否违宪的裁决权力。因此，司法机关在很大程度上参与并决定着立法机关和行政机关的政策合法化。司法审查制度的理论依据是，宪法是国家根本大法，具有最高法律效力，是议会、政府立法、执法的基础和根据，宪法至上，法律和法令从形式到内容都不得同宪法条文相抵触，司法机关（主要是最高法院和宪法法院）是保障宪法的机关，对宪法有最后的解释权，议会、政府的法律、法令如果违背宪法，司法机关可以裁决该项法律、法令违宪而无效。这种制度规定体现着权力制衡的政治思想，也使其司法审查制度在美国政治体系中的作用不可低估。

美国标榜宪法至上，因此政策合法化的基本依据是是否违宪，司法审查制度由此成为公共政策合法化的重要环节。美国式司法审查的方式主要是通过审理具体的诉讼案件来审查有关的法律、法令是否违宪，实行被动审查原则，即“不告不理”原则。美国的司法审查制度对世界其他国家有很大影响，日本、菲律宾、阿根廷、巴西、加拿大、澳大利亚等国家纷纷效仿，建立起司法审查制度。

与美国的违宪审查制度不同的是，欧洲大陆国家，如法国、意大利、德国等，针对美国式司法审查制度的弊端，建立起大陆审查制度，它们通过宪法法院或宪法委员会来主动行使违宪审查权，宪法法院不审理普通民事、刑事诉讼案，它的职能主要是保证宪法的实施。其具体审查方式比较复杂，因国而异，有的国家实行“抽象的原则审查”，或叫“预防性审查”，它是由宪法法院依照法定程序对议会法律、政府法令进行预防性的原则审查，以确定其是否违宪。有的国家通过对具体诉讼案的审理，对有关法律、法令进行审查，同美国法院的“不告不理”基本相似。第三种方式是所谓“宪法控诉”，也是抽象的预防性原则审查，只是提起诉讼的不是政府机关或议员，而是公民个人。总之，西方各国宪法法院的职权、诉讼程序、法院组成各不相同，但保障宪法、行使司法审查权是各国宪法法院共同和主要的职权。

由此可见，西方国家的违宪审查制度作为一种独特的方式，在政策合法化的过程中发挥着重要的作用。

公共政策合法化阶段结束后，政策制定过程便基本结束，政策进入实施阶段。

思考题

1. 政策问题建构主要涉及哪些内容？
2. 政策议程建立的特点是什么？
3. 我国政策制定过程的特点有哪些？

参考文献

1. 王惠岩主编．比较政治制度．长春：吉林大学出版社，1998.15
2. 朱光垒著．当代中国政府过程．天津：天津人民出版社，2002.111～112
3. 张秀华编著．领导与决策．北京：中国经济出版社，2000.6
4. 徐飞等著．科技文明的代价．济南：山东教育出版社，1999.414～418
5. 朱光垒著．当代中国政府过程．天津：天津人民出版社，2002.133～138

第五章 公共政策执行

第一节 政策执行的含义

一、政策执行研究的理论背景

(一) 政策执行理论的提出

从20世纪60年代末开始，美国政府推出了一系列扩大就业的社会公共工程，旨在刺激经济发展，减缓经济危机。这些庞大的政府计划执行的结果却没有预期的那样令人满意，它们或者成就有限，或者遭受挫折，甚至以失败告终。这种政策设想与政策实现结果的巨大反差，引起了政策科学研究者的关注。

在这种背景和氛围下，美国政治学家J. 普雷斯曼（J.Pressman）和A. 韦达夫斯基（A.Wildavsky）在1973年出版了一部名为《政策执行》的著作，对这种现象进行了追本溯源式的剖析。这本书是最早的一部专门研究政策执行问题的著作，该书充分反映了作者对政策执行问题的关切。[1]

普雷斯曼和韦达夫斯基的研究表明，奥克兰计划并不是按政策制定者所设想的那样被执行的，它并没有取得预定的目标，问题就出在它被执行的方式上尤其是“联合行动”的困难上，他们的工作引发了政策执行的研究热潮，导致了20世纪七八十年代政策执行理论研究的勃兴。

(二) 政策执行研究的深入

1. 政策执行理论的一般分析。从20世纪70年代开始，以美国为代表的西方国家的政策研究学者愈来愈重视政策的执行过程及其效果。著名学者海登海姆（Heidn—himer)、赫克洛（Heclo）等人提出了有影响的政策周期分析模式，Y. 霍利（Y.Horli）提出了分析变项之间相互关系的因果模式，K. 台尔曼（K.Teil man）提出了用预测指标分析政策执行模式。美国著名政策学家詹姆斯·安德森把政策执行界定为“一个有目的的活动过程，而这些活动是由一个或一批行为者，为处理某一问题或有关事务而采取的政策过程”。显然，这一概念强调的是实际所做的事情，而不只是提出或只是打算做的事情。因为，如果政府只做出决定而没有真正采取行动加以实施，就不能称之为政策。美国政策科学家艾利森认为：“在实现政策目标的过程中，方案确定的功能只占10%，而其余的90%取决于有效的执行。”它折射出了政策科学的发展趋势，即公共政策研究的主题和重心从政策的制定转向政策的执行及其效果评估。

西方学术界对政策执行的研究已经取得了很多成果。各种模式和流派所运用的理论和方法都处在不断完善之中，研究的方向也偏重于个案分析。通过对其中一些有影响的文献的考察，可以发现，他们关注的核心问题是执行机构和组织问题。例如，C.P. 斯诺（C.P.Snow）就指出：“任何一项化观念为行动的作为都涉及某种简化工作。而组织机构正是从事这种简化工作的主体，是它们把问题解剖成具体可以管理的工作项目，再将这些项目分配给专业化的机构去执行。组织方式和运行机制不同，可能会导致迥然不同的政策效果。于是只有了解组织是怎样工作的，才能理解所要执行的政策，也才能知道它在执行中是如何被定位和调整的。”

C.O. 琼斯（C.O.Jones）也指出：“政策执行是将一项政策付诸实施的各项活动和行动，在诸多行为活动中，要以解释、组织和实施三者最为重要。所谓解释是将政策的内容转化为民众所能接受和理解的指令；所谓组织是指建立政策执行机构，拟定执行的办法，为实现政策目标奠定基础；所谓实施是由执行机关提供例行的服务与设备，支付经费，从而最终完成议定的政策目标。”诸如此类的论述都强调了政策的合法化过程以及政策执行机构的关键性作用。[2]

2．“自上而下”的研究途径。J. 普雷斯曼和 A. 韦达夫斯基的《政策执行》一书所采取了“自上而下”的研究途径，或称为“以政策为中心的途径”或“政策制定者透视”途径。这种途径假定，政策是由上层规划或制定的，然后，它们被具体化为各种指示，以便由下层的行政官员或职员执行。

依照这种途径，政策过程被看做一种指挥链条，其中，政治领导人形成政策偏好，而这种偏好随行政层次的降低而不断被具体化，为下层行政官员所执行。这种途径关注的焦点是政策制定者，要考察他们做什么以及如何将政策付之于实践而生效。

“自上而下”的政策执行途径的重要前提条件之一是要求政策的明晰性。作为人们行为的一种规范，政策必须明确、清晰，否则就会因政策执行者对政策目标和内容的误解或曲解而造成政策执行的阻滞。

3.“自下而上”的研究途径。R. 韦瑟利和 M. 利普斯基(R.Weathrley and M.Lipsky)在“街道层次的官僚与制度创新”一文中提出了“自下而上”的研究途径以组织中的个人（即参与政策过程的所有行动者）作为出发点，政策链条中的较低及最低层次被当做政策执行的基础，它强调政策或项目的成功与否依赖于参与执行项目的行动者的承诺与技巧。

政策实际上可以被视为政府与相关目标群体之间的一种契约，这种契约关系一旦通过某种方式确定下来，政府就可以运用政治权力特殊权威性强制、说服或刺激相关的政策执行主体支持它并在它的约束和指导下工作。与此同时也就意味着政府就解决某个政策问题或处理某项政策事务对相关的政策执行主体做出了承诺，或以某种特定的方式作为或不作为的意思表示，使作为受约人的政策执行主体相信政府已经做出了一项承诺。

4.“政策/行动的连续系统”研究途径。S. 巴雷特和 C. 富奇(S.Barrett and C.Fudge)将政策执行“当做一种政策/行动的连续系统”，在其中，在那些寻求将政策执行付之于实践者与那些采取行动者之间随时发生相互作用和谈判的过程。这种研究方法称为“政策/行动连续系统”途径，该途径可以称认为是将“自上而下”和“自下而上”两种途径综合起来的研究方法。这一过程既可以看做“自上而下”，也可以看做“自下而上”，政策制定者将做出限制其他行动者权力的决策，而行动者将做出规避决策者权力的决策。因而这一途径也可以说是以权力作为焦点的。

系统是由诸多要素构成的有机统一体，因而具有整体性特点。同时，系统又是由不同层次的子系统组合而成的，因而又具有层次性特点。在一个系统内部，在要素和系统之间，以及在各个子系统相互之间必须保持和谐而有序的关系，才能使系统的整体性功能得以正常发挥。政策系统作为一个协调有序的整体，首先要求在确定的时空条件下，各项政策之间以及政策的各种表现形式之间不得互相抵触、相互矛盾，否则，就会破坏政策系统的正常结构，使政策系统发生功能紊乱，并可能导致整个政策系统的崩溃和瓦解。

二、政策执行的概念和特征

(一) 政策执行的概念

西方学者关于政策执行的论述存在着行动学派与组织理论学派的区别。

行动学派以C.O. 琼斯 (C.O.Jones) 为代表，认为"政策执行是将一项政策付诸实施的各项活动，在诸多活动中，要以解释、组织和实施三者最为重要。"

以C.P. 斯诺 (C.P.Snow) 和L. 特里林 (L. Trilling) 为代表的组织理论学派则强调"任何一项化观念为行动的作为均涉及某种简化工作，而组织机构正是从事这种简化工作的主体"，"只有了解组织是如何工作的，才能够了解所要执行的政策，也才能知道它在执行中是如何被调节和塑造的。"

两大学派在论及政策执行中各有侧重，但不难看出，无论是关注于政策执行所采取的行动，还是强调执行组织机构的作用，其意图都是为了达成政策目标。一切与之有关的行动和组织机构均是以实现政策目标为指向。因此，简而言之，政策执行即采取措施以达成政策目标。而政策执行的质量好坏，就集中表现为其对政策目标的贯彻与落实。总而言之，较有影响的政策执行理论可以概括为如下7种。

(1) 行动理论——政策执行被视为对某项公共政策所要采取的广泛行动；

(2) 组织理论——强调组织在政策执行中的地位，认为只有了解组织是怎样工作的，才能理解所要执行的政策以及它在执行中是如何被调整和塑造的；

(3) 因果理论——将政策看做一种假设，将政策执行看做是引导人们达到目的地的地图，关心政策过程中的因果关系；

(4) 管理理论——强调政策执行是一个管理过程；

(5) 交易理论——认为政策执行是一个政治上讨价还价的过程；

(6) 系统理论——将政策执行理解为政策行动者与环境的相互作用；

(7) 演化理论——主张在政策执行中重新设计目标和修改方案，政策的制定与执行是一个演化的过程。[3]

研究政策执行的学者们从不同的途径、不同的方面来探讨政策执行过程，并提出了种种的理论，尤其是力图系统地了解影响政策有效执行的各项因素及其相互关系，构造相关的政策执行过程模式，这大大地丰富了政策科学的理论内容。[4]

综合分析以上观点，可以把政策执行定义为：政策执行是政策执行者运用各种政治经济资源，通过建立组织机构，采取解释、实施、服务、宣传等各种行动将政策观念形态的内容转化为现实效果，从而使既定的政策目标得以实现的过程。简单地说，政策执行就是要把作为观念形态的合法化方案变成现实形态的东西，是将一种政策付诸实施的有组织的活动。

（二）政策执行的主要特征：

1. 政策执行的主体是政策的具体实施者。政策制定的主体主要是指进入政策议程的人员，包括政治领导人、研究人员、专家学者、行政人员、利益集团等政治行为的主体。但是政策执行的主体则仅指执行政策的政治领导人和行政人员。

公共政策的制定主体与执行主体往往不是同一主体，至少不完全是。公共政策执行的主体所执行的是政策制定主体——立法机关、行政机关、执政党、政治领袖所执行得公共政策。其中，行政机关有时既是公共政策制定的主体，又是公共政策执行的主体，中国政府机构沿袭的是前苏联的权力集中模式，在这种模式下，政府部门融决策、执行、监督为一体，自定规则、自己执行、自我监督，事实上形成“权力垄断”，往往造成“弱政府、强部门”的格局。

2003年深圳市开始筹划实行的决策、执行、监督“行政三分制”的全新政府架构，从政府管理结构、功能、运行机制等方面进行重新设计，每个决策部门关联的业务设若干个执行局，决策权在决策局，执行权、审批权在执行局；决策局只管决策，而执行局则是单一的执行。探索政府机构政策制定与执行的分离随我国政府机构职能的改革具有十分积极的意义，在公共政策执行前及执行过程中，存在着执行主体认识和理解公共政策的问题。对公共政策认识不够，理解不清，就难以正确、全面地执行。

2. 政策执行是有组织的活动过程。政策执行过程需要进行政策宣传、政策分解、物质准备、组织准备、政策实验、全面实施、协调与监控等诸多环节。[5]这些具体环节的每一个步骤都需要大量细致、周密的组织工作，政策的执行都是通过纵横交错的组织机构来完成的，任何一项变政策为行动的行为，都涉及到一些程序的分解和工作的安排，而这种分解和安排工作也是组织的任务。组织可以把问题分解成具体的、可以管理的工作项目，并把这些工作项目分配给专门的机构或人员去执行。任何正式的或非正式的组织都影响到政府执行系统执行政策的实际能力。因此政策执行需要政策执行者具有高度的组织能力和政治责任感。

从行为特征和组织特征的综合角度来考察政策执行的意义，可以注意到这样一些环节：一是组织原则；二是权力分配；三是组织决定；四是组织行为。组织原则决定了组织关系的基本规则和倾向它能够以其特定的方式决定组织内部的权力分配，并确定一种稳固的命令与服从体系，组织决定也是以一定的组织原则为准绳的，通过组织决定，又导致一定的组织行为。在政策执行过程中，任何机构成个人的行为都受到上述这些环节的制约。因而，研究政策执行，就有必要从动态上研究它的行为特征以及从静态上研究它的组织特征。

3. 政策执行是政策的现实化过程。政策是一种政策制定者的观念形态，但制定政策的目的绝不是仅仅满足于提出一种新的观念和想法，公共政策是为解决特定的政策问题，实现一定的政策目标而作出的，体现着某种社会价值，这是公共政策中最本质的东西。从某种意义上讲公共政策执行过程是公共政策的制定过程的“延续”，也是公共政策达到预期功效、解决实际问题的关键所在。政策制定者更关注的是政策的执行和实施过程及其结果。即政策的现实化是政策执行的主要表现形式，它既是政策从制定到实施的一个终结环节，同时又是新政策制定的基础，因为通过对某一项政策执行结果的评估和分析，在不断修正政策的过程中，又会产生和制定出新的政策来。

俗话说“说起来容易做起来难”，在社会公共权威政策行为的全部过程中，产生一定的政策仅仅是完成了政策过程的一部分。根据调查研究，掌握了一定的政策问题，制定并选择了一定的政策方案。这些步骤虽然也很复杂，但往往不难实现。关键的问题在于，既定的政策如何才能付诸实施。

政策是政府确定的一种行为准则，而要使政策付诸实施就取决于政策执行。因而，政策执行的意义在于，它是一定的人员或团体为了致力于政策所设定之目标的达成而采取的各项行动。这种行动可以分解成两个方面，其一是将决策转换成可以操纵的过程；其二是按照决策所确定的目标而进行的努力。

第二节　政策执行的程序与手段

一、政策执行程序的研究角度

（一）政策执行程序的整体性研究

政策执行的过程是一个相对独立的完整系统，对政策决定机制作系统内的数量分析一般来说有一定的难度，因为政策的产生毕竟不是一个简单的投入产出过程，具有相当的柔性，这种柔性促使研究者更主要的从系统的全方位、多角度、多侧面去分析政策的过程性。这是从政策的整体性上去研究政策执行程序。

（二）政策执行程序的个案研究

政策执行程序研究的另一种方式是个案研究，由于每一个政策针对的对象、作用的范围以及实施的情况都有较大的差异，而且政策的生命力正在于其相对性的特点，因此，使得这种个案研究具有很强的生命力。这也是各国政策的个案研究方兴未艾的原因。政策从制定到实施都是在一定体制特别是政治体制中施行的，因此无论是系统研究还是个案研究，都不能脱离体制对政策的执行进行分析。

二、政策执行的程序

（一）全面正确理解政策

一定的政策制定出来之后，首先要得到社会的普遍理解然后才能得以推行。所谓政策理解就是对政策本意的认识，包括政策的目标、精神、含义、内容等等。政策理解包括两个方面：其一，政策执行者的理解。要保证政策的有效实施，需要执行政策的人员充分理解政策的目标、精神、含义、内容等有关纲领；其二，政策相关人员的理解。政策总是关系到社会一定成员的利益分配和再分配，因此，要使政策取得社会各界的广泛支持，从而得以有效推行，就必须使政策相关人员充分理解政策的基本内容和社会价值。

政策理解不仅仅是指理解政策的目标、精神、含义、内容等等细节，而且还包含了一个更为深刻的内容，即对于政策的认同。无论是执行政策的人员，还是政策的相关人员，都只有在认同政策的情况下，才能使政策得到执行。就是说，要使政策的执行人员和相关人员都自觉地感到，某项政策是正确的、必要的，因而是应该执行的。

政策理解往往依靠规模或大或小的政治动员来实现。所谓政治动员，就是在国家利益；民族利益、社会利益和人民利益的号召下，广泛动员大众舆论和宣传教育等政治社会化手段调动民众对政府决策系统及其既定政策的认同、支持和信赖，从而加强社会公共权威的施政能量，促进政策的贯彻执行。

政治动员对于政策理解的作用是极为有效的。因为通过政治动员，第一，可以造成强大的舆论压力、导致民众普遍的"从众行为"。在这种情况下，即使开始对政策不尽理解的人员，也会顺从舆论潮流。第二，可以增强政策执行人员以及政策相关人员对于政策效率的信心，从而激发贯彻执行政策方案的积极性。第三，政治动员还可以发挥政策执行机构的某些功能，代为执行机构进行命令、指导等工依从而可以弥补执行机构自身的某些不足，以便使政策得到顺利执行。

(二) 充分进行政策执行准备

政策执行是一种有组织的活动。因此，在一定政策方案执行之前有必要作好一系列的准备工作。

首先是人力的准备。一定的政策需要一定的人员去执行。政策实施的人力准备包括将政策目标分解，并组织有关人员各自落实被分解了的政策目标。在这里实现明确的目标管理，落实目标责任制，将有利于政策目标的实现。为了使政策的执行能够在有关执行人员的积极行动下进行需要解决以下两个问题：

第一，要使执行人员掌握执行政策的有关信息。一般认为，政策执行人为执行政策，需要具备三方面的信息，一是技术信念，包括执行什么，怎么执行，何时执行；二是协调信息，包括和谁一起来执行，接受谁的指令可以给谁下指令；三是激励和态度方面的信息，使其明了执行的结果与其自身工作评价的关系。政策执行人员的工作情况在很大程度上取决于执行人员对上述三方面信息的掌握情况。

第二，要赋予执行人员明确的权力和责任。一定的权力和责任是从事任何一项工作的基本保障，如果我们安排一定的人力去执行某项政策，但并不赋予其相应的权力和责任，那么执行政策只能是一句空话。为了执行政策，需要一定的用人权和财政权，而在我们的政治实践中，用人权与财政权往往与具体的执行人员相分离，这种用人与治事的脱节，不利于政策的执行。另一方面，有些人责任观念也很淡薄，如果事情办好了是办事人的功劳，事情办坏了办事人不负实际责任，这样不利于有效地执行政策。

第三，是组织的准备。要设立一定的政策执行机关，或明确规定既定的机关执行哪些政策或政策的哪些部分，同时，还要建立政策执行人员的组织、协调、沟通及控制机制。政策执行的组织准备尤其需要明确不同组织的不同职能，建立单一的政策执行系统以保证命令与报告体系的明确性和有效性，在此基础上，才能建立有效的组织协调、沟通和控制的机制。要通过协调，使组织与组织之间构成有机性的结构，确立统一性的目标，通过互补性的行为，发挥整体性的力量，以使组织间的分工恰恰成为结合的前提，为政策的有效执行发挥重大的作用。要通过正式与非正式的、上下左右的沟通及时解决政策执行中的有关问题，并利用行政的、法律的控制手段，抑制政策执行中的偏差行为保证政策的基本方向和目标的实现。

第四，是物力和财力准备。一定政策的实施总是需要一定的物力和财力作为保障的，因此，充分作好政策实施的物财准备，也是必不可少的一个环节。政策执行的物财准备必须在国家预算的基础上进行，因为从法理上说，政府的执行系统不能超越由立法机构批准的国家预算来支配国家的财政。国家预算可以起到一种制衡的作用，对不利于社会发展，不符合法定程序的政策方案，给予财政上的控制。

（三）有效组织政策实施

政策实施是一个由抽象到具体的过程，就是说政策往往是以抽象的形式表现出来，而它的实施就只能是一种具体化的措施或行为。在政策实施过程中，政策往往起到一种“行为准则”的作用。根据这些准则行事实际上也就是在执行政策。政策实施是政策执行中的中心环节，政策实施得如何，直接关系到政策目标的能否实现。

政策实施作为一种具体的行为过程，它包括了两个方面：作为或不作为。有些政策的实施需要人们的积极行动去促成，如大力发展各类教育的政策，这种情况称之作为。大部分指导性的和分配性的政策就属于作为性的政策。有些政策的实施需要人们的消极行动去促成，如国家不首先使用核武器的政策，这种情况谓之不作为。大部分限制性的政策就属于不作为性的政策。

作为的政策实施与不作为的政策实施之区分是相对的，在很多的情况下，一种政策同时具有两方面的特征，或者在一方面是作为者，在另一方面就是不作为者。

（四）研究政策执行的信息反馈

政策信息反馈是指在政策执行过程中，不断将其贯彻执行的具体情况，通过各种渠道反映到制定和实施政策的部门。这实际上是对政策执行效果的总结与分析阶段。

政策信息的反馈是政策实施全过程中的一个重要组成部分，是决定政策执行效果好坏的重要一环。通过信息反馈，正在执行中的政策一方面能够得到实践的肯定、或补充、修正及进一步完善，另一方面能够及时纠正具体执行中发生的问题。

一般说来，政策执行过程中出现的问题无外乎两种，一种是执行的问题，就是说政策没有得到正确、严格地贯彻执行，或是由于对政策理解肤浅，错误地贯彻执行了政策（有意破坏政策贯彻的例外），背离了政策的正确方向。另一种是政策本身的问题，这个问题也有两种情况，一是政策制定的失误；二是因为客观情况发生了变化，制定的政策已不能适应这种变化而过时了。

对政策执行过程中出现的问题，属于执行问题的，要及时反馈到领导机关和领导者那里，以便采取适当的措施加以纠正，以保证政策能够得到正确、严格地贯彻。属于政策本身的问题，则要反馈到制定政策的领导部门，让其对既定政策作必要的修改、补充和完善。对于修改、补充和完善政策来说，政策执行最初阶段的信息反馈尤其重要。政策执行的效果如何，能否达到预定的目标，与客观情况是否符合，有什么不足和缺陷，在这个阶段都能得到比较集中的反映。只有政策在执行中有效地达到了预定的目标，这样的政策才不必调整。当然，若遇到新情况和问题，原来制定的政策已不能完全适应新情况，也还是需要进行修改、补充，使之不断趋于完善的。

三、政策执行的手段

政策执行的手段是指政策执行的具体方式、方法，政策执行的手段主要有以下几种。

（一）通过政府立法决策执行政策

立法决策是一个国家最主要、最重大的决策方式。尽管在大多数的国家里，不同程度地表现出行政优先的发展趋势，行政影响扩大化已经是各国政治生活中的突出现象，但是，立法仍然作为国家的最高权力机构，保有国家权力中心的地位。更主要的是，立法决策所涉及的领域，都是事关国民经济大局的重大事项，立法一般对重大国计民生问题进行政策的选择和制定。

立法决策主要以法律的形式出现。立法决策的政策内容和决定过程决定了立法决策的基本特点。政策内容的战略性、宏观性。立法决策一般就国内或本地方某一方面的重大事项进行立法调查，在充分调查的基础上提出议案，最后由民意代表进行投票表决，获得法定多数票通过的法案才正式成为立法决策。

在西方国家，一项法案的通过往往需要经过反复的酝酿才能提交出来。在我国，一项法案在提交人大进行表决以前，要经过反复斟酌才能提交出来，在进入表决程序以前要经过数次修改。以我国《价格法》的通过为例，从提出起草议案到1998年12月正式表决通过，整整经历了10年的时间，其间反复修改，数易其稿，这样的立法程序，使得能够进入表决的决策，都是关系到国计民生的重大事项。除了重大法规以外，一般重大的工程也是由立法决策程序进行的。我国三峡工程就是通过立法决策程序通过的，而且是中国目前惟一一项经过全国人民代表大会表决才获准开工的跨世纪大工程。

经过立法程序通过的政策都为集体决策的产物，具有充分的民主性。尽管提交立法表决的议案越来越多，但是立法对法案表决的严格集体决策原则却并没有改变。表决的多数通过原则，使得议案的通过只有获得民意的认可才能最终成为正式决策。在通向表决的过程中，每一道程序都必须是民主的。

各国立法制度的完善，都是在充分体现集体决策基础上的完善。单项立法必须经过最后的表决才能够上升为法律意志，而且议案的整个立法过程具有过程的民主性。一项议案获得通过的全过程，都是在媒体的关注下、在民意的监督下完成，决策具有高度的公开性。经过国家最高权力机构表决通过的决策，由于必须经过民意代表最终表决通过才具有法律效力，因此在所有的决策中具有最高法律约束力。经过各级地方权力机构通过的决策，由地方民意代表表决通过，在地方的所有决策中具有最高效力。立法机关通过的政策，一旦表决通过，就必须执行。

立法通过的法案，在实施过程中一般都得到了有效的监督。不仅立法机关对法案的实施进行全过程的监督，而且在法案被通过以后，民众对法案的实施能够进行民意的有效监督。对违背法律的情况，由于民意的有效关注，往往能够得到及时发现，也就保证能够得到迅速纠正。

（二）通过行政机构决策执行政策

行政决策由行政机构按照特定的行政程序做出的。行政决策是一种最普遍化的决策，无论是决策者的普遍性，还是社会生活的行政化的特点，都使得行政决策成为各种政策执行手段中最为普遍的一种。

针对社会生活中的大量事务，必须以各式各样的政策进行统一规范。社会现象的复杂性，使得行政决策所涉及的领域越来越多，作为公共物品的公共政策在社会生活中越来越普遍。

公共物品的最大特性是“外部性”，因此政策一旦制定出来，就会对许多人的生活发生影响。公共物品还具有非排他性，一个人或者一群人对政策的消费，不影响另外的个人或者群体对同样的政策的同等、同数量的消费。公共物品还具有强制性的特征，一个人消费某一个政策时，另外的主体也必须强制性地接受消费，不论个别主体是否具有这个意愿，都必须遵从。

政府行政机构作为行使公共权力的机构，行使权力时就必然具有社会普遍性，社会功能一般是覆盖全社会的。一定范围内的政府机构制定出来的政策，其作用范围是普遍性的。

在政策执行实践行政决策中往往都是由各个具体的行政组织做出的，其作用范围和调节范围总是在一定制度空间内的。行政决策的制定者和执行者，实际上可能是中央政府（联邦政府），也可能是地方政府，也有可能是社会独立机构（社会中介组织），行业自律性组织。政策主体的多元性，决定了政策的多样性。行政决策还具有内容的丰富性。任何一项政策都是针对特定内容设计的，因此行政决策大量地散见于各个行政组织中。

行政决策对特定范围和特定对象的调整具有一定的时效性，当政策调整所存在的社会经济原因消失以后，政策在法定的前提下自动失效。一般政策在公布时，都会将政策失效的情形作事先的规定。可以规定一定政策失效的时间范围，或者规定一定政策失效的社会经济前提、一定政策失效的各项情形，或者规定在新的政策生效以前同时失效。

行政决策是针对社会生活中出现的某一局部性现象做出的政策选择，政策作用的范围具有区域性，政策作用的对象具有特定性，政策作用的时间具有限时性，因此，公共政策的制定者在制定一个具体的政策时，对一个政策实施以后的可调整性就有着充分的准备，当政策实施的特定情形发生变化，也就是政策实施的条件发生了变化时，政策的制定者就应该及时调整政策的实施时间、实施对象、实施范围，这种调整表现为一定范围的可塑性。

（三）通过经济杠杆组织调节和影响社会活动执行政策

政策实施中的经济调节手段，是指运用一系列与价值相关的经济利益范畴，作为经济杠杆来组织调节和影响社会经济活动，促进政策的实施。经济手段包括运用价格、工资、利润、利息、税收、奖金、罚款等经济杠杆和价值工具，以及经济责任制、经济合同等等。经济手段的核心在于贯彻物质利益原则，从物质利益上来处理国家、企业、劳动者个人等各种经济关系，调动各方面的积极性。运用经济手段，从一定意义上说，就是通过各种经济手段不断调整各方面的经济利益关系，既保证国家利益又保证企业集体和劳动者个人利益，既保证眼前利益又保证长远利益，从而使各方面充满活力。这也是它与行政手段相比，存在的明显优势之一。

经济手段与行政手段相比，具有更有利于从实际出发，按经济规律办事的优越性。随着社会经济的发展，政策活动日益复杂化，各种政策错综复杂，要求不尽相同。在这种条件下，要把一切具体政策都由上级机关一一详细规定，或完全用行政命令的办法来实施各种政策都是根本不可能的。只有运用经济杠杆，激励社会各方面从自身的利益上与国家的意图、社会的整体利益相吻合起来，才能更有效地实施政策，促进政策目标的实现。只有用经济手段协调各方面的经济利益，使各方面的目标一致才可发挥政策间接导向和间接控制的作用，并且表现出灵活性的优势。

（四）通过经济杠杆调节与行政决策结合执行政策

经济手段和行政手段虽然各有自己的特点和要求，但它们不是完全对立，互相排斥的，在政策实施中把二者有机地结合起来，可以起到互相补充互相促进的作用。

行政手段要有效地发挥作用并克服其可能带来的一些弊病，离不开经济手段的配合。要保证政策普遍而有效的实施，除了必要的行政命令、行政措施的权威作用外，同时也需要运用经济手段，贯彻物质利益原则，处理好各方面的经济利益关系，从经济利益上加强人们的责任心，关心政策的实施，否则就不能从根本上保证政策的有效实施。

经济手段要发挥它的积极作用，也要捕之以必要的行政手段。运用经济手段实施政策，同样需要统一思想，统一指挥，统一行动，协调各部门、各地区、各单位的实施政策的步伐，把中央、地方、企业、劳动者个人的积极性互相衔接而不是相互抵消地发挥出来。而这些大都需要行政手段来加以保证。同时，还应看到，经济手段也有它的局限性，它是以利用价值规律为基础的，它会带有一定的盲目性和矛盾，单凭价值规律的作用难以保证政策的方向。因此，经济手段只有辅之以必要的行政命令、行政措施时，才能克服各种阻力，减少盲目性，发挥它的积极作用。

经济手段与行政手段相结合可以把社会各方面的主动性、积极性与国家的集中统一领导有效地结合起来，使政策的实施，既有集中统一，又有灵活可行；既能坚持正确的方向，又有充分的活力。经济手段和行政手段不仅应该结合起来而且在政策实施中完全可以结合起来。不仅可以在宏观政策实施中结合，而且可以在微观政策实施中结合。在实际操作中，有时以这种方法为主，有时以那种方法为主，有时两者并重。至于经济手段与行政手段以何种结合为宜，这要依据具体情况来确定，通过实践去摸索。

第三节　影响政策执行的因素

一、政策目标

政策目标是指公共政策制定和执行的目的。一般来说，政府部门制定政策是为了达到社会的公共目标，实现社会的某种特定需要。政策目标的特性概括起来主要有以下四点。

（一）目标取向的公共性

公共政策的制定，一般是针对特定的社会问题。但是其利益目标的社会价值指向仍然是公共的。解决特定社会问题，也是为了解决社会公共问题，为了维护社会公共利益。社会公共政策的制定，是为了全社会的公共福利，即使是特定的社会政策，其终极目标仍然是为了维护社会共同体的利益。因此政策的作用范围始终是全社会的。即使是某一地域内的公共政策，政策目标还是以公共利益为目标，而且是惟一目标。

（二）目标范围的普遍性

政策目标的公共性，决定了目标实现范围的普遍性。政策目标的社会指向性，决定了政策执行结果作用于社会全体成员的普遍性。因此执行一项政策或决策，得到群众的理解和支持是最基本的前提。政策的目标是各种各样的，但它总要表现为对一部分人的利益进行分配和调整。具体表现为对一部分人的行为的指导、制约或改变。政策只有被民众接受时，政策执行才会成功，否则政策执行就会失败。

（三）目标价值的非盈利性

对公共政策的制定和实施者的政府而言，政策执行目标的非盈利性是一个最重要的保证。政府是公共利益的代表，除了社会公共利益，政府不能有自己的任何特殊利益，政府是非盈利性组织。政府的非盈利性，要求政府的政策目标是社会公共利益，不能是政府自身的利益，否则会导致对社会公共利益的忽视和损害。

（四）目标实现的强制性

公共权力是社会秩序的维持力量，因此必然具有强制性。社会公共利益的维护，只有在社会公共权威充分有效时，才能得到充分的保证。公共政策的强制性，是为了公共利益的一致性和有效性。各个利益个体都有维护自己个别利益的强烈动机，然而个人利益的实现只能是在社会秩序良好时才能得到实现，没有对社会公共秩序的一致遵从，个人利益的实现也就失去了保证。

二、影响政策执行目标实现的因素

（一）政策制定的科学化和政策结构的合理性

政策执行的前提或基础首先在于公共政策内在的科学化程度。或者说，影响公共政策执行的首要因素在于公共政策本身。

这就要求政府或其决策机构在制定公共政策的过程中，跨越公共政策的制定过程，从公共政策执行的角度审视政策的科学性，预测政策执行过程的实际功效。这里包括审视公共政策的“政治性”。预测公共政策的可操作性，预计公众对该项政策的接受程度，分析该项政策的“社会互动性”等。

政策从来都不是孤立的现象，各项政策之间存在着相互依存的共生关系，并通过一定的结构关系整合成一个有机的整体。在政策结构中，每一项具体政策都起着维持和平衡整个政策体系的功能的作用，当某项政策的性质发生变化时，其他各项政策以及整个政策体系都会受到压力并发生变化。一项政策安排的作用和效率极大地依赖于其他有关政策的存在。由于各种政策安排是彼此关联的，因而不参照体系中其他相关的政策安排，就无法估价某个特定政策安排的效率。

即使一个政策系统中的某一具体政策是有利的，但如果与政策体系中其他政策安排不能相容，则最终也是不实用的。成功的政策不仅要与特定的环境达到平衡，而且还必须达到政策体系结构上的均衡和协调。政府在政策的实际供给中，必须对各项政策的效用及政策间的摩擦和容纳问题有一个全面的了解，避免政策之间的相互矛盾。

（二）强大的政府和强大的国家能力

在政策执行中，一个强大的权力中心不仅可以赢得必要的权威，做到令行禁止，并可遏止“诸侯势力”的恶性膨胀，减少政策执行机构以及政策对象（目标群体）的紧张和对抗，而且能够有效地控制税收资源，保证财政收入的来源和增长，从而在全国范围内取得协调的基础，为实施其所制定的政策，特别是为公共开支，以及为产业结构政策调整中对弱势产业和具有战略意义产业的扶持，奠定物质基础。否则，如果国家缺少必要的权威和财政能力，政策执行的偏差将是无法避免的。[6]

（三）适宜的政策环境

政策执行是一个国家或政府的政治行为，适宜的政策环境对政策执行的效果有着至关重要的影响，公共政策只有与其所处的环境找到了平衡，才能在执行中取得预期效果。此外，政策环境是在不断变化的，由于环境中发生了事先未知的变化，就有可能使得某些政策的执行受到干扰，甚至出现普遍性的政策效应偏差和政策失败。政策环境主要包括：

1．政治体制环境。政策总是在一定体制下产生和实施的，体制在一定程度上决定着政策的状况。体制不健全、不合理，很难设想能制定出正确的政策，即使有了正确的政策也难以组织实施。一般说来，体制制约政策，又为政策服务，同时适应政策的变化。由此观之，无论是政策的制定还是实施，都需要有一个合理而健全的体制环境。政策执行过程及效果同一个国家所拥有的政治体制环境有着内在的联系。政治体制可细分为领导体制、组织体制、行政管理体制、人事体制、干部体制等。在不同时期，政治体制环境优化程度对政策执行的影响也是直接的，且有明显区别的。比如，在专制社会，政策执行多因政策制定过程缺乏民众参与或参与程度不高而导致执行效果不良；而在民主政治社会，政策执行与政策制定一样，是按照法定的程序和少数服从多数的原则进行的，民众参与程度高，执行效果好。

政治体制环境与政策执行之间的关系是统一的。政策执行依赖政治体制环境。政策执行有利于政治体制环境的优化。

2．社会经济体制环境。“政治是经济的集中体现”，政策执行虽然是一种政治行为，但最终要服务、服从于特定的经济利益的体制。政策执行无法脱离一定的经济体制环境。经济体制可细分为计划体制、金融体制、外贸体制、价格管理体制、流通体制等。任何社会、任何国家，经济体制环境有利社会的稳定、经济的发展，必然给政策执行带来有利的影响；反之，必然对政策执行产生妨碍作用。西方发达国家市场发育充分、市场体系完备、价值规律引导经济的走向，这就决定了西方国家政策执行过程完全同自由市场机制相协调，以维护私有制经济基础为前提。

我国实行的是社会主义市场经济体制，政策执行必须与之相协调。虽然计划经济体制对我国经济环境的影响较深，但是政策执行必须有利于市场体制的建立，只有这样，政策执行才能促进国家经济发展。

3. 社会文化环境。人们对某一政策的态度、情绪、动机、愿望、信念等基于特定政治文化影响而形成的心理态势，直接影响到人们的政治行为。政策文化即公民对公共政策的政治倾向形式。这种影响扩大到政治文化范围，就是社会的人心向背。社会文化环境对一个社会、国家、民族的影响是广泛的、深刻的，而且是持久的。虽然文化也是发展的、进步的，但是，在一定程度上讲，传统文化对一个社会、国家、民族的影响是深远的。在研究政策的制定和执行时有必要对文化环境，特别是对政治文化环境进行透视。文化作为社会思维的来源之一，在未来社会将对人们行为方式及社会政治生活产生影响。因此，在政策执行过程中，对不同的民族、不同宗教信仰、不同的地区、不同的文化起源……要区别对待。

一项政策要想得到成功的执行，就必须与特定的政策文化环境达成平衡。比如，在世界各地，各国政府对农业进行干预，这种干预对农业文明国家和工业文明国家有着本质的不同。再如，苦于“现代病”的发达国家急于“走出现代化”，而为贫穷所困扰的发展中国家则急于“走入现代化”，双方文化环境政策的价值论基础和选择基准自然相去甚远。由于一个社会的政治文化也要受到其他国家的制约，因而它并不是一成不变的，而是随着社会其他因素的变化而不断变化的。政治文化的这种变化同样也会导致社会公共政策的变化。

(四) 政策本身的可操作性和连续性

作为一种常识，一项政策执行情况无疑与该项政策的可操作性有着最直接的关系。人们经常会发现，某项政策所以得不到执行，往往是因为该项政策缺少可操作性。

一方面，尽管改革意识很强的政治家或新派人物，可能会很快地制定一套新的政策，但这些政策赖以运行的经济、政治、社会机制却没有发生相应的变化，比如利益格局尚未合理化，政策执行者素质太低，对政策缺乏理解和领悟，等等。这种不对称性，结果就会导致政策目标过高。另一方面，通常情况下，政府推行的政策在一定程度上反应了有关专家对问题的理解和判断，但是，专家们提出的政策建议往往流于空泛或过于理想化，与实际工作相差甚远，他们多半是通过把实际施行的与理想状态中会出现的情况加以对照的方式来设计或构造改革的对策建议的。

因此，在政策的设计和制定中，必须充分考虑它的可操作性，避免理想化的倾向。而要使政策具有可操作性，就必须有足够的政策手段，否则，就会因缺乏可动用的手段，而使所择定的目标成为可望而不可及的“奢侈品”。此外，政策必须保持一定的稳定性和连续性，如果政策朝令夕改，就会使得执行者无所适从，并在执行中出现混乱，影响执行效果。

（五）政策执行中损益关系的合理化

一项政策的实际执行往往直接牵涉到多个利益主体之间的损益关系，特别是在社会经济转型时期，由于利益主体的分散化和多元化，在不同地区、不同部门和不同层次上林立着为数众多的利益主体（既有各级地方政府，也有各种所有制和隶属关系的经济组织，甚至还有个人），这些利益主体之间的摩擦和相互掣肘，无疑会制约政策有效执行。

因此，政府在推行一项政策时，除了考虑维系全局的、整体的利益，还必须考虑政策执行者的局部利益，必须对有关政策可能引起各个利益主体的不同反应做到统筹兼顾，合理、明确地界定其损益关系和补偿关系。否则，就会损害一部分人的利益，并因此可能引起政策执行中的扭曲和偏差，造成政策象征性执行、政策选择性执行、政策替换性执行和政策附加性执行等现象，也即通常所说的“上有政策，下有对策”。

为了控制“上有政策，下有对策”的发生，有效的监督就显得特别必要。与此同时，还需要有效的行为规范机制，需要健全的法律、法规和有力的政治监控。在这方面，特别要加强对基层政府的监督和规范。防范一些基层公职人员胡作非为。

（六）畅通有效的信息沟通能力

信息的沟通能力在公共政策执行过程中发挥着重要的作用。从信息论的角度来看公共政策的执行过程，公共政策执行过程同样存在信息的发散和汇集的过程：一方面，政策执行机关或执行人员向社会或某些社会团体释放、传递有效的信息；另一方面，也在设法不断地从社会摄取必要的有利于政策执行的大量信息。

在这种信息交流和信息碰撞的动态过程之中，一系列有关政策执行中的政策内容、指示、命令、法规、政纲等首先在政策接受者中进行有效的传递、磨合和融合乃至认同，同时，让政策接受者明确、清楚政策的内容、宗旨等。这种全方位、多层面、立体式的交流必须建立在较好的信息沟通基础之上。相反，信息沟通能力不强，必然导致政策接受者对政策或道听途说、一知半解。这样就会给政策执行增添较大的难度和阻力。

对于政策执行者来说，保持同政策接受者的信息沟通可以减少政策执行的盲目性，而且可以根据一些反馈信息及时调整执行方法和策略，增强政策执行的效果。控制论的创始人维纳认为："信息是人们在适应客观世界，并使这种适应反作用于客观世界的过程中，同客观世界进行交流的内容。"

如果我们从控制论的角度分析政策执行，那么，政策执行过程就是一个信息的控制过程，而且是有效的控制过程。但是如果这一过程失去信息和信息沟通，也是无法控制的。因此，在政策执行过程中政策执行者和政策的接受者之间要通过各种信息渠道，保持全真的信息沟通，否则，将难以达到政策执行的预期效果。

(七) 政策资源的投入程度

资源是要素的总和，也是一切行动的依托。政策执行同样依托必要的资源。政策执行要投入一定的资源，方能达到既定的政策目标。资源投入度对政策执行的影响是极其深刻的。

1. 政策执行人员的投入。人是社会活动的主体，政策执行是人类的政治行为。所以，人的投入度不只是指投入人员的数量，更重要的却在于人的质量，即政策执行人员的素质。具体而言就是"德"和"才"两个方面。从"德"的角度要求政策执行人员要有强烈的事业心、高度的责任感、踏实的作风、坚韧的毅力和追求完美的品质；从"才"的角度要求政策人员要有与执行政策相适应的业务水平和业务能力，包括组织和管理能力。

2. 政策执行财力的投入。财力投入直接影响政策执行的过程和效果。在政策执行的过程中，有必要的财力保证，就可以为政策执行者在政策执行的各个环节上进行要素的最佳组合、寻求最优效果提供条件。反之，财力不足，物质基础薄弱，必然给政策执行造成执行不力、效果低劣的不良后果。有的学者认为"经费是政策执行的动力"。政策执行同财力投入的关系犹如机器同油之间的关系。当然，讲财力的投入也是指"必要"的财力投入，反之，同样会造成财力浪费，政策执行效率低下。决非财力越大，政策执行的效果越好。

3. 政策执行管理资源的投入。政策执行过程也是一个系统工程，同样需要科学管理作为载体。如果只有人力、财力，而没有严格而科学的管理，政策执行也难以达到政策目标的要求。在政策执行的过程中，建立严格的人、财、物管理制度是必需的，也是必要的。政策执行固然依赖执行人员的信念、理想、态度，但是仅此是不够的，我们还要从政策执行的角度，运用现代管理学的理论和方法，诸如正确运用运筹学有关模型，作用于政策执行的全过程。这样，通过建立管理制度或法规以及运用先进的管理技术，一方面，可以促使政策人员按章办事，依法行政，防止因政策人员滥用职权，而导致的政策执行失败。另一方面，可以促使政策执行人员从管理科学化角度去研究、分析政策的执行，从而提高政策执行的科学化程度。同时，执行人员可以形成标准作业程序或者政策执行的“作业规范”。总之，政策执行有赖于对管理资源的开发和利用。

第四节　政策执行偏差及对策

政策执行中的政策偏差是指执行者曲解或者不严格执行政策的行为。1961 年美国总统肯尼迪曾两次下令有关部门务必从土耳其撤出所有的导弹装置。但是，古巴导弹危机事件的第二年，他获悉那些导弹装置仍然在那里原封不动。尼克松总统也曾下令中央情报局销毁其杀伤力极强的生物性武器，但是两年后，总统发现情报局还是掌握着两种最毒的生物性武器。这就是所谓政策目标与政策执行的偏差。政策偏差问题的存在，在一定程度上干扰和阻碍了国家机关所定政策的正确贯彻执行，也会在一定程度上影响国家的政治、经济、文化的发展和科技教育事业的进步。

一、政策执行偏差的表现形式

(一) 政策歪曲

政策歪曲是指公共政策执行者在传达和执行中对政策精神实质或部分内容有意曲解，利用政策的某些抽象性，借口本地区或部门的特殊性做出不同的解释。

政策歪曲的表现为原政策的“走样”、“变形”。产生的原因，一方面是政策执行者的政治、业务素质低，理论水平低，理解能力差，对某项政策的精神实质吃不透，把本来正确的政策理解歪了，贯彻起来也就自然“走样”、“变形”。政策歪曲的本质，就是对某项政策的扭曲。另一方面的原因是一些地方官员对国家政策中可能对本地区、本部门，甚至少数领导干部既得利益构成损害的部分，进行故意的曲解，以保护本地区、本部门和少数领导干部的局部利益、眼前利益。

（二）政策损缺

政策损缺是指公共政策执行部门对上级或中央的政策选择性执行，断章取义，各取所需，使一个完整的政策在执行中没有完全贯彻落实，使政策内容残缺不全，从而政策的整体功能得不到发挥。

政策损缺的表现为“断章取义”、各取所需。某项政策中，凡是对本地区、本部门有用有利的政策内容，则传达、贯彻、执行。凡是对本地区、本部门无用无利的政策内容，则不贯彻、不执行，甚至不向广大群众传达。

政策损缺的本质，就是对某项政策的肢解。产生的原因，是政策执行者的“小团体利益、局部利益、地方利益”使然。从理论上说是颠倒了“国家利益与集体利益、全局利益与局部利益、中央利益与地方利益”的关系，损害了“国家、全局、中央”利益，满足了“集体、局部、地方”利益。

（三）上有政策，下有对策

“上有政策，下有对策”的表现主要有两种：一种是下级组织自行制定“土政策”，用土政策取代上级有关政策；一种是有些地方或部门，借口上级政策不完善或不全面，借口上级政策没有对本地区、本部门的所谓“特殊情况”作出规定或上级政策不适合本地区、本部门情况，而不执行上级政策，甚至对上级政策阳奉阴违，采取各种手段进行抵制。人们把下级组织对上级组织的这种作法，形象地称之为“唱对台戏”。[7]

某种政策的推行可能直接或间接地使有关人员受益或受损，在这种情况下，政策的推行同时就伴随着人们利益的冲突。对此，有关人员就有可能直接间接地对政策推行采取消极的或抵触的态度，甚至有意使其偏离政策的基本方向。例如，为了限制滥发奖金，政府决策部门制定了一系列相关的政策，采取收取奖金税、奖金封项等措施。但是，有些单位变换名目，通过发实物、做高级“工作服”等形式变相发奖金，导致了政策方向的偏差。

二、政策执行偏差的原因

公共政策执行是一项复杂的社会实践，因而政策实施中的失控原因也较复杂。在假定政策规定正确的条件下，公共政策执行失控的主要原因在于：

(一) 利益冲突导致政策执行失控

公共政策制定的过程就是对社会价值、利益进行权威性分配的过程，公共政策的实质是对社会利益结构的调整和规范，促进整个社会快速稳定、健康发展，代表和维护整体利益、长远利益或国家利益。在利益多元化情况下，不同的利益主体存在着利益差异和不同的利益取向，而公共政策无法使不同阶层和个人、不同地域和部门的利益都得到表达和满足。

因此整体利益、区域利益、群体利益、个人利益的差别的客观存在决定了公共政策执行失控的可能性，存在政策执行者、目标群体敷衍、歪曲、抵制政策的内在冲动。其中，政策制定者与执行者在利益上的冲突是政策执行失控的主要原因之一。公共政策一般为整体利益或国家利益而制定，而执行者往往从局部利益或个人利益角度对待政策。

政策是对社会利益的规范，政策的参加者都力求获得最大利益，而把自己的损失减少到最低限度，这样，“利益”就成为政策执行过程中的驱动力，政策能否得到落实，与各方的利益攸关。由于利益至上的驱使，下级机构对于上级的政策，总以自己的利益的损益作为对策参数，得益越多，越愿意实施，甚至强化实施；受损越多，越不愿意实行，甚至抵制、变换实行。

由于本位主义及地方利益的驱使，在上级政策整体上既无益也无损于本区域利益时，下一级政策执行者就会试图“怠工”，只传达政策而不具体操作，使政策的执行形式化、流于表面；如果上级政策能给本区域带来利益，但无法满足地方利益要求时，下级政策执行者就想方设法把政策扩大化，乃至于向上级“伸手”要政策；如果上级政策只是部分使区域受益，下级政策执行者就支解政策，局部实行；如果上级政策可能损害本区域利益时，下级政策执行者就千方百计地曲解政策，或寻找“对策”，使之与上级政策貌合神离。[8]

(二) 公共政策运行机制不健全

政策运行机制是完成整个政策生命过程的载体，是在组织和领导体制基础上通过权力的划分和配置实现政策制定、执行、监控的有机整体。我国公共政策执行失控从体制上说主要是政策执行机制和政策监督机制不完善，而这两大机制上的弊端宏观上体现在政治体制尤其是行政体制上。

政策执行要求政策制定、执行、监控形成既相互耦合又相对独立的运作机制，否则政策制定缺乏科学化、民主化程序，政策执行不力，政策监控软弱，就会影响政策执行的具体效果。

如果机构重叠使政出多门和多头管理，难以明确具体的政策执行机关，就经常导致政策执行阻塞和断档；机构职责不清使政策执行机关互相推诿或互不买帐，从而出现政策执行敷衍或执行中断；执行机构间缺乏沟通协调使政策目标得不到合理分解和整合，不能迅速、准确地传递、实施，政策阻塞难以避免；政策执行中缺乏必要的监督和法制约束，使政策执行情况得不到及时检查，对造成政策失控者缺乏严厉惩处，从而使政策执行中的失范得不到及时防治和纠正；党政不分有时使政策之间发生抵触，政策执行力削弱。

(三) 政策执行控制能力较弱

从公共政策执行失控的情况看，主要是中央宏观公共政策在执行中的失控，失控的发源地在地方政府执行机关。中央是国家宏观公共政策的制定者，因而是最高和最有权威的政策施控主体，其施控力和权威直接决定着公共政策的有效执行。

在我国从计划经济向市场经济的转型中，中央的权威受到冲击，中央对地方的控制力被削弱，这是宏观公共政策失控的一个重要原因。自20世纪80年代初以来，我国经济体制和政治体制改革的主要措施是重建中央与地方关系，具体做法是中央向地方放权。在放权过程中，放哪些权？放多少权？在没有任何经验借鉴的情况下出现了放权过度的现象，加上地方夸大其特殊性和地方利益，向中央要权，与中央讨价还价。随着地方自主权的扩大和地方财力的过度膨胀，中央政策难落实，严重阻碍了中央宏观政策在地方的执行。各地方大搞“上有政策、下有对策”，在经济上大搞“诸侯经济”，重复建设，人为设置经济栏栅；在政治上表现为本位主义，无政府主义，地方与中央博弈对策。

(四) 公共政策执行者素质缺陷

任何一项政策最终要靠执行者来实施。政策执行效果与政策执行水平密切相关，而政策执行水平的高低主要取决于执行者的素质。一个合格的政策执行者应该具有高度的思想政治觉悟，合理的知识能力结构以及较高的管理水平和政策水平。现实中的公共政策失控在很大程度上是政策执行者的素质不高造成，如果政策执行者特别是领导者缺乏理解和把握政策规定和精神实质的能力，缺乏制定执行计划的能力，就会导致政策在宣传、解释、传达、执行中的失真、失当、失误，很难做好政策实施的宣传指导工作，很难制定正确的执行方案，也很难协调沟通各种关系和取得政策执行所需的各种资源。

政策执行者较高的政治素质是保持贯彻执行国家法规和政策坚定性的思想保证。如果政策执行者视局部利益、个人利益高于整体利益、国家利益，在执行政策时，就会为了一己之利、局部之利而歪曲、抵制上级或中央政策。[9]

三、政策执行偏差的危害

在政策执行中存在的政策歪曲、政策损缺和上有政策下有对策等这些问题，所产生的严重后果和恶劣影响是十分明显的。归纳起来，有以下几种：

(一) 严重影响政策作用的发挥，出现政策零效力或负效力

政党或国家制定政策的根本目的，是推动社会生产力的发展和社会历史的进步。某项政策执行以后，如果推动了社会生产力的发展，促进了社会历史的进步，那么，该项政策就产生了正效力；反之，就会出现零效力或产生负效力。在政策执行中，无论是政策歪曲、政策损缺，还是上有政策下有对策，都是对正确政策的扭曲、肢解甚至取消。其后果，肯定不会产生正效力，而只能产生负效力或零效力，既不能推动社会生产力的发展，也不能促进社会历史的进步。

(二) 严重损害政策对象的利益，挫伤政策对象的工作积极性

从某种意义上说，公共政策是社会利益关系的调节器，政策都具有利益取向性。某项政策的制定，都是满足一部分人的利益、抑制一部分人的利益，而社会主义国家的政策，总是以满足大多数人的利益为出发点和归宿的，这在政策科学中叫做“多数满意原理”。满足了大多数人的利益，也就调动了大多数人的劳动积极性。在政策执行中，无论是政策歪曲、政策损缺，还是上有政策下有对策，都会部分地或者全部地损害政策对象的利益，被曲解、被截留、被取代的某项正确政策，执行以后也就必然会挫伤一部分人或者大多数人的劳动积极性，政策理论上的利益关系调节器的本质特征也体现不出来了。

(三) 严重损害政策制定、决策机构的形象

由于政策执行者在执行上级组织的某项政策时，曲解、截留或者用土政策取代原政策，致使某项政策执行后产生了负效力，损害了政策对象的利益，挫伤了政策对象的劳动积极性，因此，也就直接或者间接地损害了政策制定、决策机构的形象，影响了政策对象对政策制定、决策机构的信任感。在我国，政策的制定、决策机构是各级党组织和各级政府，如果某项政策在执行中出现政策歪曲、政策损缺或者上有政策下有

对策的问题，由此而带来的严重后果，就直接或者间接地影响和损害了各级党组织和各级政府在广大党员和人民群众中的形象；影响和损害了党和政府与人民群众的关系；也影响了广大党员和人民群众进行现代化建设和从事改革开放事业的积极性。所以，对政策执行中存在的政策歪曲，政策损缺和上有政策下有对策的问题，必须予以高度重视并采取有效措施加以解决。

四、解决政策执行偏差问题的对策

解决政策执行中存在的问题，关键是要不断提高各级政府对政策重要性的认识问题。充分认识政策的本质，政策在国家的政治生活、经济生活、文化生活和社会生活中所处的重要地位。

(一) 在政策执行中坚决贯彻原则性、灵活性、整体性的原则

1. 坚持政策执行中的原则性。公共政策的权威性是指公共政策影响社会成员，并获得社会成员认同、执行的能力，它主要由政策制定主体的权威性和政策制定程序的合法性所决定。

政策执行中的原则性是指执行政策坚决维护公共政策的权威性，必须坚持政策的原则立场，严格执行政策规定及其要求，全面地、不折不扣地实现政策目标。原则性反映了客观事物的普遍性和稳定性。在我国，提出政策执行中的原则性思想的是老一辈无产阶级革命家刘少奇同志。按照刘少奇同志的观点，政策执行的原则性有两个要点：一是必须切实地、不折不扣地执行政策；二是即使中央政策的“某些方面不适合当地当时的具体情况”，“在中央没有作出新的规定之前，仍然必须执行中央既定的政策。”[10]各级党委和政府，只有在政策执行中坚持原则性，才能克服和避免抛开上级政策自行制定土政策，借口当地情况特殊，借口上级政策不全面拒不执行上级政策等“上有政策、下有对策”的现象和问题。

2. 合理运用政策执行中的灵活性。政策执行中的灵活性是指在不违背政策原则精神和坚持政策方向的前提下，从实际出发，因地制宜，采取灵活多样的方式方法，使政策目标得到迅速而全面地实现。这里所说的灵活性也有两个要点：一是必须在不违背政策原则精神和坚持政策方向的前提下坚持灵活性，离开这个前提，就不是灵活性而是随意性了。二是特别强调从实际出发，因地制宜。从实际出发、因地制宜是把上级政策具体化为行动方案的基本途径。从实际出发、因地制宜，意味着政策执行者可以根据实际情况，对上级政策进行必要的补充，从而使

政策更适合地方的情况，使政策更加完善。

政策执行中的灵活性要求在政策执行过程中，应该能够及时地发现问题。要及时地发现和察觉政策执行中的问题和偏差，就要深入实际，进行广泛的调查研究。还要建立一定的信息反馈渠道，及时弄清真实情况。准确地判明问题的性质以及执行者所负责任的大小。如果执行者在其职责范围内出了问题，如果属于政策本身出了问题，就应由政策制定者负责。根据问题的性质和大小采取有效而适当纠正措施，纠正措施是必须根据实际情况进行处理。如果上级政策是正确的，反映了全局利益，那么下级政府采取对策，搞地方保护主义，分割市场，这样的对策是不对的。但是，如果上级的政策没有反映地方的具体情况，而下级政府在地方知识方面具有其优势，这时“上有政策，下有对策”就未必一定是坏东西，因为在信息不对称的条件下，上级政策没有很好地反映地方知识，下级的对策反而弥补了上级政策的不足。

只有在政策执行中坚持灵活性，才能克服和避免对上级政策照本宣科传达贯彻的机械主义倾向，克服不深刻消化理解政策精神而政策歪曲等问题。

3. 注意政策执行中的整体性。政策执行中的整体性是指在政策执行中，要把政策作为一个有机整体来看待，注意发挥政策的整体效应。

政策执行中的整体性主要两方面含意：其一是指某项政策的政策目标、政策内容、政策措施等是一个有机整体；其二是指政策内容的各项要求是一个整体，是有机联系的，而不是互不相关的。只有在政策执行中坚持整体性，才能克服和避免政策执行者政策损缺的实用主义倾向，从而使政策得到全面落实。在坚持政策执行中的原则性、灵活性、整体性原则过程中，要特别强调纪律观念。

模范执行政策是《国家公务员暂行条例》对所有公务员的要求。对因政策歪曲、政策损缺和上有政策下有对策造成严重影响和后果的（包括政治的影响和经济的损失），要给予党纪、政纪处分，直至绳之以法。否则，政策的严肃性、权威性就无法维护，政策的作用也不能得到真正的发挥。

（二）全面提高政策执行者的素质

政策执行中存在的政策歪曲、政策损缺和上有政策下有对策的问题，都与一部分地区和部门的政策执行者的素质低有直接关系，因此，必须全面提高政策执行者的素质。政策执行者的素质包括政治、业务、能力等方面，但是，要把政策执行者培养造就成为模范执行政策的带头人，首要的还是要提高他们的政治素质。提高他们的思想政治觉悟、政治理论水平；分析问题解决问题和明辨是非的能力；整体观念、纪律观念和法治观念；正确处理中央和地方，国家、集体、个人三者利益关系等等。

毛泽东同志曾经说过，“政治路线确定之后，干部就是决定的因素。”干部的素质直接决定着政策执行的成败。努力提高政策执行人员的素质，是全面治理“上有政策，下有对策”的一条重要途径。在当前社会转型时期，一个合格的执行人员至少应具备以下素质：较高的政策水平。这对负责政策执行的领导人员来讲尤为重要；无私的高尚情操。因政策执行在某种意义上就是对利益的分配和对行为的调整，执行人员如果缺乏高尚的情操，没有无私的精神，那么，在执行过程中往往就很容易从个人利益、小团体主义出发，必然影响政策执行的效果；牢固的纪律观念。纪律是执行政策的保证，严格的组织纪律对保证政策的全面贯彻落实具有举足轻重的作用；合理的知识结构。[11]政策执行者的政治素质普遍提高了，政策执行中存在的政策歪曲、政策损缺和上有政策、下有对策的问题，就会得到切实有效的解决。

思考题

1. 政策执行的定义和特征是什么？
2. 政策执行的程序与手段是什么？
3. 影响政策执行的因素有哪些？
4. 如何认识和解决政策执行偏差问题？

参考文献

1. 李成贵．政策执行——一个需要纳入学术视野的问题．国家行政学院学报，2000（3）

2. 金太军．重视对公共政策执行的研究．江苏社会科学．2001（9）

3. 陈振明．政策科学．北京：中国人民大学出版社，1998.281

4. 陈振明．西方政策执行研究运动的兴起．江苏社会科学，2000（7）

5. 陈振明．政策科学．北京：中国人民大学出版社，1998.281

6. 李成贵．政策执行——一个需要纳入学术视野的问题．国家行政学院学报，2000（3）

7. 吴振芳，郭纪阳，王洪臣．政策执行中存在的主要问题及对策．中国行政管理，2002（4）

8. 胡爱敏．当前政策执行出现偏差的表现和根源．济南市社会主义学院学报，

2001（1）
9．王玉明．探析公共政策失控的原因．岭南学刊．1999（4）
10．刘少奇选集．上卷．北京：人民出版社，1996.388
11．刘雪明．社会主义市场经济条件下的政策执行问题研究．求实，2000（5）

第六章 政策评估

当一项公共政策付诸实施之后，要想了解和判断公共政策的价值如何，是否收到预期的效果，有没有必要继续推行下去，必须对政策的价值和执行后的效果进行评价和估量，这就是政策评估。政策评估是了解政策价值和效果的必由之路。同时，政策评估也是政策过程的一个重要环节，它决定政策的延续、革新和终结。20世纪70年代以来，在西方国家，尤其是在美国，政策评估愈来愈受到学术界和政府的重视，并确立起了它在社会科学中的独立地位，诚如美国学者匡巴克（Cronbach）所指出的那样，“评估已成为美国社会科学最活跃的领域”。[1]并涌现出了各种各样的评估典范。政策评估在政策科学中不容忽视的重要地位，使它成为推动公共政策科学化的必然选择。本章主要阐述政策评估的概念、意义、性质、作用；介绍评估的类型、评估的模式、评估的方法；剖析了政策评估中存在的突出问题，提出探索性的解决措施。

第一节 政策评估概述

一、政策评估的概念及内涵

关于政策评估的概念，学术界有不同的看法和观点。主要有四种观点。其一，认为政策评估是评估其达成预期目标的影响；其二，认为政策评估是过程评估，尤其是政策方案的评估；其三，认为政策评估是对政策效果的评估；其四，认为政策评估是价值评估。

1. 政策评估是评估其达成预期目标的影响。Joseph S. Wholey 等在1970年出版的《联邦评估政策》一书中指出“政策评估是评估一项国家计划在符合目标方面之总体影响，或者评估两个或更多计划在符合共同目标方面之相关效能”。David Nachmias 在1979年出版的《公共政策评估》一书中指出，“政策评估研究是以客观的、有系统的、经验性的验证（评估）现行政策和公共计划，以及对标的对象之影响是否达成预期目标”。[2]这两种观点认为政策评估是评价政策和公共计划对达成预定目标方面的影响。应该说，这种政策评估的定义有失之偏颇之嫌。因为仅仅评估政策对达成预期目标的影响，无法准确获知政策对政策客体及环境产生的多方面影响。

2. 政策评估是一种过程。有学者认为，“评估是一种过程，这个过程在于确定重要的决策范围，选择适当的资信，搜集与分析资信而作成有用的摘要资料，提供决策者选择适当的政策方案之基础”。[3]这种观点认为政策评估是对政策方案的评估。持这种观点的人把政策评估看做一种分析各种政策方案优劣，以便帮助决策者选择的过程。应该说这种情况属于政策制定阶段的一个步骤，是方案实施前的预评估，它对方案选择大有助益，但却不能说明方案付诸实施后的真实效果，因为方案实施的效果如何，方案的价值如何都要依靠实践来检验，因而仅凭政策制定阶段的预评估确认方案的真正价值是不可能的。

持过程说的学者中还有人认为，政策评估是“有系统地应用各种社会研究程序，搜集有关的资讯，用以论断政策概念化与设计是否周全完整；知悉政策实际执行的情形，遭遇的困难，有无偏离既定的政策方向；指出社会干预政策的效用。”[4]显然，这种观点是认为政策评估是运用各种社会科学研究方法，对政策全过程进行评估，既包括对政策方案的评估，也强调对政策执行及执行效果的评估。这种观点虽然全面，但缺乏重点。

3. 政策评估是对政策效果的评估。有学者认为，“政策评估就是对政策的效果进行的研究”持此观点的学者认为，政策评估的着眼点应是政策效果。政策评估要解决的基本问题包括，政策执行且是否达到预定目标，政策的非预期影响，与政府行为相关的各种环境的变化、投入政策的直接成本与间接成本等。由此可见，“效果说”重视的是政策的效能与效率、效益。这种观点是传统政策评估的主流观点，具有许多合理性，但仍有进一步研究和商榷的必要。

4. 政策评估首先是价值评估。20 世纪 70 年代，以英国学者罗尔斯的《正义论》发表为标志，后行为主义政治学兴起。此后，在后行为主义的影响下，一些学者对传统政策评估的合理性提出质疑，认为政策的效率、效能评估固然重要，政策价值评估更为重要，政策价值评估的内涵在于其政治性质。因此，不先弄清政策的价值，进而弄清政策的正当性、公正性和社会性等问题，政策评估无异于本末倒置，在方法论方面产生了偏差。持此观点的学者E.R.豪斯（E.R.House）认为，“政策评估的本质，基本上是一种政治活动，除了为决策者提供服务外，亦在产生资源的再分配以及由谁合理地得到什么。其中的主要意义在于分配社会的基本财货。因此，它不但是一种理念的陈述，更是一种关于分配的社会机制，而这正是我们企盼的政策评估的制度性的地位。评估不应当只是真实的，更应当是正义的，目前的评估架构不论其真实价值如何，都应在不同的程度回应正义，更何况，正义本身就是政策评估应该考虑的一项重要标准”。[5]应该说这种观点令人耳目一新，对于弥补传统政策评估的不足有积极的意义。

整合各家的观点，可以把政策评估的定义概括为：

政策评估是由一定的评估主体，依据一定的标准和程序，采用多元社会科学研究方法，对事关国家和社会发展的公共政策的效果及价值进行评价和判断的一种政治行为。其目的在于获取相关信息，作为改进政策和制定新政策的依据。

根据政策评估的定义，政策评估具有下面的内涵。

1. 评估对象为足以影响国家和社会发展的公共政策或计划，而并非无足轻重的一般政策或计划，更不包括私人的政策或计划。

2. 政策评估必须采用多元的社会科学研究方法，一类为社会指标、回归分析、民意调查等定量研究方法；另一类为专家判断法、对象评定法等定性研究方法；或者是定性与定量方法的结合。

3. 政策评估由一定的评估主体进行。评估者包括官方和非官方的评估者。前者如西方的国会或行政机关，后者如利益集团、政治家、专家学者与大众传媒等。

4. 政策评估的内容包括政策执行、政策效果和政策价值两大方面，其中尤以政策价值的评估最为重要。效果评估主要是效率、效能、效益的评估，价值评估主要是充分、公平、正义、回应的评估。

5. 政策评估具有目的性。主要是为政策的制定和改进提供依据。

二、政策评估的特质

所谓特质，是指特殊的品质。政策评估的特质是指政策评估独特的、核心的品质。主要体现于以下几个方面。

1. 以政策价值为评估前提和核心。政策评估不仅要质疑政策目标的合理性、可行性和经济性，还必须说明公共政策对于社会发展的贡献，对于维护社会公平和公正的贡献。

2. 以事实为基础评估价值。政策评估对于公共政策的价值判断，必须以事实资料为基础，依据事实，判断价值。因此，进行政策评估活动，无法避免事实与价值的互赖性。

3. 重视政策的历史脉络与未来走势。就同一领域，解决同一类问题的公共政策而言，政策评估不仅要分析公共政策的当前发展状况，探究政策发展的方向是否按照政策的预期目标进行，同时，也需要搜集公共政策的过去发展经验，以掌握过去发展的路线是否按照所预期的方向前进。

4. 评估价值的双重性。政策评估虽然主要关注政策的内在价值，但有时某些政策的外在价值也是评估需要考虑的目标之一。例如，评估汽车排放尾气的管制政策，除了应评估这种管制政策是否达成降低尾气污染目标的内在价值目标以外，还要评估此项政策是否有助于提升汽车产品的竞争力这种外在价值目标。

三、政策评估的作用

政策评估作为政策过程的一个环节，在政策过程中有着不可忽视的作用。

1. 政策评估是判断政策价值的基本手段。政策的价值是政策存在和终止的基本依据，是政策的内在生命力。政策的价值往往是隐含着的，由于价值与事实的互赖性，一项公共政策是否具有价值，不能凭主观臆断，必须通过事实，也就是通过对政策影响目标群体的情况进行评价来证实，这种评价就是政策评估。因此，政策评估是了解和判断政策价值的重要途径，如果政策的价值存在严重偏差，例如，政策的价值天平严重倾斜，政策失之公平、公正，就应在政策评估之后终止政策。

2. 政策评估是检测政策实施效果的基本途径。政策实施的效果如何，在政策制定之初无法准确预知，只有在政策付诸实施之后，通过政策的评估才能了解。比如，我国汽车产业政策实施是否达到预期的效果，对汽车工业的发展和进步有什么影响只有在汽车产业政策实施之后通过评估才能了解，通过评估才能验证该政策的质量。因此，政策评估是检测政策实施效果的途径。

3. 政策评估是决定政策命运的依据。政策如同人的生命一样，有生有止。政策的存在、调整和终止不是随意的，而必须有科学的依据，这种依据来源于政策评估。通过评估，政策主体能够充分认识政策的价值与效果，发现政策的问题。如果政策有价值且运转良好，则维持政策不变；如果政策存在问题通过政策调整可以解决，则要及时对政策进行调整；如果政策所处环境已经变化，政策已经耗损老化，就要适时终止，以免给社会带来不利影响。

4. 政策评估是推动政策科学化的重要手段之一。政策科学化是人类决策所追求的目标，也就是要实现公共政策的高质量，减少和降低政策失误，进一步推动社会的进步和发展。而要提高公共政策的质量，有许多方面的工作要做，其中之一是政策评估，通过政策评估，促使人们正确地认识政策的优劣得失，从而有益于改进政策，提高政策的质量，实现政策的科学化。

第二节　政策评估的类型

依据不同的评估标准，可将政策评估分为不同的类型。根据评估活动是否存在严格的程序和规定，政策评估可分为正式评估和非正式评估；根据评估重点的不同，政策评估可分为效果评估、执行评估和效率评估；根据评估者的来源是政府内或政府外的区别，政策评估可分为内部评估和外部评估；根据评估活动切入点的不同，政策评估可分为事前评估、执行评估和事后评估，等等。下面分别阐述几种评估类型。

一、效果评估、过程评估、效率评估

1. 效果评估。政策效果评估也叫成果评估、影响评估、总成评估等。政策效果是政策执行后对政策客体所产生的影响或结果。

由于政策效果有各种不同的分类标准，政策效果的类型也众说纷纭。常见的说法有长期效果和短期效果、实际效果和象征效果、直接效果和间接效果、预期效果和非预期效果、明显效果和潜在效果等等。众多政策效果中，政策效果评估应着重政策的预期和非预期效果。预期效果评估实质上关注的是政策目标实现的程度，但仅仅评估政策达成目标的程度不仅缩小了政策评估的范围，而且无法观察政策目标以外的效果，存在明显的问题，因而还需要评估政策的非预期效果。政策的非预期效果评估关注的是超出目标的意料外现象。只有全面评估政策的预期和非预期效果，才能掌握政策的真正效果。因此，政策效果评估的具体内容应该包括：①政策目标的完成程度；②对标的情境或团体的影响；③对非标的情境或团体的影响；④对当前与未来环境的影响。⑤政策的直接投入成本、政策的间接成本。这里所说的标的团体是指全体人口

中，政策所欲改变和施加影响的一部分人。标的情境是指政策所欲改变的环境和条件。非标的情境和团体是指政策不欲影响的环境和人口。政策的直接成本是政策实施投入的各种资源。政策的间接成本是指由于实行该政策而使标的团体和非标的团体承担的成本。

政策的效果基本上可以分为预期效果和非预期效果。所谓预期效果是指政策主体在直观和经验的层面上可以观察到，又是在政策主体预期范围内出现的效果，往往评估的是政策对标的团体或情境的影响，及政策实现目标的程度。例如，提高国家公务员工资政策可以增加国家机关工作人员的工资收入，改善和提高其生活水平。高等院校扩大招生的政策会使更多的高中毕业生走进高等院校的大门，接受高等教育。转移支付政策会使社会的低收入者获得一些生活救助。环保政策令国内一些污染严重的企业关闭破产，原来消失的蓝天、白云重新回到人们的视野中。社会保障政策使低于社会最低保障线的人们得到救助，使他们的生活有所改善，等等。这些政策效果一般都是在政策付诸实施之后直接显露出来的，一般评估起来并不困难。但是，需要注意的是，在评估政策的效果时要区别政策产出与政策效果两个概念。政策产出是指政府的活动。例如，政府花在标的团体身上的教育支出和福利支出有多少、政府为实施政策动用了多少人力、物力、财力等。在描述公共政策时，政策产出的衡量固然重要，但在评估政策影响时，必须确认政府活动与标的团体和情境改变两者间的关系。不能把政策产出当做政策效果。

政策的非预期效果是因为政策的实施而产生的一种超出政策制定者预期目标或设想的效果，许多非预期效果是政策作用于非标的团体或情境而产生的效果，是政策执行的“副产品”，非预期影响往往是在政策持续一段时间后才出现。非预期效果有两种类型，一种是负面的、灾难性的影响，一种是正面的、“锦上添花”的影响。例如，一些国家实施的水利开发政策导致了一些大型水利工程产生，这些大型水利工程在提供水源和水供应的同时，往往引发巨大的生态灾难。比如，前苏联伏尔加水利发电工程建成后，确实收到一些经济效益，但也破坏了生态平衡，给前苏联和伊朗的生态环境带来了不良影响，导致从黑海至伏尔加河水电工程之间鱼产量减少 80%，水库周围的土地盐碱化和沼泽化、伊朗的一个港口消失等问题产生。此外，20 世纪 70 年代，前苏联帮助埃及在尼罗河上建造了一座阿斯旺水坝，主要用于发电和灌溉。工程完工后，确实收到了一些经济效益。但尼罗河水文和生态环境却发生了很大变化，产生了一系列的恶劣后果。埃及的沙丁鱼场在 10 年内消失、农田盐碱化、水坝下游蚊虫大量繁殖，引发血吸虫病泛滥，土地下陷，造成10万居民被迫迁徙。1972年，联合国人类环境会议认为，从结果上看，阿斯旺水坝是一个失败的工程。这种不良影响就是某些不当的水利开发政策的非预期影响，是政策制定者没有料到的。这种非预期效果的不断产生是灾难性的。

近年来我国住房政策改革也产生了明显的非预期效果。其预期效果是住房的市场化、货币化，提高了城市居民的居住水平，带动了房地产业的发展，其非预期效果是在客观上消除了人才自由流动的一个重要障碍，促进了人才市场的形成，可见，住房政策的非预期效果呈现出“锦上添花”的效果。我国农村改革政策也呈现出“锦上添花”的政策效果。20世纪80年代我国农村联产承包责任制的推行，直接刺激了农业的迅速发展，同时，又产生了农村改革的副产品，这就是乡镇企业异军突起。乡镇企业多是一把锤子，几把榔头起家，一开始就和市场有着千丝万缕的联系，因而乡镇企业发展十分迅速，到20世纪90年代后期已经在国内处于三分天下有其一的地位，10件衣服中有8件、家电产品有1/5是乡镇企业生产的，出口创汇的38%来自于乡镇企业。乡镇企业的异军突起正是农村改革政策的非预期效果。

在政策的非预期效果中，有的政策的非预期效果与政策没有明显的因果关系，常常表现为性质完全不同领域的问题，但仔细考察会发现又确实是因政策而发生的效果。例如法国在20世纪70年代为解决能源短缺问题建造一座核电站，但此后，核电站附近的居民患疟疾的比例不断上升，引起专家们的注意，经过调查后专家们发现，这是由于核电站大量抽取河水用于循环冷却系统，使河水温度长期保持在适宜蚊子大量繁殖的温度造成的。这种现象就是政策的十分意外的非预期效果。类似的非预期效果与政策的关联十分间接，需要仔细研究和评估才能发现。

因此，要真正了解公共政策的效果必须关注政策的预期效果，更要关注公共政策究竟产生了哪些非预期效果，特别是对那些影响深远、持续时间长的非预期负面效果更应该予以重视。例如我国20世纪50年代人口政策的非预期负面效果，对我们国家的发展来说，其影响可谓是全方位的。只有充分掌握政策的预期和非预期效果，才能准确地评估政策的效果，进而对政策的价值做出正确的判断。

此外，由于政策资源的有限性，政策的效果都是建立在资源投入基础上的效果，因此，评估政策效果，还必须考虑政策成本。政策成本既包括政府为实施政策直接投入的成本，也包括政策客体因实施该政策而失去其他机会的间接成本。例如，由于某市实施开发郊区战略，在郊区建了大市场，鼓励一些个体工商业者迁往郊区营业，政府投入了许多资金，这是直接成本；同时，个体工商业者也因为搬迁失去了许多客户，耽误了营业，这是间接成本。因此，要准确地掌握政策的效果，需要核算政策的成本，而政策的直接成本容易核算，间接成本则难以核算。

2. 过程评估。过程评估也称为执行评估，是对于正在执行中的计划或政策所实施的评估，其评估的重点为：政策执行有无产生任何的副产品或副作用？政策资源利用的状况如何？政策执行是否按照预期的政策目标或方案进行？政策是否被标的团体接受？例如，评估我国三峡移民政策在实施过程中执行状况如何，可以知道国家移民资金是否到位，有无被挪用的问题，三峡移民的安置如何，三峡移民政策执行后产生了什么副作用？之所以要进行过程评估，是由于政策问题具有复杂性，许多影响政策执行的问题在政策制定阶段并不为政策制定者所掌握和认识，往往是在政策执行后开始暴露出来，因此，在政策实施后进行评估，可以及时发现问题，便于政策制定者根据实际情况及时加以调整和控制。如通过评估发现政策方案存在小问题，可以及时进行政策修正；如发现政策实施后果严重，不仅违背政策目标，而且会给标的团体及情境、非标的团体及情境，以至给未来环境带来威胁，则应立即终止政策实施，进行追踪决策，这样可以避免灾难性的政策后果产生。因此，在政策没有经验可循，政策面临不确定性较多时进行过程评估是有益的。

3. 效率评估。效率是投入与产出的比率。政策效率评估是对于政策成本与政策收益进行衡量的分析方法，以便从经济理性的角度评估政策的合理性。

政策效率评估的基本方法常用的主要有成本利益分析、成本效益分析。两种方法在使用时略有差异。前者力求将产出与投入的单位货币化，以利益代表产出，成本代表投入，凡是利益超过成本的方案就是可行的方案。对那些非货币形式的支出和收益，也要转换成统一的货币度量单位然后加以计算。成本利益分析自 20 世纪 60 年代进入美国联邦政府，成为当时最重要的分析工具。成本利益分析的程序为：（1）确定拟分析的政策或计划；（2）确定政策或计划对于现实社会的正面或负面的影响；（3）将政策影响的价值予以货币化，其中正面影响为利益，负面影响为成本；（4）计算净利益，亦即将总利益减去总成本；（5）根据利益成本标准，评估政策的价值。成本利益分析中，利益成本标准的确立十分关键，利益—成本标准有两种，一为净利益最大标准，一为益本比较高标准，也就是利益与成本比例越高，政策越合理。在运用利益—成本标准进行评估时，必须考虑限制性因素，例如，预算与人力就是限制因素，还要考虑时间因素对于成本或利益的影响，其考虑的方法为折扣法（Discounting method），即设法将未来可能产生的成本与利益之现值予以估算，从而较为准确地进行成本利益分析。

成本效益分析主要是希望在既定的成本下，如何使产出最大，使投入最小，以获取某既定水准的产出。多适用于政府对于社会政策的评估。许多社会政策其政策成本往往可以用货币形式直接计算，而其收益则往往难以通过货币币值来表现。因而，成本效益分析追求的不是精确的统计数字，而是关注通过"通过相同单位成本所达成的政策目标"或"相同政策目标所付出的单位成本"[6]，也就是通过可计量的政策成本与可比较的政策效果来估算政策的合理程度。

成本利益分析和成本效益分析作为政策效率评估的分析方法，从产生至今，生命力一直很旺盛。需要指出的是，不论哪种方法，对于成本的计量都不可能完全准确，因为政策成本不仅有直接成本还有间接成本，在有些时候间接成本的衡量是十分困难的，因此分析的结果未必很准确。在使用分析数据时要结合实际情况，不可盲从。

二、内部评估与外部评估

根据政策评估者的来源划分，由来自行政机构内部的评估者实施的评估为内部评估，由来自行政机构外的评估者实施的评估为外部评估，这种分类方法是政策评估中最为重要的分类方法，两种类型的评估各有优势和弱点。

1. 内部评估。内部评估是由行政机关内部的工作人员进行的评估。具体说来，承担评估任务的通常是两种人，一种是由操作人员，即政策制定者或执行者。一种是专职的评估人员。由于评估者都出自政府机构内部，在评估活动中呈现出大致相同的利弊。评估中都存在评估结论客观性不足的弊端，但同时具有了解政策的有关资讯情况，评估资料较为丰富的优点。由于内部评估者职务的差异，在评估活动中也有各自的特点。

由操作人员进行的评估，其显著优点表现为，评估者掌握有关政策制定和实施的信息资料，对整个政策过程有较为全面的了解，有利于评估活动的进行；并能根据评估的结论，及时调整政策目标和政策方案，使政策评估真正发挥促进政策科学化的作用。其缺点表现为，评估者身处内部，受部门或机构利益影响，评估中夸大成绩，回避问题，评估结论难以客观真实；评估者不掌握多种科学的评估技术和方法，难以适应评估工作复杂性的要求，因而评估结论缺乏信度与效度。

由行政机构中专职评估人员进行的评估，与操作人员比较，有明显的优点，他们既了解政策的相关资讯，又掌握评估技术和方法，容易做出有信度和效度的评估结论。但由于他们也置身其中，难以摆脱各种利益和干扰的影响，因而也难以做出客观的评估结论。

2. 外部评估。外部评估是由行政机关外的评估者实施的评估。外部评估的承担者通常为受行政机构委托的研究机构及专家、投资或立法机构所组织的评估、社会的评估。

外部评估具有明显的优点，即评估结论较为客观，也具有明显的弱点，即不易获得真实的评估资料。由于评估者的来源各不相同，外部评估也有各自的特点。

由行政机构委托的评估是外部评估的一种最主要的评估方式。受评估机构委托的评估者，往往是研究机构、学术团体、咨询公司或高等院校的专家学者，由于他们都超然事外，一般能够客观地评估政策的是非功过；由于受行政机构委托的关系，评估资料的获取也较为容易，其评估结论也容易被行政机构所接受；而且评估者是掌握评估技术方法的专家，因而能够保证政策评估的质量。这是受行政机构委托的评估所具有的优点。但同时，这种评估也有其致命的弱点，即由于评估者在评估经费和评估资料方面受到委托人的制约，为了获得评估经费，评估者可能牺牲原则，做出不科学不公正的评估结论，从而使政策评估的科学性大打折扣。

由投资机构或立法机构组织的评估也是外部评估的一种重要形式。投资部门（如基金会）评估的目的是了解资源的使用情况，防止资源的滥用，侧重点在于经济利益；立法部门（如美国国会的会计总署）评估的目的是了解高额公共投资之后，政策执行的效果如何，是否使政策的标的团体和环境受益。侧重点在于政治利益。一般来说，由投资部门或立法机构组织的评估最为客观和公正，但评估的准确性如何，要取决于评估资料的真实性与充分性如何。由于这种评估的结论对行政机构的利益得失至关重要，因而行政机构往往采取隐瞒真实情况，提供虚假信息的方法影响评估。所以，评估者也可能被虚假信息所迷惑，做出失真的评估结论。

除上述两种类型的外部评估之外，还有一种评估是由社会某些组织、团体和个人自发进行的评估。例如，专门的评估机构、某些研究机构、专家学者、新闻媒体和个人自发地对某些公共政策进行评估。这种评估没有机构或部门利益，反映的是社会公众的观点，因而评估的态度最为客观，但多因经费短缺，评估活动难以深入进行；同时囿于不了解重要的评估资料，评估结论也不被重视。

内部评估和外部评估的区分是政策评估中最为重要的分类，两种类型各有利弊，在实践活动中应综合利用，以获取科学的评估结论。

三、正式评估与非正式评估

根据评估活动是否有严格的程序和规定，政策评估可以分为正式评估和非正式评估。

正式评估指事先制定出完整的评估方案，严格按照规定的程序和内容执行，并由确定的评估者进行的评估。正式评估是占据主导地位的评估方式。正式评估的优点是评估人员具有较高素质，有系统的评估资料，充足的评估经费，科学的评估方法做保证，因而能使评估活动顺利进行，评估结论较为科学，并受到政策制定者的重视。但正式评估也有缺点，主要是对评估条件要求比较高，要求有充足的资金、系统全面的评估资料，评估者具备较高的素质。因而进行正式评估需要事前做好准备。

非正式评估是指对评估者、评估程序、评估形式、评估内容等不作严格规定，对评估结论也没有严格的要求，评估者根据自己所掌握的资料自由进行的评估。现实的评估活动大量的属于这种非正式的评估。非正式评估的优点是不拘形式，方式灵活，简单易行，既可以通过走访调查，也可以是街谈巷议评估政策；不限制评估者，评估者既可以是专家学者，也可以是平民百姓；不限定评估范围和内容，有利于全面评估政策的真实效果。但这种评估存在严重的缺点，主要表现为评估资料全靠评估者个人搜集，往往难以做到充分；评估经费没有来源或严重缺乏；评估者的素质参差不齐，评估结论随意、粗糙，因而不易受到重视。

四、预评估、执行评估和后评估

预评估是在政策执行前的评估，是针对政策方案进行的评估。这种评估类型可以通过事先对政策执行效果的预测来评估政策方案的质量，能够发现政策的某些弊病，进行事前的修正，减少政策失误，提高政策质量，使政策收到较好的效果。预评估使政策控制由单纯的事后控制变为事先控制，有利于政策方案的优化。但预评估无论如何不能取代政策执行后的评估，因为政策环境处于不断变化之中，政策在执行中会遇到许多意想不到的因素，政策执行的效果不可能事先完全预测出来，必须通过事后的评估进行确认。

执行评估是在政策执行过程中进行的评估，前面过程评估已有阐述，这里不再赘述。

后评估是在政策执行后的评估，也叫效果评估，它是最重要的评估方式。后评估主要是对政策效果的评估，包括政策的预期效果和非预期效果，效果评估前面已有详述，这里不再赘述。

第三节　政策评估的系统

一、政策评估的要素

政策评估涉及一系列的要素，包括评估者、评估对象、评估目的、评估标准和评估方法。从系统论的角度来看，这五个要素相互区别，相互联系，构成一个完整的、不可或缺的系统。

（一）评估主体

一般认为，政策评估活动的主体应是直接从事评估活动的个人、团体或组织。仅仅作此认识，恐怕有失偏颇。政策评估活动的主体应包含两个方面的含义，一是资助评估者，二是具体实施评估者。二者的关系在很大程度上决定评估的科学性与否。在我国多项政策的评估活动中，资助评估者通常是政策制定者，评估者通常是该政策的研究者。这样资助者和评估者就构成了评估活动的主体，资助者的态度与评估者的素质成为影响评估活动的质量的决定性因素。因此，为了确保评估活动的科学性，必须慎重选择评估者，并建立独立的评估资金。评估者的来源可以分为内部、外部两个方面，内部的评估者来自行政机关内部，可以是政策制定和执行人员，可以是专业人员；外部评估者来自行政机关外部，可以是立法部门的人员、可以是司法部门的人员、投资部门、新闻媒体、专家学者、公民等。来自内部的评估者掌握评估的大量信息资料，但评估结论往往缺乏客观性；外部评估者的评估结论相对而言具有客观性，但难以掌握评估的第一手信息资料。因此，要保证评估的科学性，最好是政策制定者能给予配合，向评估者开放信息，提供政策制定和执行的真实资料。

(二) 评估的客体

评估的客体是政策评估的特定对象，即特定的政策。需要明确的是，由于政策资源的有限性，虽然各种政策可以作为评估的对象，但评估并非针对所有的政策，因此并非所有的政策都是评估的客体。只有那些涉及面广，影响较大，确实具有评估价值而又具备评估条件的政策才能成为政策评估的对象。因此，评估必须依据有效性和可行性的原则，精选评估对象，使评估真正成为有意义、有价值的活动。

(三) 评估的目标

评估目标即评估活动的目的，要回答的是“为什么要进行政策评估?”这样的问题，它决定政策评估的发展方向、基本内容和标准选择。一般来说，政策评估的目标有三个方面，一是政治方面的评估。二是政府能力方面的评估；三是效率与效果方面的评估。

政治方面评估侧重于评估政策的执行对国际、国内或地区产生了什么政治影响？是有助于统治的稳定还是破坏了统治的稳定？是树立了良好的政府形象还是损害了政府形象？是否会影响现存的政治、经济制度？

政府能力方面的评估主要侧重于政府执行政策能力的评估，即政府在宣传、组织、实施政策方面的能力与成效。

效率与效果评估主要评估政策收益与政策投入的比率，评估政策的预期效果与非预期效果。

在实际的政策评估过程中，评估目标往往不是单一的，一般都涵盖这三个方面，并非只评估一个方面。

(四) 评估标准

政策评估是依据一些特定的标准衡量政策执行的后果，因此，建立评估标准是政策评估系统的重要工作。评估标准直接影响评估的结论。评估标准的设立，不仅取决于评估目的，而且与评估者的偏好有关。这些标准反映出评估者的价值取向，因此，从某种意义上说，政策评估是价值的判断。关于政策评估的标准学者们提出了不同类型的标准。沙克曼（E.A.Suchman）提出了五种标准，努力（effort）或投入的多少、绩效（performance）、绩效的充分性（adequacy of performance）、效率和过程。邓恩（W.N.Dunn）提出的标准为效应（effectiveness）、效率（efficiency）、充分（adequacy）、公平（equity）、回应（responsiveness）与适当（appropriateness）。波斯特认为，良好的政策评估应采用下列几种标准，效应、效率、充分、适当、公平、回应、执行力。[7]综合各家的观点，政策评估一般应该遵循下面几项标准。

1. 政策产出标准。即政策执行过程中政府活动的衡量，也就是政府资源投入的数量与质量，标的人口获得政府投入的数量与质量。这种衡量标准的意义在于检验政府资源投入的流向是否具有正当性。

2. 效果。即政策方案执行后产生的行动结果，也就是政策方案执行后对政策对象、政策环境、非政策对象产生的实际影响。这是政策评估的核心所在。政策效果既包括政策的预期效果，也包括政策的各种非预期效果。尤其要关注政策的非预期效果。

3. 效率。即产生政策预期效果所需付出努力的程度，效率标准实质是经济理性的体现。它通常以政策成本与政策效果的比较来确定。一般来说，政策成本投入低于政策效果，政策才具有合理性，能够以最小成本获取最大效果的政策，应该说是一项好的政策。

4. 充分。即政策方案产生的效果能够解决政策问题的程度。如果只是部分地解决了政策问题，还遗留下很多问题有待进一步解决，这种政策方案是不充分的，反之，如果政策方案付诸实施后基本上解决了政策问题，或只有很少量遗留问题，这种方案就是充分的。

5. 公平。即政策资源与政策成本在不同阶层、团体间公平分配的程度。一个公平的政策必然是一个政策资源能够公平分配的政策，同时政策成本又能公平分担的政策。事实上，要做到绝对的公平是不可能的。但是，公共政策作为对社会资源的权威性分配手段，必须坚持公平或公道的基准，而且政策资源的分配与政策成本的分担应该体现扶持社会的弱势群体的原则，尽可能使社会再分配福利最大化，使弱势群体分担的政策成本有所减轻。

6. 回应性。即政策满足特定群体的需要、偏好和价值观的程度。一个满足效果、效率、充分与公平的政策方案，如果不能满足某些特殊群体的需要与期望，仍然不是好的政策。如影院娱乐政策的制定，即使满足了前面的标准，但如果使老年人或儿童不满意，则该项政策不具有回应性。一个好的政策不仅要满足效果、效率、充分、公平等标准的要求，还要回应政策对象内心的感受、需要和偏好。

7. 适当性。即政策目标的价值及支持政策目标的理由是否站得住脚，也就是政策目标对社会是否适当、有益。这应是政策方案评估，尤其是预评估首先要考虑的问题。从质疑政策目标的适当性而言，这应是政策评估的首要标准。

（五）评估方法

评估方法是评估者在政策评估中所采用的具体方法。它是政策评估赖以进行的工具和手段，也是政策评估科学性与否的关键因素之一，因此，评估方法的选择和使用也是评估系统的一个不可忽视的因素。由于现代政府所实施的公共政策涉及的范围愈来愈广，内容愈来愈复杂，因此，政策评估的难度也愈来愈大。为了保证评估的科学性，政策评估方法要使用多元社会科学方法，如定性、定量相结合的方法，经验分析与演绎推理相结合、传统与现代相结合的方法，等等。政策科学已经发展出许多政策评估的方法，有些方法将在本章的相关内容中予以介绍，这里不再详述。

总之，政策评估系统是由评估者、评估对象、评估目标、评估标准和评估方法构成的一个相互联系和相互区别的系统，任何一项成功的政策评估都离不开这几个要素的有效配合。因此，要提高政策评估的质量，需要从整体的角度改善政策评估系统的各个构成要素。

二、政策评估的程序

所谓程序，是指对某种活动进行的步骤、次序等的规定或计划。许多事务的处理要讲程序，政策评估活动也不例外，也要遵循一定的程序或步骤。一般来说，政策评估活动存在三个相互关联的程序或步骤，即评估准备、评估实施和评估总结。

（一）政策评估的准备

为了保证评估活动的顺利进行，政策评估前必须进行周密的准备。评估前的准备工作主要围绕以下几方面进行。

1. 精选评估对象。这是政策评估的首要工作。由于政策评估需要使用人、财、物等资源，由于资源的有限性，不可能把所有实施过的政策都作为评估对象，必须根据有效性与可行性相结合的原则，选择有价值的政策作为评估对象。也就是应该把那些实施一段时间，政策效果已经显现，具备评估的可行性；对现实有重要影响，或者可望在更大范围内进行推广的政策作为评估的对象。政策评估对象在某种程度上决定了政策评估的其他因素，如评估者，评估方法等。

2. 制订评估方案。这是政策评估阶段最重要的工作。从某种意义上说，政策评估方案设计得是否合理，评估方案的周详程度，直接决定了政策评估的质量。一般来说，政策评估方案应该包括以下内容。

（1）明确的评估对象。

（2）明确的评估目标。

(3) 评估的基本设想，即评估的内容、重点、范围及时间。

(4) 确定评估标准。

(5) 确定评估者。

这几个方面基本都是政策系统的构成要素。

3. 挑选和培训评估人员。由于政策评估过程实际上也是一种理论研究的过程，因而对评估者的要求较高，评估者不仅要掌握评估技术方法，还必须具备一定的理论素养和分析能力，这就需要对评估者进行选拔和培训，以提高政策评估人员的素质，从而保证政策评估的质量，实现评估的目的。

(二) 评估的实施

政策评估的实施是政策评估活动中最为重要的活动，是政策评估的实质阶段。这一阶段要做下面的工作。

1. 利用各种调查手段，广泛搜集政策信息。信息是政策评估的基础和前提，及时、准确的评估信息是政策评估科学化的保证。因此，可以说，政策评估的过程实质上是信息搜集的过程。如何搜集政策信息呢？可以采用下面的方法。

(1) 查阅资料法，通过查阅政策主体提供的政策资料，了解政策的目标、政策出台的背景条件，政策利害关系人的观点，政策资源的准备状况等。

(2) 调查法。通过深入实际进行调查，了解标的人口所获得的政策利益的质量，了解政策执行后政策对标的人口和情境所产生的影响，了解政策对非标的人口和情境所产生的影响。调查工作要求调查人员必须有敏锐的洞察力，要能透过现象看到事物的本质，不为表面现象所迷惑。只有如此，才能掌握真实的政策信息。调查可以通过现场调查、问卷调查、开会调查、个别访问等多种方式进行。

(3) 实验法。政策实验是追踪政策是否达成政策目标普遍使用的方法。传统的政策科学家认为，自然科学家在实验室进行实验的方法也可以应用于公共事务上，以测定政策行动对社会发展的影响。政策实验通常可以有两种形式，一种是实验室观察，一种是实地实验。前者的优点是可以操纵实验变项，容易得到精确的实验结果，但这些结果往往无法推论到现实生活中，于是实地实验更为人们所钟意。

总之，不管采用什么方法，其核心在于获取真实的政策信息，保证政策评估的科学性。

2. 综合分析政策信息。这是政策评估实施过程的第二个步骤，也就是要对搜集到的政策信息进行去粗取精，去伪存真，对资料进行整理、分析、统计和处理的工作。通过运用多元评估方法，对政策进行评估，做出科学的评估结论。在评估过程中，评估者应该依据全面、完整的政策信息，坚持客观、公正的原则，排除来自政策制定者的干扰进行评估，切不可仅仅依据偏狭的政策信息对政策做出不客观、不全面的评估，或者用自己“先入为主”的观念左右政策评估，或者屈从于政策制定者的意图，做出肯定性的有违实际的结论。

(三) 撰写评估报告，进行评估总结

这是政策评估的结束阶段。这个阶段要由评估者向政策主体或委托人提交政策评估的报告。因此，需要做下面的工作。

1. 自我检验评估分析过程，以确认评估结论的信度和效度。

2. 撰写评估报告。评估报告要使用政策主体或委托人能看懂的语言和图表，由于面对的政策主体也可能有专家，因此，也可以提供一份使用专业术语的分析报告。报告的内容要明确，不仅指出成绩，更要反映问题，特别还要指出问题的原因及改善措施，以便政策调整；如果评估结果证明政策使命已完成或政策存在重大失误，应建议尽快实施政策终结。

3. 评估报告与政策制定者或委托人见面。

三、政策评估的多元方法

政策评估需要发展和研究评估的多元方法。所谓多元方法，是指政策评估为了保证准确性，不能仅仅使用单一评估方法，而必须综合利用多种方法。政策评估的方法有很多，摘要介绍如下。

(一) 社会指标法

社会指标是指政策评估者以量化指标追踪社会状况与趋势的方法，也就是说它是以统计资料来显示社会发展状况，它具有评估政策效果的作用。如以空气污染指数反映空气质量，以犯罪人数多少反映社会安全状况等。

社会指标法起源于美国，并很快流行于英、法等欧洲国家。社会指标法是一种分析或描述主客观情况变化的技术，也是一种时间序列的资料，评估者透过长期的社会指标变化可以进行比较与分析，对公共政策影响社会的状况做出评估。社会指标的来源有三个，分别为：

1. 官方的统计报告。即政府机关所公布的年度统计报告作为最佳的社会指标来源。

2. 指标的综合。即从官方的统计报告中选择适当的指标，综合建构新指标。如以教育经费、每万人大学生数、每万人教师数三项指标综合形成教育状况的指标。

3. 生活品质指标。许多国家进行生活品质指标的调查，这种指标涵盖范围很广，如涉及社会福利、公共安全、公共卫生等方面。

社会指标的类型具有以下三种类型。

1. 描述性指标。对于社会某种事物所处状态的一般性测量的指标。如全国文盲的比例，失业或就业的比例。

2. 产出叙述指标。对于某种政策实施后的影响所作测量的指标。如基尼系数为财富重新分配政策产出的叙述性指标；空气污染指标为空气污染防治政策产出的叙述性指标。

3. 分析性指标。对产出指标进行细分的指标。如空气污染指标中分为都市区或工业区的指标。

社会指标方法对于某些政策的评估来说，简便易行，是一种比较常用的方法。

（二）前后对比法

前后对比法是政策评估的基本方法，通过政策执行前后状况的对比，评估政策的效果与价值。目前学术界公认的具体对比方法，主要有以下几种。

1. 简单前后对比。简单前后对比法应用起来比较简便，它针对同一领域进行两种时间的比较，其中一个在计划执行前，另一个在执行某段时间之后。通常只有标的人口接受检验。这种评估方法目的在于凸显政策的效果，因而比较方便。但是这种方法对政策的评估仍存在模糊性，即我们很难断定所观察到的变化是政策所导致，还是社会环境中某些因素所导致，如图 6-1 所示。

2. “投射—实施”后对比分析。这种方法是将政策实施前的发展趋势（没有政策方案影响，社会发生什么变化的趋势），投射到政策实施之后的某一时间段中的几点上，形成一条趋势线。然后对由这些点构成的趋势线的情况进行估量，得出政策实施前的结论，将它与政策执行后社会上发生的情况对比，两者比较就可获知政策的效果。需要注意的是有关目标团体或环境的资料，必须在政策实施前多个时间取得，才能建立趋势线。这种评估方法比前—后评估法效果好，但评估者需要付出较多的努力。如图 6-2 所示。

3. 有—无政策对比分析。这种评估方法是通过比较政策实施前和

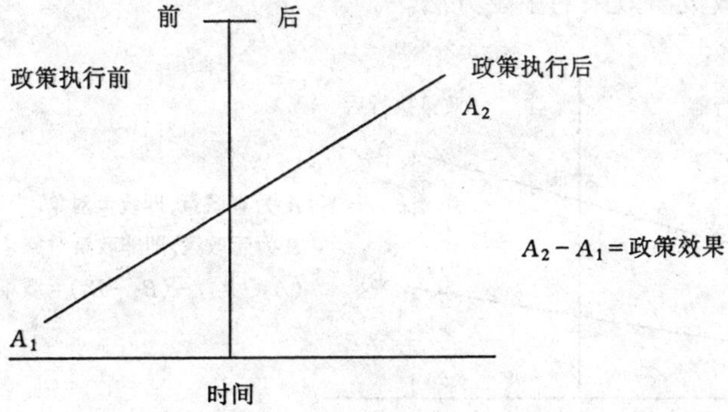

图 6-1　简单前后对比分析

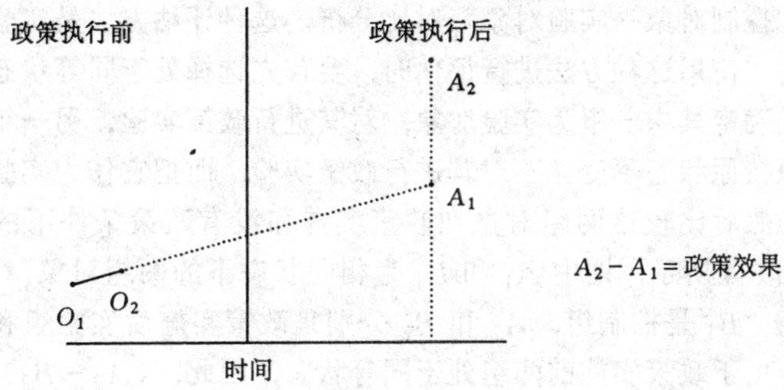

图 6-2　投射—实施后对比分析

实施后政策对象和非政策对象变化的情况，分析有政策与无政策的差异性，确认政策效果。之所以把政策对象和非政策对象作为评估有政策和无政策的依据，是因为政策实施对政策对象和非政策对象都有直接或间接的影响，因此，比较政策实施前和实施后政策对象和非政策对象的变化可以评估出政策的效果及价值。

可见，政策效果是政策对象在政策实施前后的变化值之差，减去非政策对象在政策实施前后的变化值之差。图 6-3 中 A_1 和 A_2 分别代表政策执行前后政策对象的变化情况，B_1 和 B_2 分别代表政策执行前后非政策对象的变化情况，（$A_2 - A_1$）是政策执行前后政策对象的变化值之差，（$B_2 - B_1$）是政策执行前后非政策对象的变化值之差，（$A_2 - A_1$）－（$B_2 - B_1$）便是政策的实际效果。这种评估方式的长处是剔除了非政策因素的影响，能够较为精确地测量出一项政策实施的真实效果，是一种衡量政策净效果的主要方法。

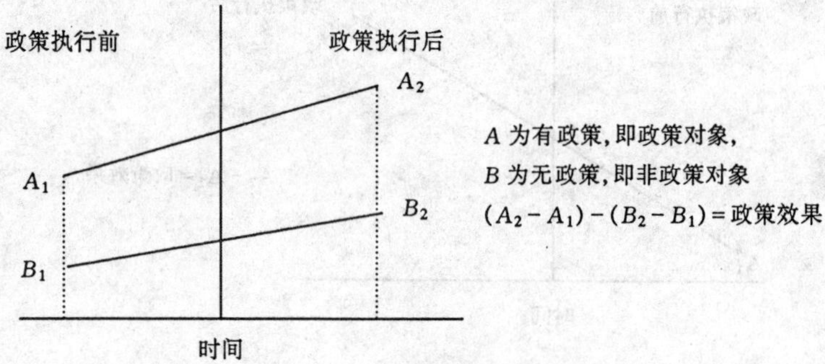

图 6-3　有－无政策对比分析

4．“控制对象—实验对象”对比分析。这种评估方法是实验方法的具体运用。使用这种方法进行评估时，要首先选择处于同等状态下的两组对象，确定其中一组为实验对象，对其进行政策实验，另一组为控制对象，保持原状态不变，不对其进行政策实验，而把它作为实验对象的对照组。然后比较这两组对象在政策实施和没有政策条件下的变化情况。如图 6-4 所示，图中 A_1 和 B_1 为相同状态下的两组对象，其中 A_1 是实验组，B_1 是控制组，A_2 和 B_2 分别是政策实施后实验组和控制组的情况，由于政策实施前两组处于同等状态，因此，(A_2-B_2) 便是政策实施的效果。这种方法十分简便易行，但如果实验组知道自己作为被试的情况，有可能会影响政策真实效果的显现。因此，使用这种方法最好是盲试。让实验对象不知道自己作为被试的情况，以免影响政策的真实效果。

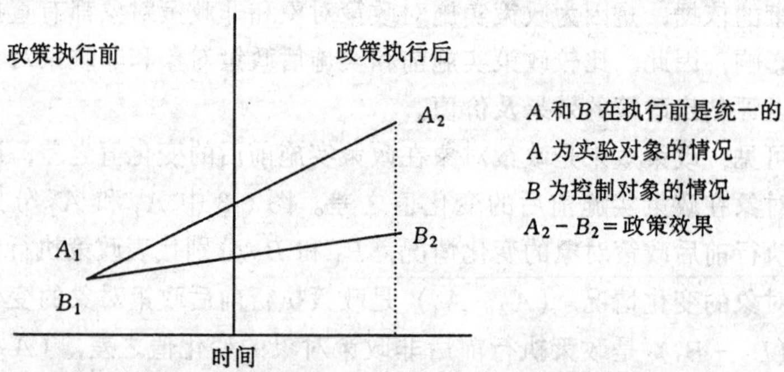

图 6-4　控制对象－实验对象对比分析

以上几种方法是政策评估中的基本方法，其相同点是政策执行的前后对比，特别是后两者比较的都是政策对象与非政策对象。所不同的是比较的方式存在差异，且各种方式各有特点和利弊，在使用时应配以其他方法。

（三）对象评定法

这种方法是由政策对象评定政策效果的方法。政策对象是政策的直接承受者，对政策有着切身的感受。因此，政策评估不能忽视政策对象的评价，否则会使评估的科学性大打折扣。通过政策对象的评价，可以了解政策的适应性与问题，了解政策对象对政策的回应程度。例如农村扶贫政策的成效如何，仅仅依靠政府的评估是不够的，应该让政策对象进行评价，这样能够使政府发现政策存在的问题，有利于扶贫政策的完善；也有利于了解政策对象对政策的回应程度，以进一步改进政策，提高政策的回应度。

（四）自评法

这种方法是由政策执行人员自行评估政策的效果。由于政策执行人员亲身经历了政策执行的过程，相对其他的评估者来说更为了解政策的问题，因而评估往往能够切中要害，准确发现政策本身及执行中出现的问题，提高评估的准确性。但由于政策评估的结果与执行者的部门利益和个人利益关系十分密切，政策执行者往往不愿让人了解政策的问题及执行中的偏差，以至于常常掩盖事实真相，夸大成绩，缩小问题，使评估的准确性和客观性受到影响。基于此，一般情况下，它应作为政策评估的一种辅助方法。

总之，政策评估的方法很多，许多方法都不是尽善尽美，因此，为保证评估的准确性，需要使用多元评估方法。

第四节　政策评估发展的典范与模式

一、政策评估的典范

典范（Paradigm）一词，是由美国的科学哲学家托马斯·库恩在《科学革命的结构》（1962）一书中首先提出。对这一词的意义，学术界有不同的解释。伍启元将它译为“典范”，林水波、张世贤将它译为“研究领域”。本书采纳伍启元的译法，根据库恩的典范的观念，分析政策评估的典范。库恩的典范观念表现在三个方面，（1）地点（Locus），典范发生的制度重点；（2）焦点（Focus），典范所关注的问题重点；(3) 方法（Modus），典范的研究途径与方法。以下从这三个方面阐述政策评估典范的发展。

（一）第一代评估——效率的评估

从 19 世纪末起，研究者开始用科学方法评估公共计划。20 世纪初期，评估研究逐渐发展为一种公认的研究技术，到第二次世界大战期间，已经发展成为有明确主旨的典范。

在评估的地点方面，主要有两个，一是工业界，二是政府内部。发生在工业界的评估主要有科学管理理论学派的代表人物弗雷德里克·温斯洛·泰罗进行的动作与工时研究，梅奥主持的霍桑实验。前者旨在评估动作对管理效率的影响，后者目的在于评估非正式组织对于生产效率的影响。发生在政府机关内部的评估主要是针对 20 世经 30 年代经济大萧条，美国总统罗斯福出台的新政措施进行的评估。代表人物是史蒂芬(Stephan）和凯平（Chapin）。前者主张用政策实施前与实施后对比的实验方法来评估新政，后者曾研究国民住宅与治疗计划对于青少年的影响。

在评估研究的焦点方面，重点是政府的社会计划对于社会的影响，诸如教育政策的影响评估。为此，美国教育协会曾组织若干委员会推动教育政策评估的进行。工业界的评估焦点在于生产力与工作效率问题方面，特别重视新的管理方法和技术对工作效率的影响。

在评估研究的方法上，实验室研究的方法是主要的方法。凯平认为社会科学家应该尽量用物理学的实验室实验方法来评估公共政策。由于实验室方法特别重视测量（Measurement）的问题，所以，人们也称这一阶段的评估为测量评估。

（二）第二代评估——实地实验

从第二次世界大战期间到 20 世纪 60 年代初，政策评估研究开始发展出一种新的典范，即从实验室评估走向实地实验，也就是到现实生活环境中进行评估研究，人们称之为田野评估。

田野评估兴起的原因在于学者们质疑实验室评估结果的真实性。实验室评估的最大缺陷在于实验是在一种严格控制的环境下进行，实验环境与现实的环境有较大距离，因而评估结论不适用于现实环境。这促使美国的社会学家与心理学家们走出实验室，开始了实地实验。

实地实验的地点在现实社会环境中，如战场、学校、工作地点、街头、家里。例如，在第二次世界大战期间美国战争资讯局运用抽样调查探讨价格管制政策对美国人饮食习惯的影响；美国陆军教育与资讯部主席斯托佛（Stoufler）运用社会与心理研究方法分析军队人事与宣传政策对军人士气的影响。此外，评估研究者还把目光转向美国本土以外的某些社会发展计划的研究。

实地实验研究的焦点为个人人格与态度的议题。例如斯托佛评估演讲对军人士气的影响；李皮特（Lippitt）分析领导形态与绩效的关系，雷文（Kurt Lewin）评估有关对待少数民族的态度及以住宅计划激励居民士气、工业中的团体态度问题等。此外，还有人评估和研究青少年犯罪计划、国民住宅计划和社会工作干预计划等。

在研究方法上，应用田野的实验方法，也就是观察方法。雷文则试图整合观察与量化研究的方法。

（三）第三代评估——社会实验

20 世纪 60 年代初，美国肯尼迪政府和一些社会科学家注意到美国社会存在的各种突出的问题，诸如贫穷、文盲、低于基本水准的健康医疗与种族歧视等问题亟待解决，于是政府出台了大量的公共政策与计划，试图解决贫穷和公共卫生等上述问题。在计划实施过程中政府投入了巨额的经费，而巨额公共投资的效果如何，就成为各方关注的焦点，这在客观上推动了政策评估的迅速发展。首先是国会基于控制权的需要，开始重视公共政策评估。其次，州与地方政府基于州和地方利益的考虑，希望能加强对于联邦政府政策与计划的控制力；再次，许多计划的管理者基于政策管理上的需要，认为有必要加强政策追踪、管制与评估，以满足来自国会、政府、大众传媒和选民对政策信息的需求。同时，由于公共政策或计划在执行过程中发生了许多公务员舞弊、贪污等行为，以及公共政策的成效不明显等问题，为保证评估的顺利进行，政府部门制定了相关法令，设置了政策评估的专职单位和人员。上述部门和人员从多层面、多角度对政策评估提出了迫切要求，并制定了相应的措施，客观上促进了政策评估的发展。

在研究焦点方面，主要针对解决社会不平等问题的社会行动计划。魏斯（Weiss）认为，这些计划都是在剧烈的环境中实施，由于计划被评估时，计划有转变方向的趋势；评估者与计划管理者之间容易发生冲突；计划执行所依赖的自下而上的组织结构对于计划本身的影响等等因素，计划的评估必须与社会的互动相互结合。基于许多政策制定者或行政人员经常忽视政策评估研究成果的应用，另一个研究焦点是评估成果应用问题的研究。魏斯认为，评估结果之所以无法被应用有下面几个原因：计划管理者与计划评估者的角色冲突；计划评估者与其幕僚之间迅速的变动率；可能雇用兼职的评估者；也可能雇用水平不高的评估幕僚，执行评估时存在疏忽等。这些原因会导致评估结论的精确性不足，影响评估成果的应用。

在研究方法方面，主要是社会实验。如坎贝尔和斯坦利（Campbell and Stanley）的《实验设计与准实验设计》一书介绍了许多实验设计的方法，是评估研究的代表性著作。此外，萨曲曼（Suchman）的评估研究以应用观点探讨了实验设计的方法，瑞务林（Rivlin）的《社会行动的系统思考》也是评估研究领域很有影响力的著作。

（四）第四代评估及其挑战——公共政策制定与回应性评估

20 世纪 70 年代中期以后，政策评估已经确立了它在社会科学中的独立地位，成为美国社会科学领域中最具活力的领域。政策评估的迅速成长壮大主要表现于以下几方面。

1. 政策评估的经费有了较大幅度的增长。根据侯利（Wholey）等人的估计，1969 年联邦政府的评估经费为 1700 万美元，1972 年增加到 1 亿美元，仅 1975～1977 年间，美国联邦政府机构就投入评估经费 1 亿零 7780 万美元。根据美国国会的调查统计，联邦政府有 228 个评估单位，雇用 1400 位高级专业评估人员，在 1980 年花费的评估经费约 1 亿 8000 万美元。

2. 政策评估的学术研究及专门人才的培养有了长足的进展。这首先表现为政策评估的人才培养已进入博士和博士后的高层次。1973 年西北大学开始进行博士和博士后的评估训练计划，伊利诺大学的指导研究与课程评估中心于 1966～1986 年间共培训出政策评估博士 49 位。其次，专业性的学术研究杂志相继问世，如《评估研究评论年鉴》、《评估评论》、《评估实务》、《评估与政策规划》等。再次，评估研究组织也相继出现。例如 1976 年成立的评估研究会与评估网络协会就是这种性质的组织，这两个组织于 1985 年合并为美国评估协会。

3. 政策评估走向职业化

在 1970 年民间评估组织就有 300 多家，提供了 800 多个博士级别的评估职位，这些民间评估组织积极争取联邦政府的评估计划。同时，大学与民间评估组织合作发展出许多新的政策评估理论与方法，对当时正在进行的社会实验提供了很多评估建议。

20 世纪 70 年代以后，在评估的地点方面，评估研究成为联邦政府公共政策制定过程的核心内容。1974 年美国预算管理局（OMB）为评估联邦政府的公共计划增设评估与计划执行单位，同年，美国会计总署根据国会的法令开始对联邦政府的公共计划进行深入与广泛的评估。此后，国会又将评估计划推广到州与地方政府。根据美国一个市政管理协会的统计，全美国25 000人以上的城市中，几乎有一半以上拥有政策评估者。美国各州政府有一半以上都以经费支持至少 100 项的评估计划。里根总统倡导的新联邦主义更是依赖政策评估计划。

在研究焦点上，重点放在国会监督权与政策评估的关系方面。美国国会希望通过政策评估计划使宪法赋予的监督权得以实现。通过评估可以了解联邦政府政策执行情况，以测量政策的效果。这一时期另一个研究焦点是政策执行的评估。其肇端是普雷斯曼与韦达夫斯基对奥克兰实验案例的追踪调查而写成的《执行》一书。

在研究方法方面，逐渐趋向于多元化的研究方法。如管理分析、系统分析与成本利益分析、实验设计方法等等。

此时政策评估基本上重视定量的研究方法，政策评估的发展也有赖于传统政策科学家的推动，但与此同时有越来越多的政策科学家质疑这种评估方法。认为这几种评估典范存在下列问题。

1. 具有管理主义的倾向。评估者与管理者的权力关系不平等，管理者俨然是超然事外的监督者，评估者要受管理者所左右。

2. 难以反映价值的多元化。传统评估典范所使用的评估工具非常强调方法论上的价值中立，但事实上价值往往是冲突的，多元化的，因而传统评估活动难以反映多元化的价值。

3. 过分重视量化研究。由于政策过程中有许多因素是难以量化的，因而评估过分强调量化方法并不能提高评估的科学性，这使传统评估典范表现出明显的缺陷。

为弥补传统评估典范的缺陷，一些政策科学家提出政策评估应特别重视政策利害关系人对于政策的态度与意见，这就是回应性评估。

回应性评估的代表人物是古巴与林肯（Guba and Lincoln）。回应性评估重视政策利害关系人（或团体）内心感受的回应。所谓内心感受，是指政策利害关系人（或团体）的要求、关切与疑问。回应性评估的方法论强调建构论者的方法论。丘昌泰指出，回应性评估具有以下几个特点：在评估取向上，重视非正式的评估；在价值观点上，强调多元化的价值观，容忍各种价值的冲突；在评估设计上的基础上，重视政策利害关系人的要求、所关心的问题与疑问；在评估方法上，采用主观的研究法，等等。

二、政策评估的模式

在政策评估的活动中，存在着各种各样的评估模式，如目标取向模式、目标中立模式、多元目标与理论取向模式、效果模式等等。这里择要叙述几种常见模式。

1. 目标取向模式。该模式由美国俄亥俄州大学教育学教授泰勒在1969年评估教育计划项目时首创。其评估方法为，首先，邀请专家学者提供政策目标，以搜集相关政策目标。其次，对所搜集到的政策目标进行理性的分析。再次，将适合的政策目标与标的团体的行为置于一个座标系中，以政策目标为横座标，以标的团体的行为置于纵座标，构成一个矩阵，针对矩阵中的每一个方格，发展出测量政策效果的工具，以此工具对政策实施前后的效果进行检验，并比较其结果的差异，作为评估政策的依据。这种评估模式在当时有很大的影响，但这一模式也存在缺陷，主要是注重于目标的描述，并未评估目标的价值，没有提出一套明确的评价目标的标准，也没有区别目标与政策效果之间的差异。特别是仅以目标为评估依据，评估的范围被人为缩小了，难以测量出政策的真实效果。

2. 目标中立模式。这种模式是美国学者斯克瑞文（Scriven）在1974年提出的。他认为政策评估不能局限于政策目标，否则不仅窄化评估的范围，也无法观察政策目标以外的效果。因此，他主张政策评估者应该特别重视公共政策可能发生的有利的副作用或无法预期的效果，因此，应进行目标中立的评估。这种评估必须注意下面两类情况的信息。

(1) 真正效果的评估。所谓真正效果是指公共政策产生的预期和非预期效果。

(2) 政策需求的评估。即政策利害关系团体对于政策的需求。

这种评估模式的优点是突破了目标模式的局限性，不仅关心政策的真实效果，而且关心政策利害关系团体的政策需求，因而具有积极的意义。存在的不足是没能指出评估的操作途径。

3. 多元目标与理论取向模式。该模式是1981年由陈惠次与罗西(Chen and Rossi) 提出的。他们认为，任何一项政策必然产生效果，这种效果可以从两个角度来衡量：

(1) 官方设定的目标取向。也就是政策制定机关基于自己的职责所制定的目标。

(2) 社会科学理论与知识的目标取向。即从社会科学理论与知识的发展系统中，寻找出与政策有关的目标。

政策评估如果能同时吸取这两种观点，呈现出一种多元目标与理论取向的模式，就不会出现太多没有成效的政策评估。他们认为，之所以要采取这种评估模式，是因为政策制定者的能力不足以制定广泛的政策目标，政策目标在制定时太狭隘，而过于狭隘的政策目标往往束缚了评估人员的视野，不利于发现政策的成效和存在的问题。事实上在评估实践中常常出现这些情况：政策预定目标和预期内的效果并未出现，而不在政策目标内的非预期效果却出现了，有时政策效果虽然包含在政策预定目标中，但经过分析却发现并非政策实施的结果。因此，要评估出政策的真实效果，必须借助于社会科学理论与知识来拓展政策评估的范围。而且社会科学理论与知识也确实提供了许多预测与评估政策效果的模式、政策干预过程，以及标的团体的多元化概念。这些都有助于评估者拓展政策评估的视野。这种评估模式的优点是不仅可以减少政策制定者的抵触，扩展了政策效果评估的范畴，而且可以检验社会科学理论与知识的真理性。

第五节　政策评估的障碍

由于公共政策在国家发展和社会进步中的巨大作用，政策评估显得越来越重要，评估研究在有的国家已成为一个独立的研究领域，政策评估活动越来越多。但政策评估作为政策过程的一个环节，却有着许多难以解决的障碍，影响评估的科学性。这些障碍的来源是多方面的，有的源于政策本身，有的源于政策制定者，有的源于评估者，也有的源于评估条件，等等。这些大大小小的困难成为影响和制约政策评估科学性的障碍。而要解决这些问题首先需要正确认识这些问题。

一、来自公共政策本身的障碍

来自政策本身的障碍主要是由公共政策固有的特点决定的，公共政策固有的特点常常赋予政策评估以“多重不确定性”，而使政策评估流于形式。“公共政策固有的特点”是指目标的不确定性、因果关系不确定、政策效果不确定等特点。

(一) 政策目标的不确定性

政策评估的重要任务之一是评估政策实施是否完成了预定的政策目

标。而要做到这一点首先必须有一个明确的目标。而现代公共政策的目标常常并非是单一的，即公共政策目标要反映不同阶层、不同社会集团的利益和需求，因而目标常常是多元化的，有时这些多元化的目标之间还存在矛盾和冲突，因而为了避免目标之间的矛盾和冲突，公共政策的目标只能用模糊的方法，以不确定的方式表述出来，这就使政策目标表现出不明确的特征，增添了评估工作的难度。有些政策目标虽然较为确定，但目标或者定得比较笼统，或者目标不可能量化，缺乏客观数据也给评估设置了障碍。

(二) 政策与标的团体行为或环境改变的因果关系不确定

评估一项政策，需要认定政策行为与标的团体或环境改变之间的因果关系，但是这种因果关系常常不好确认，因为标的团体行为或环境的改变往往与政策以外的其他因素改变也有或多或少、或直接或间接的关系，而且任何一项公共政策都不是孤立地执行，往往在一项政策实施时还有其他的政策处于运行过程中，因而要确定政策与标的团体行为和环境改变的因果关系确实存在难度。

(三) 政策效果不确定

如前所述，一项政策行动的效果可能是多种多样的，有直接效果和间接效果、预期效果和非预期效果、显效果和潜效果、短期效果和长期效果等等，多样化的效果大大增加了政策评估的难度，特别是某些政策的非预期效果往往不是短期内能观察得到的，因而评估起来更加困难。

二、来自政策制定者和执行者的障碍

来自政策制定者和执行者的障碍主要有认识上的误区，行动上的阻挠。

(一) 认识上的误区

认识上的误区主要表现为对评估的态度消极，甚至反对。其根源有两个方面：

(1) 不愿评估者进入被决策者所独享的政策过程。而政策评估的性质决定，评估必然要寻找政策及执行方面的问题，分析原因，以促进政策的科学化。而这势必要透视被少数政策制定者垄断的最隐秘的决策过程，指出决策过程的缺陷和不足，并运用特有的评估手段和方法来探讨可行的改进方式和途径。政策评估的这一特性可能会有损于政策制定者的神秘形象，有损于他们的政治权威，因而容易引起他们的反感。

(2) 担心评估影响他们的前途和利益。对政策制定者和执行者来说，政策制定和执行倾注了他们大量的劳动和心血，政策的制定和执行评估也与他们的部门和个人利益紧密相关。但是，政策评估的后果，往往涉及到政策制定系统的各个组成部分中担当特定角色的具体人员的素质与能力问题，因此，那些处于重要领导岗位，掌握重大权力但素质与能力低下的政策制定者可能会对评估持消极甚至竭力反对的态度。他们往往将对其不利的评估结论视做“不同政见”，漠视评估结论，甚至对评估结论进行封杀。

（二）行动上的阻挠

如果政策制定者和执行者不愿意看到政策评估的真实结果，那么，他们会想办法阻挠。例如，他们会拒绝提供评估所需的真实资料，甚至提供经过筛选的虚假信息，力图掩盖事实真相，或者拒绝提供评估经费，或者采取其他种种手段来给评估设置障碍。

三、来自评估者的障碍

来自评估者的障碍主要有两方面，其一是评估者不能超脱私利而搞形式评估，其次，评估者的素质和能力不足等问题也是政策评估的障碍。

（一）形式评估

所谓形式评估，是指评估者按照事先设定的结果进行操作，评估的目的是通过合法化的程序得出事先设定的结果。因此，在评估方法上常常以定性分析代替定量分析，以价值分析代替实证研究。其结果是使评估流为形式。评估者这样做的原因在于不得罪政策制定者，目的是获得经费和项目。其实质是评估者囿于个人的私利。

（二）评估者能力不足

政策评估是一项集实证研究与理论分析于一身的工作，它对评估者的素质和能力有着较高的要求，人们能够深入实际去做实证研究，但理论分析的难度确实很大，有些评估者的素质和能力不能适应评估工作的要求，成为影响评估科学化的障碍。

四、评估条件欠缺

评估的科学化需要多方面的保证，其中物质基础是很重要和不可或缺的保证。物质基础不具备势必影响评估，这方面的问题主要有两个，一是资料，二是经费。

（一）资料缺乏

由于政策制定和执行机关不重视信息管理，或者信息系统不完备，或者资料记录有遗漏，或者统计数据不准确，或者对政策信息的收集和处理散乱，或者不愿向评估者提供真实信息等原因，使评估工作难以进行。

（二）经费缺乏

政策评估需要投入相当的经费和资源，而许多政府肯在政策制定和执行方面投入资源，却不愿在评估方面投入资源，因而政策评估所需的经费十分缺乏，即使有的机构愿意提供经费，数量也有限，并且因其经费投入常常左右政策评估者，导致评估的科学性大受影响。

五、其他方面的障碍

其他方面的障碍也有一些，如政策成本与收益不易核算，政策评估结果闲置无用等。

（一）政策成本与收益不易核算

政策评估必须搞清政策的成本和收益。由于政策资源投入时往往是几个同时实施的政策的资金同时拨付，所以常常不能做到专款专用，且许多政策是建立在原有政策的沉淀成本之上，所以政策成本往往不好计算，即使能够计算政策的直接成本，政策的间接成本也难以准确衡量，政策的收益也存在难以量化的问题，这些问题都成为政策评估科学化的障碍。

（二）政策评估结果闲置无用

由于政策评估主客观方面存在的诸多障碍，政策评估的结论即使准确、客观，也常常受到政策制定机关和执行机关的非议和冷淡而被束之高阁。如此就会导致政策评估推动政策科学化的作用大受影响。

因此，要想使政策评估走出困境，必须寻求政策评估科学化与法制化的实际措施。但是不论采取什么措施，应该遵循下面的几点原则：首先，要根据公共政策所固有的特点来确定评估对象，明确评估标准，严格按评估程序和要求评估，选择科学的多元化的评估方法，把评估过程纳入科学、规范的轨道；其次，必须建立独立的评估经费和信息系统；第三，确立政策评估的法律地位，以法律规范政策评估主客体的权力与义务，规范政策评估主客体的行为，使评估真正能够做到“实事求是”，真正能够促进政策的科学化。

思考题

1. 政策评估的内涵及特质是什么?

2. 政策评估的主要类型有哪些?有何优缺点?

3. 政策评估中的障碍有哪些?如何克服?

参考文献

1. 丘昌泰．公共政策．台北：巨流图书公司，1999.167

2. 托马斯·戴伊．韦伯文化事业出版社，1999.475

3. 林水波，张纪贤合著．公共政策．台北：五南图书出版公司，1984.326

4. 林水波，张纪贤合著．公共政策．台北：五南图书出版公司，1984.499

5. 张国庆．现代公共政策导论．北京：北京大学出版社，1997.187—188

6. 张国庆．现代公共政策导论．北京：北京大学出版社，1997.193

7. 张明贵．政策分析．台北：五南图书出版公司，1998.371

第七章 政策监控与终结

政策监控是整个政策系统中不可缺少的组成部分，贯穿于政策过程的始终，是政策系统的自我调整和完善。政策终结是一个政策过程的最后阶段，旧政策的终止往往孕育着新政策的诞生，从这个意义上看，政策终结又是一个新政策过程的起始环节。

第一节　政策监控概述

在政策制定、执行、评估、终结等各个阶段中，会有信息不畅、既得利益等诸多不利因素，影响政策功能的发挥和政策目标的实现。为消除或最大程度地消减这些不良影响，政策决策者通过监督、控制和调整等手段，使政策系统正常运行，以保证达到政策目标。

一、政策监控的概念及意义

我们知道行政系统要具备决策、执行和监督三项基本职能，政策系统也是一样，监控功能是不可或缺的。不然势必导致政策系统失控、失常，影响政策目标的实现或走向其反面。

1. 政策监控的概念。政策监控是贯穿政策过程始终的内向功能，通过对政策过程各个阶段的监督、控制、调整，保证政策功能的发挥和政策目标的实现。

上述政策监控的概念包括这样几层含义：一是政策监控要有相应的主体。政策监控主体是指从事监控活动的群体和个体，如，立法机关、行政机关、司法机关、政党系统、利益集团、新闻传媒及人民大众等组织和个人。政策监控主体随着政策制定、执行、评估、终结各个环节的主体不同而表现出多样性和层次性。二是政策监控有特定的客体。政策过程的各个环节以及承担这些功能活动的组织和个人，都是政策监控的对象，即政策监控的客体。三是政策监控的主体和客体划分是相对的，不同情况下主体转为客体或客体转为主体。比如行政机关，在对下级行政机关活动监控时为政策监控主体，而这个行政机关同时又受到上级行政机关的监控和同级立法机关的监控，成为政策监控的客体。四是政策监控的作用贯穿于整个政策过程，而不局限于某个阶段或某个环节。五是政策监控对政策本身的内在指向，目的是保证政策系统的正常运行，提高政策制定、执行、评估和终结质量，提高政策实施效率，最终实现政策的预期目标。

2. 政策监控的意义。能对自身运行状态不断反馈和调整的系统是良性系统，政策监控就是使政策系统成为良性系统的保证条件。下面从4个方面阐述政策监控的意义。

(1) 保证政策规范合法。政策规范合法是指政策制定应严格遵守法定的程序和原则，政策内容不与宪法和法律相悖。政策监控就是保证政策从内容到形式都符合宪法和法律的规定与要求，即保证政策合法化。许多国家都是由立法机关来实现政策合法化的，但实现的途径有所不同，原因是在宪法解释权的归属问题上存在差别。欧洲发达国家一般都由宪法法院掌握宪法解释权，政策的法律化最终是由宪法法院完成的。美国等一些采取三权分立政体的国家，建立了司法审查制度，由联邦法院大法官解释宪法，政策的合法化是由司法机关最终完成的。在我国，全国人民代表大会常务委员会有权解释宪法，这是实现政策合法化的根源。

(2) 推进政策贯彻实施。人们通常所说的“关键在落实”、“要真抓实干”，就是强调政策贯彻实施的重要性。政策是由人来执行的，人的认识水平、价值取向、利益偏好等种种因素，会使政策在实际执行中被曲解、误用、滥用，更有甚者，“上有政策，下有对策”，政策的贯彻遭到抵制或反抗。政策监控就是根据一定的标准对政策执行活动进行检查和监督，发现问题，找出原因，做出调整。这里需要注意的是政策制定本身存在的问题，如果政策目标不切实际，无法实现，或方法步骤无法操作，则应该实事求是地加以调整完善，这也是对政策制定的有效监控。

(3) 实现政策调整完善。政策是人的认识的产物，作用于客观世界，人的认识和客观世界是不断发展变化的。这就要求政策既要保持相对稳定性，又要根据人的认识水平的提高和外界条件的变化做出相应调整，使政策日臻完善。从这个意义上看，政策监控就是要处理好政策连续稳定和政策调整变化之间的关系，使政策不断收到良好的绩效。

(4) 促使政策如期终结。政策由制定到终结经过一个完整的政策过程，政策终结就是对已不符合现实需要的政策及时终止，是政策过程的最后一个环节。由于种种原因政策终结在实施中会遇到很多阻碍，政策监控将加大排除阻碍的力度，保证政策终结顺利实施。2002 年 11 月初，国务院决定取消 789 项行政审批项目，这是在党中央和国务院领导下，各部门统一认识、排除阻力、狠抓落实的结果，由此可见政策监控在政策终结中的重要作用。

二、政策监控的基本要素

要完成政策监控的任务，必须具备基本的条件，遵循基本的原则，按照基本的方式来运作。这些基本的条件、原则和方式，就构成政策监控的基本要素。

1. 政策监控的基本条件。政策目标、政策战略和组织机构是政策监控的基本条件。

(1) 政策监控要围绕政策目标来进行。政策监控主体要明确所监控的政策目标是什么，要达到什么具体要求，这样才能有的放矢地进行监控工作。政策目标决定政策监控的内容，政策监控为实现政策目标服务，政策监控必须始终围绕政策目标来进行。

(2) 政策监控要按照政策战略来进行。政策战略是政策监控的工作方针，决定监控的标准和节奏。政策战略越明确、具体、全面，监控效果就越好。政策战略得当，监控才会更有效率和效力。

(3) 政策监控要有组织机构作保证。政策监控是按照一定的组织层次进行的，各级组织机构都应明确各自的监控职责。很多情况下政策执行的主体同时是政策监控的主体，这时就更应强调监控的职责，政策监控是政策执行的保证。

2. 政策监控的基本原则。封闭原则、反馈原则和能级原则是政策监控的基本原则。

(1) 封闭原则。政策监控是由有机的封闭的系统运行完成的。政策过程从制定、执行、评估到终结构成一个完整系统，政策监控围绕政策目标来不断调整完善政策，相应地也构成一个封闭的监控系统。封闭的含义是政策监控从监督、控制到调整要形成一个闭路，具体地讲就是从发现问题、分析问题到解决问题要有始有终，不能虎头蛇尾，不了了之。监控系统由相互影响和相互关联的子系统组成，各个局部的监控与总体监控协调一致。

(2) 反馈原则。政策监控贯穿于政策运行全过程，具有动态性，因而要运用反馈原则。政策监控主体，不断接收政策执行情况的反馈，及时校正违背或脱离政策目标的情况，使政策按照政策目标的方向运行。如果政策脱离实际，继续实施会带来不利后果，那就要及时终止政策。

(3) 能级原则。政策监控的层次特征，使得我们在分配资源和组织实施时要遵循能级原则。政策监控系统的子系统处于不同层次，不同的监控主体在各自层次内履行监控职责，体现政策监控功能的层次性。各层次的监控有联系也有区别，统一于政策监控的总体要求。

3. 政策监控的基本方式。按照监控的发生时间、监控对象的状态等因素来划分，政策监控有如下几种基本方式。

(1) 预先、过程与结果监控。预先监控是在政策执行之前进行监控，以最大限度地减少政策弊端带来的负面作用；过程监控是在政策执行中实施的监控，这是最常采用的方式，监控的依据真实，可靠性强；结果监控是针对政策执行结果的政策行为，主要的作用是总结经验，指导未来。

(2) 自行、逐级与越级监控。自行监控是指政策执行主体根据政策目标的要求，在政策运行过程中进行自我检查和分析，及时掌握政策实施进度、质量和出现的问题，进行自行纠偏，实现自行监控；逐级监控是指按照政策监控主体的授权关系和监控层次关系，一级抓一级地进行监控；越级监控是指上层监控主体，越过中间层次，直接对下级层次的政策活动进行监控。

(3) 目标状态与关键点监控。目标状态监控是指以政策目标为核心对政策实施的监控，始终把握政策运行过程中的目标状态，使其按照政策战略和政策目标的要求来运行；关键点监控即对重点的监控，首要的是选准关键点，选取关键点的原则是：重点的政策目标为关键点；政策中的重点内容为关键点；政策中的重要环节为关键点；重点政策主体为关键点。

三、政策监控的功能活动

政策监控是政策监督、政策控制和政策调整等功能活动的有机构成。了解掌握这些功能活动的基本内容、基本程序和一般规律，是进行政策监控的基本要求。

1. 政策监督。政策监督是政策监控主体依据一定的法律或政策，对政策的制定、执行、评估和终结等阶段进行监视和督促的行为。政策监督包括政策执行前的监督、执行中的监督和执行后的监督。

政策执行前的监督是对政策制定的及时有效监督。既要监督政策的合法性，又要监督政策的可行性；既要监督政策书面上的内容和程序，又要分析预测因政策实施可能引发的问题和解决问题的对策。强调执行前监督，是为了避免不当的政策一旦实施起来造成的危害，如有可能，最好在政策制定或酝酿过程中进行监督，这样可以大大降低政策制定成本，提高效率。

政策执行中的监督是对政策执行情况的监督。这个环节的监督是政策监督的重点和难点，政策执行过程中情况是动态的、变化的，有些时候事物的因果关系尚不明显，错综复杂，给政策监督增加了难度。实践中要注意区分两方面的问题：一是执行中的偏差，二是政策本身的问题。如果政策本身没有问题，只是政策执行的主体或客体、或执行过程某个环节出了问题，那就继续政策的执行，并及时提出解决问题的办法。如果实践证明政策本身有问题，那就要果断提出修正政策或终止政策的意见。

政策执行后的监督是对政策评估等阶段的监督。政策监督在政策评估阶段可发挥两方面的作用：一是为正确评估提供依据。在对政策执行前后进行监督的过程中，所掌握的对政策正反两方面的评价信息，是客观公正地进行政策评估的重要参考依据。二是保证评估排除人为因素。政策监督可以防止评估过程中以偏概全、以权谋私等人为因素存在，保证评估结果公正准确。在政策终结阶段，政策监督同样可以发挥积极的促进作用。

2. 政策控制。政策控制是政策监控主体在政策过程中特别是政策执行阶段中，为保证政策的合法性、权威性和有效性，按照政策目标的要求对所发现的偏差进行纠正的行为。按照性质的不同，政策控制可分为反馈控制和前馈控制。反馈控制是政策监控主体根据政策实际绩效的反馈信息，发现、分析、纠正偏差的活动。从发现到纠正偏差有一个时间滞差，影响纠偏效果，前馈控制克服了反馈控制的这个缺陷。前馈控制是对政策执行做超前预测，预测结果与所期望的结果进行比较，提前纠偏。

确立标准、衡量绩效、纠正偏差是政策控制的三个基本环节。首先是确立标准，政策目标是政策控制的根本标准，政策目标往往很笼统，需要把政策目标具体化，分解成一系列的具体指标，即控制标准。常用的控制标准有实物标准、成本标准、资本标准、收益标准等等。其次是衡量绩效，理想的政策控制是采用预先纠偏的前馈控制，但由于主客观条件的限制，实际上很难做到前馈控制，而多采取反馈控制。控制中要注意政策阶段性效果与政策最后结果的区别与联系，政策控制不仅是对最终政策结果的纠正，更是对政策执行过程中出现问题的及时纠正。最后是纠正偏差，要划分偏差的种类、分析偏差产生的原因，同时果断采取纠偏措施。偏差产生的原因是多方面的，有来自政策本身的，有来自政策外部环境的，有物质因素，也有人为因素，要区别对待。

3. 政策调整。政策调整是与政策监督和政策控制相关联的政策行为，其结果有两种，一是对政策方案进行不断的修正、补充和发展，以达到政策预期效果；二是根据政策执行的利弊关系对比，采取措施终止政策。实际工作中进行政策调整主要采用如下方法。

（1）依据充足情况下的政策调整。所谓依据充足是指在政策监督和政策控制过程中接受的信息准确、了解的情况真实、得出的结论正确。依据充足情况下的政策调整是经常采用的方法，这种方法约束条件明确，与政策相关的各种因素清晰明了，政策执行利弊得失的分析透彻，有利于政策监控主体迅速地决策。采用这种方法时，政策监控主体有时面对的不是一种选择，或支持政策原封不动地执行，或将政策修正后继续执行，或终止政策，无论怎样，都应果断抉择。

（2）依据不足情况下的政策调整。依据不足是指政策监控主体在决策时面对的依据不确切，具体地说是政策执行中出现问题的因果关系不明确，政策继续执行下去能否达到预期目标不好断定。这种政策调整带有风险性，既要积极又要稳妥，有相当的难度。采用这种方法时，一般遵循两个原则：一是以政策目标为标准的原则。政策执行中所发生的情况都应有利于政策目标的实现，如果相反，那么不论原因如何、代价怎样，都应修正政策或终止政策；二是以最大可能性为中心的原则。政策执行下去最可能出现的结果或与政策目标一致，或有偏差，无论怎样，都应以这个最可能产生的结果为中心来决定政策的取舍。依据不足情况下的政策调整有以下具体的操作方法。

系统决策法。将政策调整看做是由诸多子系统组成的主系统，主系统要满足一定的条件，各个子系统也必须满足相应的条件；各个子系统能达到规定的目标，则主系统就能达到规定的目标。操作上，首先是明确问题的要点和利弊；其次是拟定各种可能的调整方案，每一个方案都从主系统开始，向各个子系统分解，对子系统逐一分析；然后是估算各子系统的效益期望值，期望值之和就是主系统的政策期望值；最后是选择方案，政策期望值最大的方案为调整方案。

追踪调整法。在政策执行的过程中，因条件因素的变化和不确定性，政策监控主体对政策的实施情况进行跟踪调查，动态地修正和补充政策。采用这种方法，首先是在接受和分析政策实施中出现的各种信息和事实的基础上，提出追踪调整的目标和方向；其次是对政策产生的机制和环境进行回溯分析；然后是对追踪调查所预计的政策经济效益和社会效益进行分析，同时注意政策执行过程中的人际关系、思想状况等非经济因素；最后是根据以上分析，得出调整结论。

加权平均法。在政策调整的决策阶段，决策者们对各种调整方案的效益值做出最乐观、最悲观和最可能三种估计，并分别配置不同的权数，求出各种方案的加权损益的平均值，依此为依据确定调整方案。在政策调整过程中，政策方案最乐观和最悲观估计值实现的可能性都比较小，而最可能估计值实现的可能性比较大，加权平均法就是为弥补前者的不足而提出的一种较为稳妥的政策调整方法。

第二节　中外政策监控机制的比较

由于政治制度、文化背景和经济发展等方面存在的差异，各国的政策监控体系和运行方式是有所不同的。本节将分别论述国外（主要是西方国家）和我国政策监控机制的特征，并通过二者的比较，理出进一步完善我国政策监控体系的基本思路。

一、国外政策监控机制的特征

西方发达国家的政策监控体系经过几百年的建设，其理论支撑和实践运作相对完整和完善。政策监控遵循的原则和监控主体发挥的作用，构成了西方国家政策监控体制的若干特征。

1. 分权与制衡的原则。西方政治理论推崇“一切政治权力都必须是有限制的”观点，其根源可以追溯到古希腊关于社会契约的思想，之后经过中世纪教权与王权的二元对立，这种思想就体现在当时的政治实践中，成为政宪理论的基本原则。欧美国家的意识形态认为：“掌权者若有机会总会作恶而非行善，权力应该受到限制。”美国的分权制、英国的两院制、瑞士的委员会制等等就是这种意识形态的产物。

权力的分立与相互制衡的原则体现于公共政策过程，就是国家的任何组织任何权力都不能单独操纵公共政策，公共政策从制定到终结是一个交易的过程，是各方利益的代表谈判的结果。公共政策方案的提出、制定、采纳、实施、调整、终止等等，都必须照顾到社会有关方面的利益，任何一方都不能被忽视。安德森指出“可见，决策者不是简单地面临一种选择，相反，私人和官方的行动者均提出了各种不同的政策建议，并都在争取国会接受。公共官员和私人利益的共同加入以及相互妥协，是美国和大部分政治系统政策形成的基本特点。”

2. 社会舆论的作用。西方国家的人民权利，一方面表现在宪法规定和保护的选举权中，一方面体现在“新闻自由”中。新闻是有影响力的。“新闻媒介的真正功能在于他们能够决定将被决定的事。规定问题的范围，分辨可选择的政策，将民众的目光引向社会、经济及政治危机——这些都是政策制定的重要方面。”

团体、官员和一般公民，都可以通过舆论的力量对现行政策的方案和效果做出判断，形成对政策的支持、反对或冷漠的态度，影响公共政策的制定与实施，对公共政策的评价也会产生一定影响。

3. 司法审查的监控。美国司法审查学说规定，联邦法院有权审查联邦行政机关和国会的行为是否违宪，有权对州政府的违宪活动宣布无效。西方国家的司法审查制度有理论渊源和宪法的保障，规则和程序操作性强，值得借鉴。

西方司法审查制度的理论渊源来自洛克和孟德斯鸠关于分权制衡的思想，美国宪法是分权与制衡理论制度化的具体表现。美国宪法是由具体案例来阐明司法审查原则的，例如，通过1803年的“马伯里诉麦迪逊案”，阐明联邦法院在解释宪法方面具有最高权威这一基本原则；1974年“合众国诉尼克松案”的判词中，裁定国会可以要求总统对司法程序做出回答，包括总统在内的公民秘密通信特权问题都可以由法院审理。

司法审查不是为所欲为，也要受到相应的限制。首先是宪法上的限制，美国宪法第11条修正案中对司法审查做了限制性的规定；其次是政策上的限制，考虑到最高法院积极参与政治进程可能侵犯私人权利，因而从政策上对法院进行约束；此外是一些具体原则的限制，如诉讼资格问题，即什么人可以对是否违宪问题提出诉讼，时机问题，即何时可以对是否违宪提出诉讼，标的物问题，即什么样的违宪问题可以向联邦法院提出诉讼。这些限制也使司法审查制度具备了可操作性。

4. 中央政府权力的扩张。从上世纪初到本世纪初，欧美发达国家的中央政府权力在逐渐扩张，国家的福利政策被认为是扩张的原因之一。比如英国，宪法没有明确中央与地方的关系，而实际上地方政府在很大范围内享有独立地位，中央对地方政府的控制力较弱，自从福利政策实施以来，这种局面就逐渐发生了变化。福利政策涉及教育、卫生、住房、保险等问题，这些问题大都是全国性的。按照公平原则，国家对这些问题要制定统一的标准，此外中央政府在解决福利问题方面的拨款愈加显得重要，这些因素自然导致中央政府权力的扩张，导致中央对地方政府影响力的增强。

5. 政策监控手段的运用。目前在西方发达国家，中央政府拥有诸多手段来影响和制约地方政府的行动。除财政拨款外，还运用指导性计划、借贷等手段进行调节，使得地方政府在财政上越来越依赖中央政府，中央政府的政策更容易贯彻下去，中央政府对地方国民经济发展、社会进步、金融财政、福利等公共政策的选择、实施和调整都有至关重要的影响。

二、我国政策监控机制的特征

我国政策监控机制是由若干监控子系统组成的监控运行体系，子系统是按监控主体划分的，如权力机关监控系统、执政党监控系统等等。下面分别阐述这些监控子系统的运行特征。

1. 人民代表大会的政策监控。我国宪法规定，全国人民代表大会是国家最高权力机关，地方各级人民代表大会是地方各级权力机关。人民代表大会的政策监控是其立法权派生的、具有最高法律效力的监督形式，是法律监督、财政监督、人事监督、工作监督的总和，是影响、制约和控制其他国家机关的一种国家行为。

(1) 人民代表大会在政策监控中的地位和作用。各级人民代表大会对同级行政区划内的法律行为、人事任免行为和财政行为进行监督，具体有以下制约和控制权力：有权监督宪法、法律以及规范性法律文件的实施；有权监督国家和各级行政区划内领导人的任免，依法审议罢免有关公职人员；有权审查和批准国家和各级行政区划内国民经济和社会发展计划，以及财政预算和执行情况的报告；有权撤消和更改本级人大常委会和人民政府所做的不适当的决议、决定和命令；县级以上地方人民代表大会有权更改和撤消下一级人代会所做的不适当的决议、决定和命令，有权监督和保障执法机关依法行使职权。

(2) 人民代表大会政策监控的基本内容。总体上分为法律监督和工作监督两个方面的内容。法律监督是人大及其常委会对规范性文件从制定程序到内容条文是否违宪、违法所做的裁决。法律监督的对象包括从中央到地方的行政机关、司法机关和地方权力机关。工作监督是人大对行政机关和司法机关的具体活动和官员的具体行为所实施的监督。重点是对行政的监督，如对行政决策、行政计划、政府财政行为、外交活动的合法性、合理性的监督。

(3) 人民代表大会政策监控的制度与程序。我国人民代表大会监督制度与程序有以下五个方面的内容：第一，听取和审议“一府两院”工作报告。2001 年，沈阳市人民代表大会没有通过沈阳市中级法院的工作报告，这是建国以来人代会对所审议的文件第一次不予通过，反映出我国人大监督力度的不断加大和监督机制的日益完善。第二，审查国家计划和预算。全国人大议事规则对此有具体规定，如国家计划、预算和执行情况须在全国人大召开前一个月报人大初审，全国人大对国家计划(草案)、国家预算（草案）审议和表决，等等。第三，质询。这是较为严厉的监督形式，基本程序包括：一定数量的代表联名提出质询案，质询对象是相应级别的行政机关和司法机关，提出质询案的代表对受质询机关负责人的答复若不满意，可要求再做答复，并形成书面报告。第四，调查委员会的作用。调查委员会是人大对特定事宜进行监控的一种形式。除人大代表外，还可聘请有关专家参加到调查委员会中来，一切有关的国家机关、社会团体和公民都有义务如实向调查委员会提供必要的信息资料，调查委员会有义务做好保密工作。第五，罢免。这是一种严厉的监控方式，基本程序是：一定数量的代表、代表团或大会主席团提出罢免案，罢免案交付表决前被控罢免的人员有权在主席团会议或全体会议上提出申辩，罢免案由全体会议审议表决。

2. 政府机关的政策监控。政府机关的政策监控指向是对内的，即对政府内部的行政行为的监督和控制。具体形式包括行政监察、行政上下级之间的互相监督，以及综合性和专业性的政策监控等等。

第一，行政监察。行政监察是由国家专门机关依法实施的以国家强制力为后盾的行政自我监控行为，产生直接的法律效果。这是目前我国行政监察中最强有力的手段。第二，上级行政机关依照法律或有关规定，对所属部门和下级机关的业务监督及人事任免。这种监控方式具有经常性和普遍性。第三，所属部门和下级机关根据民主集中制原则对上级机关的监督与控制。这种监控是信息反馈的一个渠道，机关作风民主化的一种表现，上级机关应给予高度重视，采纳合理建议，接受正确批评。第四，因业务性质而产生的综合性的政策监控。劳动人事、文教卫生、福利保险等跨行业、跨地区、跨部门的综合性业务，需要相应的综合协调和监控，才能保证政策正常运转，发挥功能。第五，审计监督为主的专业性政策监控。审计监督是审计机关依法对各级政府和所属部门的财政收支情况，以及对财政金融机构和企事业单位的财务收支情况进行财政监督的行为。第六，监控手段的不断完善。随着我国社会主义市场经济体制的不断完善，政府职能也在相应转变，因此带来政府政策监控手段的不断变化和发展。如税种的划分将中央和地方责权利关系法律化和制度化，有利于上下相互监控；再如中央政府通过拨款和税收返还可以有效控制所属部门和下级机关的行为方向。

3. 司法机关的政策监控。我国的人民法院和人民检察院，对严重违反国家政策的公职人员或一般公民，通过审查、提起公诉、审判等手段加以制约，以此进行政策监控。司法机关的政策监控以法律为武器，以国家强制力为后盾，具有很高的权威性，产生直接的法律效力。

4. 中国共产党的政策监控。中国共产党是中国特色社会主义事业的领导核心，党的领导主要是政治、思想和组织的领导，党在宪法和法律的范围内活动。由此决定了党在政策监控体系中具有重要的地位和作用。

(1) 决定政策的方向与政策的实施。党通过政治、思想和组织领导，为国家大政方针的制定指明方向，为政策的贯彻实施提供保证。党的政治领导就是制定路线、方针、政策与发展战略，不断把中国特色的社会主义事业推向前进；思想领导就是用马列主义、毛泽东思想、邓小平理论和“三个代表”重要思想，武装全党、全军和全国各族人民，使之积极自觉地贯彻执行党的路线、方针和政策；组织领导包括两个方面，一是选拔德才兼备的干部到国家机关去工作，二是发挥各级党组织和共产党员的作用。

(2) 党纪监督。党纪监督是党以纪律约束党的干部和普通党员行为的监督方式，不具有法律效力，却有极强的制约力。党纪监督主要通过中央和地方党的纪委，以及基层单位党的纪委来实施。

(3) 党的基层组织实施政策监控。党的基层组织是党在社会基层组织中的战斗堡垒，是党的全部工作和战斗力的基础。党的基层组织监督保证党和国家的政策在社会基层组织中得以贯彻执行。

(4) 通过传媒进行政策监控。党所掌握的大众传媒工具在政策监控上有两方面的作用，一是集纳信息，为正确制定政策提供依据；二是舆论监督，媒体导向性或批评性的报道，将引导受众正确理解和执行政策，或促使有关方面纠正政策执行中出现的偏差。

5. 民主党派对政策的监控。我国有八个民主党派，他们是参政党，是中国共产党的亲密友党，中国共产党是执政党。共产党领导的多党合作和政治协商制度是我国的基本政治制度，“长期共存，互相监督，肝胆相照，荣辱与共”是共产党与民主党派的合作方针。共产党在监督民主党派建设的同时，更自觉地接受民主党派的监督，比如中共中央每当重大政策出台前，都认真听取各民主党派的意见建议，完善政策，民主决策。民主党派对政策的监督主要通过人大、政协、在国家机关任职和在基层组织发挥作用这四个方面来实现。民主党派在各级人大代表和政协委员中都占有很大比重，政协与人大相比虽不是权力机关，但同样在我国政治生活中发挥举足轻重的作用。我国在政策上保证民主党派优秀成员在行政、司法等重要机关担任重要职务，使他们在执行有关政策的同时监督政策的顺利实施。高等院校等基层组织通过建立民主党派组织，使民主党派更好地发挥政策监督作用，促进民主建设。

6. 人民群众的政策监控。我国是人民当家作主的社会主义国家，党和国家的一切政策归根到底是维护人民的主人翁地位，实现最广大人民群众的根本利益。在社会生活中，不免出现政策制定或政策执行过程中与人民群众根本利益不相一致的情况，对此人民群众通过多种渠道进行监督。一是行使选举权，选举人大代表、城镇和农村的基层组织负责人，党员还可以选举党内有关组织负责人，通过被选举人来代表自己的意愿，实行对政策的监督；二是通过媒体表达对公共政策的赞扬或批评；三是直接向所在单位的党政组织反映意见建议；四是通过信访来进行政策监督；五是依靠工会、共青团、妇联等群众组织来表达自己的意愿。

三、完善我国政策监控体系的对策

我国政策监控体系符合国情，具有自身的特点和优势，从总体上发挥了应有功能。国家的经济发展和社会进步对政策监控不断提出新的要求，与国外政策监控机制相比，我国的政策监控机制在规范化和有效性方面还有差距，应当采取对策加以完善。

1. 健全法律体系。依法治国和以德治国是我国治理国家的两大基本方略，政策监控也应依法而行。从监控的实体内容到监控实施程序都要有法可依，这包括两层含义：一是执行现行有关法律法规，二是制定和实施相关法律法规，这样依法监控才能去掉“弹性”，保持“刚性”。

与此相关的，政策的制定、执行、评估、终结等环节都应健全法律体系，依法行政。

2. 制定实施细则。实施细则是对政策监控法律体系的细化和落实。实施细则对监控主体的地位作用和职权范围，监控程序和实施步骤，监控对象的权利和义务，以及违规惩处等做出详细具体的规定，保证政策监控不折不扣地落到实处。

3. 提高人员素质。随着经济发展和社会进步，影响和制约政策的制定和执行的因素越来越多，对政策监控的要求也越来越高，因此从事政策监控人员的素质需要相应提高。要有比较完备的知识储备，既要熟知所监控的政策对象，又要掌握相关的理论知识；要有较高的分析问题和解决问题的能力，从错综复杂的现象中发现本质问题，做出正确判断；要有公正严谨的工作作风，秉公办事，恪守原则，果敢坚定。

4. 完善辅助手段。运用局域网和现代办公设备等辅助手段，及时收集分析相关信息，提高政策监控的准确性和监控效率，避免因依据不足而造成的监控失误，避免因监控误时而带来的经济损失和不利影响。

5. 扩大基层民主。扩大基层民主是社会主义民主的基础性工作，人民群众依法直接行使民主权利是基层民主的主要表现方式。各级政府和基层组织要完善公开办事制度，建立健全接受人民群众监督的相关制度，通畅与人民群众沟通的渠道。人民群众要增强主人翁责任感，增强民主监督意识，积极运用宪法和法律赋予的权利，通过向有关组织反映意见、在媒体上发表看法等方式进行民主监督，促进政策的正确制定和良好运行。

第三节　政策终结

经过政策制定、执行、评估、终结等各个环节，同时发挥政策监控的功能，这样就形成一个政策过程，政策终结是政策过程的最后阶段。从政策发展的角度看，政策终结是相对的，旧政策的终结往往是新的政策过程的开端，或者是政策法律化的开端。

一、政策终结的概念及方式

1. 政策终结的概念。政策终结有其发生的原因和自身的一些特征。政策终结发生在政策评估之后，是决策者为提高政策绩效而主动采取的措施，由此可见，顺序性、主动性和目的性是政策终结的特征。实际工作中，导致政策终结的原因主要有三个：一是使命结束。政策的预期目的已经达到，问题已经解决，再无延续下去的必要；二是无效或失效。经过评估，认为政策在实践中无效或失效，延续下去会产生危害，必须终止该项政策，或制定新政策来替代旧政策；三是转为法律。政策经过实践检验，证明不仅现在而且将来都将发挥积极作用，这项政策就有可能转化为法律，通过法律的强制力来保障政策价值。

从政策终结的原因和特征中得出政策终结的概念，政策终结是政策决策者经过政策评估，为防止政策消极作用，保护政策积极作用，对过时的、无效的、需要法律化的政策所采取的终止措施。

2. 政策终结的方式。政策在终止过程中的具体变化形式，是政策终结的方式。政策终结是一个过程的结束，影响面大，涉及面广，直接关系到某些群体和个体的利益，采取的方式往往是稳健的渐进的。实践中基本采取以下四种方式来进行政策终结。

(1) 政策替代。政策替代前后所要解决的问题不变，所要达到的目的不变，内容上有所变化，更多的是方法和程序上的变化，以克服旧政策对问题无法解决或解决不力的弊端。政策替代的主要途径有两个：一是新政策代替旧政策，二是政策法律化。随着社会主义市场经济体制的不断完善，我国的公费医疗政策逐步地被社会医疗保险政策所替代。计划生育这项基本国策实施了 20 多年后，由全国人大常委会正式立法，2002 年 9 月 1 日《人口与计划生育法》开始实施。

(2) 政策合并。某些政策被终止后，政策的功能转移合并到另外的政策之中。政策合并有两种情况：一是被终止政策的内容合并到一项已有的政策中；二是两项或两项以上的被终止政策组合成一项新政策。政策合并的典型例子是高等学校由公费和自费“双轨制”入学“合轨”成统一缴费入学，两个政策合并成一个新政策，合二为一。

(3) 政策分解。将旧政策按一定原则分解成几个部分，每个部分各自形成一项新政策，这就是政策分解。某些政策目标众多、内容繁杂、步骤紊乱，实行起来影响绩效，将其分解实施会收到良好效果。我国的社会保障制度开始实施阶段是把诸多内容包揽在一起，并且主体和客体、权利和义务等关系不甚明确，操作性差。随着经济和社会发展，我国适时改革了社会保障制度，将原有的劳动保险政策分解成养老保险、医疗保险、人寿保险、失业保险、工伤保险等多项政策，操作性增强，政策功能得以发挥，较好地实现了政策目标，对社会稳定起到了重要作用。

(4) 政策缩减。采取减少对政策的投入，缩小政策实施范围，弱化政策的功能等措施，逐步地达到政策完全终止的目的。我国价格体制改革就是采取这种“软着陆”的办法进行的。先是将完全的国家定价，放开一部分由市场供求关系来定价，之后逐步扩大后者的比重，最后实现大多数商品由市场来调节价格。物价改革关系国计民生，操之过急势必造成经济不稳，人心不稳，乃至社会不稳。实践证明我国物价体制改革是成功的。

二、政策终结的对象及作用

分析政策终结所涉及的对象，明确政策终结的意义和作用，有助于我们增强推进政策终结的信心，提高工作的针对性和有效性。

1. 政策终结的对象。政策终结是有针对性的，有特定的客体，这些客体就是政策终结的对象。政策终结所涉及的对象既有政策的具体条文，又有组织实施政策的人员和机构，既有政策层面上的表现，又有政策功能的实质内容，情况比较复杂。我们把政策终结涉及的对象归纳成以下四个方面。

(1) 功能的终结。政策功能是政策的核心，功能终结是政策的本质终结，在所有终结对象中，功能终结难度最大。原因有二：一是政策功能的发挥，使问题的存在和问题的解决两方面达到了相对平衡，而一旦功能消失，平衡则被打破，要求恢复平衡的各种因素就组成反抗功能终结的反弹力，这个反弹力往往力度很大，常常使政策终结“夭折”；二是功能的发挥往往不是一项政策承担的，是许多政策共同作用的结果，真正实现功能终结需要多方协同行动。实际上功能终结要做大量艰苦细致的组织协调工作才行。

(2) 机构的终结。随着政策终结，组织实施政策的机构也将缩减或撤销，这就是机构的终结。机构终结的难度也较大。一方面，撤岗裁员势必牵涉有关人员的切身利益，难免遭到某些人员直接或间接的抵制；另一方面，这些机构往往承担着多种职能，一项政策的终止不足以导致机构的撤销。所以现实生活中我们会看到一些事项虽事过境迁，但“主办单位”或“主管部门”换个牌子仍然存在这样奇怪的现象。

(3) 名义的终结。按照有关程序，对政策终结做出决定且有关方面接受了决定，这就是政策名义的终结。名义终结的难度要小于前两种终结。这近似于“表态”，是层面上的反映，各方容易达成一致；并且名义终结尚未涉及功能终结、机构的缩减或撤销，不涉及有关方面切身利益，阻力自然不会太大。

(4) 计划的终结。这是指执行政策的措施和手段的终结，计划终结实施起来较之以上的终结更容易一些。因为名义终结已经为计划终结做好了铺垫，后者接着前者往下做顺理成章；并且人们在某种情况下不免产生“多一事不如少一事”的心理，而计划终结正好迎合了这种心理。

2. 政策终结的作用。政策在上层建筑中处于主导地位，在经济领域和社会生活中发挥着正面的积极的作用，同样，已经失去积极意义的政策也会给国家和社会带来负面的消极影响。所以政策终结的作用至关重要。从以下四个方面来论述政策终结的作用。

(1) 节省政策资源。政策的运行要有大量的人力、物力和财力的支撑，这些支撑构成政策资源。如果一项已经失去意义的政策不能及时终止，政策资源将继续被消耗，而却产生不出任何价值，这是对有限的国家积蓄和社会资源的极大浪费。更有甚者，如果这项政策原本就有错误而得不到制止，其结果就不仅是资源的浪费，而且是对经济和社会生活的危害；这种状态对公众心理将产生负面影响，精神方面的危害更难以消除。所以，及时终止无效政策，利国利民，意义重大。

(2) 提高政策绩效。政策在实践中无效或失效，失去解决问题的功能，经过政策评估后予以终止。同时，新的政策诞生和启动，新的法律制定和实施，相应的人员和机构做出调整，这将促使问题得以更好地解决，有利于政策绩效的提高。我们所处的决策环境已经和正在发生深刻的变化，从国际到国内，从政治、文化到经济、科技，许多新情况新问题需要我们去面对去分析，我们要结合实际做出正确判断，制定出正确政策。政策的正确与否是相对的有条件的，某些政策在某个阶段适用，在另一个阶段就不适用了，要求我们敏锐地终止旧政策制定新政策，使政策的功能如“接力”一样衔接连续，持续地发挥积极作用。

(3) 避免政策僵化。所谓政策僵化是指一项政策到了功能衰减效力丧失的地步，却持续存在的现象。政策僵化的不良后果是多方面的：一是政策资源浪费，大量的人力、物力、财力做“无用功”；二是禁锢人们的思想，新思维新方法被抑制被压制，严重影响人民群众积极性和创造性的发挥；三是丧失机遇，发展机遇稍纵即逝，抓住机遇需要方式方法的不断变化，而政策僵化却无能为力。改革开放之前，我国长年不变的企业管理模式已经呈现僵化状态，但由于党的中心任务尚未转移到经济建设上来，这种状态迟迟得不到改变。改革开放之后，国家及时废止了制约企业发展的旧政策，陆续出台了关于企业外部环境和内部管理的一系列新政策，打破了僵化局面，为企业在社会主义市场经济体制下保持生机与活力提供了坚实的政策支撑。政策是人定的，政策僵化的实质是人的思想的僵化。我们要解放思想，实事求是，与时俱进，不断分析新形势，研究新情况，解决新问题。避免因思想僵化而导致政策僵化，使政策之树常青。

(4) 促进政策优化。政策资源为政策功能更有效发挥而进行的调整配置，即所谓政策优化。政策资源包括人力、物力和财力，具体分为人员和机构两个方面，政策终结有利于促进政策优化。首先，政策终结为政策优化提供了良好背景。对机构或人员重新配置有抵触情绪的人，也不得不面对政策终结这个现实而遵从政策决策者的意见。其次，政策终结有利于人员和机构的合理组合。政策终结带来的政策资源的调整是大调整，决策者可以根据以往的经验和教训，扬长避短地对有关机构和人员做出调整，以利于今后更好地进行政策的组织实施。此外，政策终结还有利于人员提高素质，机构转变职能。政策终结往往导致新政策或新法律的实施，不仅政策的具体实施机构和人员，而且政策的决策机构和人员，从中都自觉不自觉地学到相关知识，研究了诸多问题。个人的素质能力得到提高，组织的职能也有相应转变，这有利于今后工作更好地开展。

三、政策终结的障碍及对策

政策终结的障碍来自许多方面，分析研究这些障碍，有利于认识政策终结的艰巨性和复杂性，也有利于有针对性地找出排除障碍的有效方法。

1. 政策终结的障碍。政策终结的障碍，简而言之是指阻碍政策终结的因素的总和。政策终结的障碍既有有形的物质障碍，又有无形的精神障碍，既有政策自身的惯性障碍，又有政策外部的舆论障碍。政策影响的范围越广，政策终结的障碍越多。归纳起来，政策终结的障碍有如下几种。

(1) 相关人员的情绪。政策受益者等与政策关系密切的人们，往往都希望政策继续存在下去，而不愿意看到政策的改变。这种心理在政策终结到来时表现的更为强烈。政策受益者因政策而受益，政策的消失等于断了他们的“财路”或“仕途”，实际利益受损，产生抵触情绪是必然的也是难免的；政策制定者对政策投入了大量的精力和智力，对政策积极作用的认识根深蒂固，转变认识较难。即使是认识到了政策的错误，如若从名利地位等因素上考虑，也会产生不愿认错的抵触心理；政策执行者因工作的惯性，对政策终结将改变他们的工作状态往往还不适应，不免要产生逆反心理，尤其是有些政策执行者的发展前途与原有的工作相联系，就更容易产生抵触情绪。

上述这些人员的心态，是政策终结的首要障碍。政策失败的主客观原因是复杂的，即使有充足的证据和充分的理由证明政策绩效不佳，但绩效不佳的原因不是短时间内能够确认的。政策的贯彻实施是一个系统工程，许多情况是一因多果或多因一果。这些是有关人员对政策终结产生抵触情绪的客观因素。因此对有些问题的评价要留有余地。

(2) 机构连续的性能。政策终止的一个重要对象是曾经组织实施政策的机构，而实际上由于机构的连续性使机构很难被撤销。机构的连续性表现在三个方面：一是机构的惯性。机构是在自身和外界相互作用下运行的，若要机构运行停止下来，不仅有机构内部按部就班工作惯性的反抗，还有机构外部与之互动相连的其他机构等种种因素的拉动和推动，这些因素也形成了一种本能的反抗。二是机构的生命力。机构如同生物，有很强的生命力。生存危机来临时，机构会本能地进行自我保护，调整内外部关系，使自身存活下去。实际确实如此，一些机构因政策终结在面临被撤销的情况下，想方设法延缓政策终结的进程，给政策及时终结制造这样或那样的麻烦。三是机构动态的适应性。机构对环境有适应性，能随着外界的变化而变化，即使是发生类似政策终结这样的情况也是如此。

(3) 行政机关的联盟。在政策实施过程中，有许多行政机关获得了既得利益，面临政策终结导致利益丧失的结局，这些行政机关会自觉不自觉地结成联盟，抵制政策终结。一方面在机关内部，要求成员形成一致，共同阻止政策终结；另一方面在机关外部，寻找有影响的人物发表倾向性看法，影响终结的进程。行政机关比社会某些组织更有便利条件进行政治活动，影响公共政策，所以行政机关的联盟形成的反抗力量是不可低估的。

(4) 利益集团的影响。概括地说，利益集团就是利益相同或相近的人们为争取和保障自身权益而结成的团体。公共政策大多涉及利益与价值的分配，各利益集团必然要千方百计地影响公共政策，包括对政策终结的影响。反对政策终结的利益集团为维护既得利益，会采取合法或非法、明的与暗的种种手段阻止政策终结。有时利益集团的代表和国家机关有关人员联手，共同左右公共政策。

(5) 法律程序的障碍。一些政策的确定和组织机构的建立，是经过一定的法律程序进行的，政策的终止和机构的撤销同样需要按照法律程序来办理，这个过程操作起来十分复杂，耗时费力，常常延误政策终结的时机。还有一些已经法律化了的政策，若要废止更费周折，法律要求相对的稳定性，立法机关不轻易废止法律。

(6) 公共舆论的压力。报纸、广播、电视这些传统传媒手段，加之网络传媒的异军突起，使公众舆论有了更多的载体。政府工作透明度的不断加大，也使公众了解和影响公共政策的可能性大大增强。西方国家将公共舆论称为与立法、行政、司法并立的“第四种权力”。可以想象，一项受到公众舆论支持的政策被终结，将会遇到多么大的阻力，公众舆论如同一只无形而巨大的手，操纵着公共政策的基本范围和方向。

(7) 政策终结的代价。政策终结是要付出代价的，这也是影响政策终结的一个重要因素。政策终结的代价是现有政策的沉淀成本加上为实施终结所付出的成本。面对政策沉淀成本，决策者常常进退两难，如果对证明是无效的政策继续追加投入，让政策继续生存，既是浪费又是危害；如果停止投入终止政策，以往的巨大投入将没有任何效益和价值，也是一种浪费。决策者权衡利弊往往犹豫不决。对实施政策终结的投入，也是一笔不小的开支，有终止原政策所需费用，有启动新政策或新法律、建构新机构所需费用，还要支付有关方面应得的补偿。决策者在这种代价的压力下，很容易改变初衷，放弃终结。

2. 政策终结的措施。所谓政策终结的措施，就是针对政策终结的障碍而采取的对策和方法，以保证政策终结的贯彻实施。采取政策终结的措施，既要坚持原则又要方法灵活，既要积极又要稳妥。实践中更多地采用以下几项措施。

(1) 以理服人，化解抵触情绪。政策终结的首要障碍是人们的心理障碍，消除心理障碍的办法，不是强制命令，不是以势压人，而是摆事实讲道理，以理服人。既要从维护国家大局利益的角度讲清道理，也要从有抵触情绪的人的利益出发来讲道理。某种意义上看，这些人员为政策终结做出了牺牲，对他们做出应有的补偿的同时，也应该充分肯定他们的牺牲精神和为政策终结做出的特殊贡献，并且尽最大可能安排好他们今后的工作和出路。以人为本，以理服人，以情感人，就能有效化解人们的消极抵触情绪，为政策终结打开顺畅通道。我国的高校毕业生就业政策，经历了国家统分统包、双向选择、毕业生自主择业这样的变化过程，由于注重了向全社会的宣传和对毕业生的说理工作，旧政策的终结和新政策的贯彻都较顺利，收效很好。

(2) 求得理解，公开评估结果。政策评估有理有据，令人信服，公开评估结果，会使更多的人了解某项政策的低效或无效，从而加深对政策终结的理解，其实这也是以理服人措施的特殊范例。此举也是对政策评估的监督，促使政策评估排除诸如价值观的差异、个人偏好、机构的阻力、相关人员的压制等因素的干扰，使评估的结论公正正确，经得起实践检验。

(3) 缓解压力，政策废立并举。因政策终结而利益受损的人们不愿意政策被终止，而人们却很少反对一项新的更好的政策出台，所以新政策出台与旧政策终结并举不失为政策终结的一个好措施。此举可以把人们的注意力从旧政策转移到新政策上来，达到缓解矛盾、赢得支持的目的。采取这项措施对具体操作部门要求较高，要充分做好前期的调研和准备工作，有关人员应具有把握全局的能力和相当的政策水平，旧政策终结和新政策落实同时进行，不能顾此失彼出现漏洞，又不能重复投入造成浪费。我国税收政策的改革就采取了新旧政策立废并举的措施，利税分流包干政策终结与分税制政策出台同时操作，实践证明效果良好。

(4) 信息战术，争取舆论支持。在政策终结正式操作之前，在非正式场合“放放风”，透露一些有关信息，试探公众舆论对此的反映，这就是信息战术，投石问路。采用此措施的目的是，更准确地了解外界对政策终结的态度，最大限度地争取公众舆论的支持，保证政策终结更加稳妥地实施。采取此措施应注意两个得当，一是透露信息的内容要得当，二是透露信息的场合要得当。内容得当就是透露的信息不可将政策终结的计划和盘托出，也不能断章取义，透露的内容要准确无误，不然会引起歧义，误导公众舆论。尤其不要随意添加“讨好”内容，实施时无法兑现，造成被动。场合得当就是在容易接受政策终结的人群中透露信息，使他们成为政策终结的支持者、宣传者。不可在抵触情绪强烈的人群中事先“放风”，这容易使他们掌握情况，研究对策，给政策终结的实施造成更大的障碍。

(5) 把握全局，协调相对关系。政策终结是政策周期的一个阶段，要始终从全局上把握政策终结，处理好政策终结与政策稳定、政策发展的关系。从政策的稳定性上看，政策稳定关系到国家的政治稳定、经济稳定和社会稳定，政策不稳，变化过快，将严重影响人们对政策的信任，对政府权威的信服，会产生不良后果。反过来，该终止的政策不予终止，抱残守缺，更是埋下了不稳定因素。政策的稳定是相对的，政策的发展是绝对的。从政策的发展上看，多数政策都是以原有的政策做基础的，在一个稳定的社会环境里，制定与原有政策毫无关联的全新政策的可能性很小。即使是制定一项涉及全新领域的政策，也往往是借鉴了相关领域的相关政策，新政策要解决的问题也是从相关政策中衍生的。由此可见，过去政策是未来政策的基础，政策终结是政策发展的初始动力。

思考题

1. 政策监控的基本要素有哪些？
2. 如何理解政策监控贯穿整个政策过程？
3. 简述政策终结的障碍和对策。

第八章 公共政策价值观

第一节 公共政策价值观的内涵

一、价值的含义

“价值”（德文为“wert”，英文为“value”）一词在学术上的使用，首先始于经济学的角度。近代政治经济学家，如英国的古典经济学奠基者亚当·斯密，奥地利经济学家冯·纽曼等，他们从经济学的角度，把“价值”理解为“效用”、“效益”，并根据商品的这些属性来解释其“生产”、“交换”、“分配”等实际过程。[1]

后来，这一概念逐渐成为伦理学的研究对象，成为哲学家和伦理学家所关注的内容之一，赋予了“价值”这个同人类本身密切相关概念应用的重要地位。事实上，在康德早期的伦理学著作中，“价值”这个词就为其所用了。尽管康德并没有系统地阐明和论证“价值”概念，但他关于人的理性存在、关于目的与手段等重大道德问题的论述，都对后来的学者产生深远的理论影响。不但如此，在论及“善良意志”这个伦理命题的时候，他认为善良意志之所以是绝对至上的，是因为它“具有意志的绝对价值观念”，“善良意志的价值并不因有用而增加，也不因无效而减少。”[2]

实际上，由于价值本身内涵和外延的无限丰富性，使得人们很难确切地给其下定义，就目前来看，对价值含义的讨论大致有以下几个方面，他们从各个不同的角度对价值本身进行了探讨。

一是从系统论的角度讨论价值问题，认为价值是一个系统存在和消亡的意义，前苏联学者瓦西连科持有类似观点。系统理论认为，任何事物本身都以系统的方式存在，同时，由于系统存在规模和尺度大小的规定，因此，一个事物本身既是一个系统，也是更大系统内的子系统。这个定义实际上是从事物存在和消亡的角度讨论价值本身的，事物的存在和消亡本身是客观规律，但究竟某个事物的存在和消亡之于另一事物的意义或者价值来说则不可一概而论，因为意义本身具有相对性，由此，由于价值是意义的集合体，所以，价值本身也就有了相对于不同主体或者事物的相对性。

二是从功利的角度讨论价值问题，认为价值存在与否的标准在于客体是否满足了主体的一定需要，李德顺认为，"'价值'这个概念所肯定的内容，是指客体的存在、作用及他们的变化对于一定主体需要及其发展的某种适合、接近或一致"[3]。张岱年也认为"所谓价值，就是客体能够满足主体的一定需要"。从功利的角度进行对价值本身的剖析事实上是源于工具理性主义的价值观。近代以来，特别是在二十世纪，科学技术的飞速发展，为人类创造了巨大的社会财富，因此，把价值理解为人们改造客观世界过程中，对人类历史进程有益的事物作为人类评价客观事物的价值标准是有道理的。

三是从关系论的角度进行分析价值问题，认为价值是在客体同主体的满足和被满足的关系中，由主体创造的结果。很显然，这个定义同第一个定义存在很大差别，和承认所有事物本身都有价值的主张不同，这个观点认为，只有通过主体创造的事物才有真正的价值，如果把前者事物价值定义为"客观主义"的话，那么后者则可以认为这个价值定义具有"主观主义"的倾向，强调作为主体的创造性，价值的创造过程出现是主体通过对客体的改造形成的具有特定意义关系的过程。

以上关于价值的探讨表明，价值的存在和生成并不能单独地进行分析，只能将其放在特定的关系中才可以。一般来看，考虑事物的本质必须从三个层面进行：

其一是事物所具有的属性。事物的属性是相对于事物实体而言的固有特性，无论是事物的本质属性还是非本质属性，他们都是不依赖于人的主观意志而存在着的。有些事物的属性为人所把握，从而满足了人们的需要，有些属性则尚未为人类所发现，因此，它就无法成为人们受益的对象。

其二是事物之间的关系，我们认识了一定的事物是因为我们把握了其间的关系，因为事物的属性不能自己显现出来，它们必须通过其他的形式展现出来，这些形式之间事实上构成的关系则成为了我们认识事物的基本条件。属性通过事物之间的关系表现出来，因此，关系或者联系对事物具有意义和价值。

其三是事物的功能，任何事物具有一定的属性，这些属性通过事物之间的联系对外表现出一定的功能，不同是事物通过不同的方式同外界发生联系的过程事实上就是事物功能的展现过程，因此，功能是事物属性的外化过程，事物功能的范畴比属性的范畴更为具体。

由此可见，事物的价值必须通过事物的属性、事物间的关系以及事物的功能表现出来，只有通过主客体之间的相互作用才能体现价值的本质属性。一般来看，价值的形成包括这样几个过程。首先，主体对客体产生作用，将主体的意图施于客体；其次，客体通过对主体信息的处理和加工，形成输出信息；最后，客体的信息通过对主体的反馈作用，形成对主体期望的反馈，达到主体的预期，从而实现客体之于主体的价值。所以，我们发现，价值的形成一方面依赖于客体具有的特定属性，这是价值形成的基础；另一方面，价值的形成必须有主体的积极参与，充分发挥主体的能动性作用，否则，价值就无从谈起。总之，价值不仅为事物所有，同时也不能离开主体而存在，价值是事物属性和主体能动性共同作用的结果。

二、价值观的含义及特征

价值观是对事物具有的各种价值的总的看法和认识，是人们通过价值判断和选择确立起来的关于价值取向的基本理解。

由于价值和不同主体性的特性直接相关，因此，价值观的形成和形式具有个体性、多样性和历史性，不同的人、不同的阶层具有不同的价值观，同一阶层的人由于处于不同的历史发阶段，其价值观也不尽相同。尽管如此，价值观并非是杂乱无章的，相反，价值观是由一些相关的子系统组成的、具有内在结构的系统观念。[4]

江畅在论价值观念中，区分了价值观和价值观念的区别和联系，认为后者是由“价值”和“观念”两个要素构成，只有清楚地认清两者的基本内涵才可以全面地理解价值观念的本质特征。但是，尽管价值观和价值观念具有一般和特殊、抽象和具体的关系，但是在现实生活中，两者是很难截然分开的，因此，按照其对价值观念的分析，也可以把价值观在结构上分为四个子系统，即目标子系统、手段子系统、规则子系统、制约子系统。

目标子系统。是人们关于目的或目标的价值观构成的子系统。来源于人们生活、生产实践需求的目的具有多样性，因此，基于不同的生活、生产的需要，价值目标必然不能相同。按照马斯洛的需要层次理论，人们在不同阶段对目标的期望存在差异性，从物质的需要到精神的需要、从生理的需要到心理的需要，诸如此类。因此，如何正确看待这些目标是关系到如何实现这些目标的前提条件。

手段子系统。如果说目标子系统是回答“是什么”的问题的话，手段子系统则是来回答如何实现目标的问题，也即从起点到终点的途径以及借助的工具等。相对于目的子系统，手段子系统涵盖的内容更加丰富，因为手段和目的具有相对性，同一行为在一定条件下可能是手段，而在另外的条件下可能又是目的，目标子系统的多样性必然引发通往目的的手段的多样性；而且，由于目的子系统具有相对的稳定性，在一段时期内可能不会发生变化，但是，只要在达成目的的过程中出现了困难或者障碍，手段的灵活性必然以更加灵活的方式表现出来。由此，比起价值观的目标子系统来说，手段子系统更容易促使人们的价值观念发生变化，从而也就更多地影响到人们的价值取向的形成。

规则子系统。是指在运用一定手段达成目标的过程中，保证目标得以顺利实现多应遵循的基本规范。从社会整体来看，规则价值观是出于社会秩序的现实需要；从个体来看，规则价值是出于对既定规则体系的自觉或者被迫遵循的需要。社会规则体系是一个庞大的制度网络，越是发达的社会形态，其社会规则体系越是完备和复杂。按照不同的分类标准可以把规则体系划分为多种类型，比如从生活的不同领域来看，可以分成公共生活规则、家庭生活规则等；从作用的不同方式来看，可以分成法律、道德或者“潜规则”等。由于各种规则并非独立存在互不交涉，因此，在规则之间常常产生摩擦或冲突，因此，规则子系统的合理与否、合理的程度与否将极大地影响到人们对规则子系统的总体认识和评价。

制约子系统。从类历史的发展过程来看，制约人们行为的方式多种多样，法律的、道德的、权威的、舆论的等等，这些制约机制从不同的层面和角度对人们的行为进行约束，以保证社会秩序的稳定存在，由此，从这个意义上，价值观的制约子系统和规则子系统存在一定的交叉。如果说规则子系统以“积极预防”的态度来规范社会运行的话，那么，制约子系统则更多则是从“消极防御”的角度来对社会越轨行为进行惩罚，因此，两者的考虑路径和实施重点不尽一致，但是最终目标都是在影响人们对现实社会以及现实社会规则、制度体系的整体看法。

三、公共政策价值观的内涵

一般来说，公共政策价值观是指“公共政策主体对公共政策价值物、公共政策价值关系、公共政策价值创造活动及其结果的反映，以及由此形成的较为稳定的心理取向、评判标准和行为定势”。[5]

简单地说，公共政策价值观是公共政策主体的价值取向模式，这些价值取向决定着社会资源如何进行提取和分配。

事实上，公共政策在本质上是对“全社会的价值作有权威的分配”，“一切公共政策都是为了寻求价值、确认价值、实现价值、创造价值、分配价值。”因此，任何一项公共政策的出台，政策主体的价值倾向就已经蕴涵于政策过程的各个环节了，从政策的制定、执行到政策的评价和监督都体现着政策主体的价值观。

公共政策价值观包含了诸多要素，这些要素之间互相影响、互相依赖，形成了公共政策价值观的要素体系。由于公共政策价值观首先是一种价值观，而价值观本身则会受到来自外在环境的各种影响而表现出诸多复杂性。因此，作为价值观的一种类型，公共政策价值观本身的构成要素也呈现出多样的特征，不仅包含感性层次的公共政策认知、公共政策情感、公共政策态度，又有理性层次的公共政策理论和公共政策理想。

1. 公共政策认知。公共政策认知是人们对政策系统本身和政策过程的认知、判断和评价过程，是人们对政策系统功能、作用、结构、关系等的认识。公共政策认知包含认知者、被认知者和情境三个因素，认知者是其中的主体要素，不仅包含政策制定者，而且还包含政策接受者；被认知者是公共政策认知的客体要素，是政策认知的认识对象，一般包含政策的制定到评价的整个过程；情境或者环境是影响政策主体认知的各种外在的因素组合，这些环境因素从不同的侧面影响着政策认知主体对政策过程的认识。认知者、被认知者和情境三者之间并非是相互独立存在的，一个政策过程的认知主体在另外一个政策过程中则可能会变成政策认知客体，而且，整个政策的交织就在事实上形成了政策认知的环境。公共政策认知同时也是一个心理过程，它一般可分为政策知觉、政策印象和政策认知判断三个阶段，在各个阶段里，政策认知本身将随着政策过程的进行而不断地进行调整。通常公共政策认知会形成三种不同的结果，当公共政策的正面认知水平较高时，就意味着公共政策得到了人们的普遍认同，进而在社会上就形成了有利于政策有效进行的政策趋向；相反，当公共政策的负面认知水平较高时，就意味着公共政策没有得到了人们的普遍认同，进而在社会上就形成了不利于政策进行的局面，政策过程就有可能因此受阻甚至“夭折”；同时，如果公共政策的正面认知和负面认知呈现出势均力敌的态势时，公共政策就处于摇摆状态中，因此，这时的公共政策继续进行与否尚处于未知状态。这三种不同公共政策认知水平所导致的三种不同的政策结果将深刻地影响到公共政策的有效进行。

2. 公共政策情感。公共政策情感是伴随人的政策认知过程所形成的对政策体系、政策活动、政策事件和政策参加者等的内心体验和感受，它由较低层面的政策情绪和较高层面的政策感情构成。由于公共政策的实施将在日常生活上对人们产生现实的影响，因此，人们对任何一项政策都将产生一定的或者认同、或者反对、或者漠视的情绪，特别是政策制定者和实施者的政策情感将对政策过程产生深刻影响。

3. 公共政策态度。公共政策态度是人们在政策制定和执行过程中所表现出来的精神状态和反应倾向。政策参与者态度的积极与否对于一项政策的有效运行至关重要，政策的有效贯彻除了政策本身的科学性、合理性之外，还需要政策实施过程的利益牵涉者对政策做出积极的回应，因为政策最终的目标在于实现预定的政策目标，所以，政策目标的实现实际上就是政策过程中政策参与者积极参与的过程，缺少了政策参与者的积极参与态度，政策的实施就将举步维艰。

4. 公共政策理论。从根本上说，任何一项公共政策的出台都是为了解决特定的社会问题，都是一种社会实践活动，而任何社会实践活动本身都需要正确的理论作为其行动纲领和目标，因此，尽管公共政策本身的实践性很强，但是在一定时期内、一个阶级内，其指导思想或理论具有相对稳定性，以保持政策过程的连续性和社会生活的稳定性。所以，公共政策理论既来源于政策实践过程，同时，政策实践过程也须臾离不开正确公共政策理论的引导。所以，公共政策理论反映了一定阶级对一定时期内本国或地区公共政策基本走向，其形式则以理论化和系统化的思想体系表现出来。由于包含了阶级利益的因素在内，因此，任何公共政策理论都将最直接地体现和维护制定政策阶级的基本价值取向和根本利益，从而使得公共政策本身成为了政策制定、执行等环节的指导原则。值得注意的是，任何公共政策理论都应该是特定历史时期、特定地区的产物，公共政策理论的适用受到时空的限制。因此，在某个国家或地区适用的公共政策理论，拿到另外一个国家或地区就可能不适用，因此，如果说公共政策存在正确与否的标准的话，那么，这个标准就应以实践为标准，具体情况具体分析，企图引进任何“先进”的公共政策理论就可以一劳永逸是不可能的，无论是社会主义国家还是资本主义国家都是如此，只有和本国的实际情况有机地结合起来才可以使公共政策理论真正成为社会行动的指针。

5. 公共政策理想。任何公共政策除了有现实社会问题的针对性特征以外，它还有前瞻性特征。因此，公共政策理想就体现了公共政策对政策过程的期望和未来发展的设计理念，反映了一定时期内公共政策的总体构想和规划。公共政策理想来源于社会生活中出现的各种社会问题，由于社会问题的复杂性所致，任何公共政策本身都只能解决一定时期内的一定问题，因此，公共政策理想本身的主要作用在于鼓舞士气，振奋人心，从而使政策理想顺利地转变为政策实践。由此，公共政策理想本身具有双重特色，一是其具有一定的理想化色彩，和实践有一定的距离；二是其具有现实的社会实践需要，和解决社会问题具有直接相关性。但是，值得注意的是，公共政策理想应避免脱离实际而凭空想象。

四、公共政策价值观的作用

1. 导向作用。公共政策价值观反映了一定时期内相对稳定的政策价值取向，不论政策本身波及的范围有多大、也不论政策本身对利益群体的影响程度有多深，某项公共政策的存在都将在一定范围内影响到人们的日常活动，特别是那些国家既定的大政方针政策将对所有政策参与者产生积极的导向作用。一般来说，人们在选择社会行为之前都需要对现有的政策资源进行挖掘和研究，从而确立选择社会行为的期望，这些期望本身事实上已经把政策的基本纲领和原则内化在其中了，因此，政策价值观在实践上就成为人们社会行动的指南。比如我国制定西部大开发政策实际上反映出的政策信息就是逐步向西部省份进行政策倾斜，选择在西部地区进行投资将获得丰厚的利润回报，基于这样的政策价值导向作用，人们在选择投资方向时就会以此为依据，做出适当的选择。

2. 动力作用。公共政策价值观实际上反映了人们对社会政策本身的某种期望，而期望值本身的高低将直接决定人们为之努力的程度，因此，正确的公共政策价值观能够激发公共政策参与者为之奋斗的热情、信心和信念。相反，错误的或者和人们的社会期望相离太远的公共政策不仅不能起到动力作用，反而会影响人们付出的努力，进而转向其他的更为可信或更为实际的社会目标。由此，公共政策价值观的形成，在一段时期内可能会成为政策参与者的动力因素，但是，随着人们的社会期望或者社会环境的变化，原来的公共政策价值观就有可能成为制约人们参与的热情和动力的因素，所以，从这个意义上看，要保持公共政策价值观的动力作用就应该适时调整公共政策。

3．整合作用。公共政策价值观的整合作用表现在公共政策过程的各个环节当中。

首先，在政策制定环节上。政策制定环节包括政策问题的确立、政策目标的确定以及政策方案的选择三个部分。

由于社会期望和社会现实之间只要存在差距，社会问题就会产生，如何在众多的社会问题中确立政策问题乃是一个涉及众多方面的复杂问题。之所以复杂，一方面来源于社会资源的有限性，任何一个国家都不可能同时解决所有现存的社会问题，都必须把社会问题划分归类并区分轻重缓急，逐步解决；另一方面，社会问题的存在并不是单因素所致，而是诸多因素相互纠缠在一起而形成的，解决一个问题并不必然意味着问题在数量上减少一个，相反，在大多数情况下则是使问题呈现多样化的趋势，因此，社会问题的连带性特征就使得用于解决社会问题的政策表现出复杂性。不同的公共政策价值观，对政策问题认定就有不同的选择取向、评价标准和分析视角，就会引导公共政策主体认定不同的公共政策问题。由此，在众多社会问题当中确立何者可以作为政策考虑的对象就不仅仅是一个事实判断的问题，更是一个价值判断的问题，在一些利益集团来看不是或者可以忽略的社会问题，在另外一些利益集团来看则可能是致关重要的问题。所以，在政策问题的确立上，就应该最大程度地倾听各种不同的价值倾向，从而选择那些能为最大多数人带来好处的社会问题。同样，当完成从社会问题到政策问题的过渡后，在政策目标的确立和为实现政策目标服务的政策方案的选择中，公共政策价值观同样可以起到调节或者整合的功用。确定公共政策目标的活动，实质上就是公共政策主体运用价值观进行价值认识的活动。政策目标确定的过程就是某种政策理想和价值期望的确立过程，公共政策目标必然反映一定的价值观念，价值观影响着人的信念和选择的合理性；在政策方案的选择上，任何政策方案的分析、评价和选择，都不可能离开特定的政策评价标准和价值尺度。评价的标准不同，对方案利弊得失的评价也不同，对方案的选择也会随之不同。比如在改革开放政策方案的选择上，是采取“一步到位”的全盘开放政策，还是采取逐步放开的开发政策就必然涉及到价值取向的问题，对于我们长期以来的封建社会的社会现实而言，很显然，选择后者而不选择前者就反映了我们自己公共政策价值观的基本导向，而这个开放政策的选择则是对各种不同的价值观的逐渐整合才得以最终实现的。

其次，在公共政策的执行环节上。政策的有效执行离不开两个因素，一是政策的执行者，二是政策的接受者。前者是指政府中各级政策的制定和实施者，后者则是政策执行的对象或者政策的“受众”。对于前者，是否理解了某项公共政策的实质内涵和精神本质将深刻影响着该项政策的实施效果，而持有不同的公共政策价值观的政策执行者对政策的理解和把握必然存在诸多差异。因此，在地方基层政府当中常常看到的所谓的“上有政策，下有对策”的不正常现象也就不奇怪了，为使上下始终保持一贯的政策倾向将需要政策价值观不断地进行整合。对于接受者也是如此，一项政策是否得到人们的普遍认可将对其有效执行产生深刻影响，而政策价值观就在于整合不同利益群体的不同利益倾向。

4. 评价作用。公共政策价值观本身对政策过程也具有评价功用，其中包含着一定的公共政策价值标准。政策评价就是对政策过程和结果进行估量、预测和评估，并在此基础上做出判断、选择和评价。其一，公共政策价值观影响公共政策评价所需信息的选择。选择信息，受公共政策的认知、情感、态度、理想等因素的影响和制约，认知、情感、态度、理想不同，选择的信息也就不同；其二，公共政策价值观影响和制约公共政策评价的标准和结果。公共政策价值本身就包含着特定的价值评价标准，价值观不同，评价标准也就不同，评价的结果当然也就不一样。因为，在普遍认可的公共政策价值观的影响下，人们就很容易对一项公共政策的好坏优劣，得失利弊等做出相应的评价；同时，评价本身也是一种监督机制，借助公共政策价值观，可以有效约束公共政策主体自觉地以公共政策价值观为行为导向，调控自身的公共政策行为，纠正偏差，使公共政策行为符合公共政策价值标准的要求。

要真正体现公共政策的价值观的整体作用应该整合公共政策价值观。[5]一般认为，公共政策价值观整合的方式主要有三种形态。一为交换；二为说服；三为强制。

交换的产生源于两个基本因素，其一是客观因素，即价值差别的客观存在，因为各种事物的价值大小是不同的；二是主观因素，即人们都有对价值追求的普遍欲望和要求。上述两个因素只是必要条件，要实现真正的交易还要同时满足以下几个条件，一是交易各方都具有对方所需要的某种资源；二是交易各方都愿意谈判并准备妥协，三是交易各方都愿意并事实上遵从交易规则。因此，有效整合公共政策价值观的途径之一就是交换原则。在公共政策决定过程中，交换主要表现为政治交易，即两个或两个以上的政治主体彼此调整立场或态度以适应对方的某种需要以达成某成程度上的妥协，从而能够在共同参与某种政策的过程，形成互惠的政策。说服是指某些主体以另外一些主体为动员对象，试图证明自己在某一问题上所持的立场、所遵从的价值观、所提出的要求正确或合理，进而征求对方的理解和支持，采取与自己一致的态度和行为的方法。和交换不同的是，说服者和被说服者之间不存在交换的要素，即前者并不希望得到后者所具有的某种利益，说服者也并不会因此放弃什么或做出某种妥协。说服的主要目的在于，帮助被说服者认识到支持某种政策或者反对某种政策就在效果上帮助了自己。由于说服的方法是一种理性思维模式，因此在很多情况下，这是一种能够促使相关主体改变既定态度的有效手段，是公共政策价值整合的主要方式之一。

强制是指一定的主体运用权力手段迫使相关主体放弃原先的价值态度转而肯定和支持自己立场的价值整合方式。强制的基本表现方式是命令和胁迫，强制的主要手段是奖励和惩罚。强制的方法来源于公共权力的权威性和法定性，公共权力的赋予在本质上就是强制权力的赋予，因此，当出现无法调和的冲突或者矛盾的时候，强制的方式将起到关键作用，公共政策价值整合者可以置分歧于不顾，断然做出决定并强制予以推行。

第二节　公共政策过程中的价值冲突

一、价值冲突的含义及其表现形式

（一）价值冲突的含义

对于价值冲突的含义，人们给予了不同的回答，有人认为，价值冲突是不同的价值认识与价值评价之间的矛盾与斗争，反映了价值观念体系的矛盾和冲突；也有人认为，价值冲突是发生在个体利益与整体利益之间的冲突，有其历史的必然性；它可能带来一种新的动态和谐，具有广泛性、复杂性、深刻性、持续性四个特点；同时也有人强调价值冲突应从深层意蕴上去理解，并认为价值冲突是价值方向的冲突，是价值标准的冲突，是解释域的重合，是对“市场”的争夺，即对“人”的争夺[6]。

康德正确地看到了价值实现过程中主体的自由意志和客观的物理必然性之间的矛盾和冲突，他说，“就现世中各种事物的原因性而言，在纯粹思辩理性的二律悖反中，也发现物理必然性与自由之间的一种类似冲突。这个冲突曾借下面一个证明加以解决，那个证明就是：人们如果把种种事情，甚至他们所发生在的这个世界只看成的现象（人们也应该如此看），那么这种冲突也并非真正冲突；因为同一个能发生行为的行动者，作为现象看（甚至在他的自己的内容之前），虽然在感性世界中有一种永久符合于自然机制的原因性，但是在同一事情方面，就这个能发生行为的人同样把自己看做本体而言（即把自己看做纯粹灵物，其存在是不受时间所决定的），那么它就又可以包括了那种虽然也依据于自然法则而自身却不受其其支配的原因性的决定原理”[7]。鲁品越批评康德虽然看到了这种价值冲突的深刻根源，但是，康德却不承认这种冲突的客观存在性，进而他提出了人类创造性活动中的由表及里的冲突的等几个层面，即一是在每个价值主体外部，形成与其他价值主体之间的矛盾冲突；二是在每个价值主体来说，他的创造活动的结果，既含有与其价值目的相一致的成分，又含有与其不一致的成分，后者构成为该价值而付出的代价，于是，产生了价值和代价之间的冲突；三是在每一创价本身，存在着价值目的和手段之间的冲突；四是在每一创价活动中价值目的也存在矛盾，首先表现为功利和非功利价值之间的矛盾等等。这些层面构成了价值矛盾冲突的体系。[8]

（二）价值冲突的表现形式

由于价值依附于道德主体所带来的多样性特征，就使得价值冲突表现形式呈现出多样性的特点，一般可以把价值冲突的表现形式分为价值冲突的单一型表现形式和价值冲突的多样型表现形式。

对于单一型表现形式，宋永平的观点具有代表性，他认为“经济人”与“道德人”的冲突是价值冲突的表现形式，具体表现在以下几个方面：一是在行为宗旨上是逐利还是逐义；二是在行为动机上是利己还是利人；三是行为的约束上是他律还是自律；四是在行为的根据上是循法还是重德；五是在行为的方式上是多样还是单一；六是在行为的态度上是公平还是礼让；七是在行为的表露上是掩饰还是表现。

对于多样型的表现形式，陈建国把现在的九类价值观分成三个层次的冲突形式，第一层次，不同价值观之间的冲突；第二层次，有些价值观本身就是分裂的，冲突的；第三层次，人的价值观和其他观念之间的冲突。

总之，价值冲突可以从不同角度划分成诸多的表现形式，各种表现形式之间并非独立存在，他们之间经常存在着相互交叉和重叠的成分，由此，价值冲突以各种形式表征出来所构成的“价值冲突群”形成了人类社会冲突的重要组成部分，可以说，只要人类本身存在着，无论冲突的表现形式如何，这些依附于人类自身的价值冲突就不可避免地存在着。

二、公共政策过程中的价值冲突及其表现形式

如果我们把政策作为一种过程而不是将其视为一种静态事物的话，我们发现，公共政策在其运行的每一个环节都存在着这样或者那样的冲突。尽管冲突的表现形式千差万别，林林总总，其背后的原因都是因为存在着利益的矛盾和冲突，而利益的矛盾和冲突则以不同的群体价值观表现出来，从而形成了我们通常称之为公共政策过程中的价值冲突问题。所谓的公共政策过程中的价值冲突是指，在公共政策过程中，政策参与者对于公共政策本身的利益导向持有不同的观点而产生的冲突。

由此，我们认为公共政策过程中的价值冲突首先是一种政策参与者之间的利益冲突，政策参与者不仅包括政策制定者、政策执行者，更包括政策接受者，他们之间由于利益要求不同，而同一政策又不可能满足所有利益要求者的要求，因此，价值冲突由此产生；其次，从社会学的角度看，公共政策过程中的价值冲突实际上是一种社会冲突，由于政策本身所具有的普遍适用性特点，使得政策结果波及的对象范围十分广泛，因此，一项公共政策所引发的价值冲突，无论公共政策本身正确与否，其社会影响十分明显，正确的公共政策可以导致社会的进步和昌明，相反，错误的公共政策将使历史倒退。比如文化大革命期间的极端政策就引发了一系列社会价值的普遍扭曲，进而形成了空前的价值冲突，影响了中国社会的历史进程；而改革开放政策的实施过程，尽管其中也存在诸多价值冲突，但是这些矛盾并不是占主流的价值冲突，事实已经证明了二十多年改革开放政策的有效实施为中国社会的发展提供是历史难得的发展契机；最后，公共政策过程中的价值冲突贯穿于政策过程的每一个环节，从政策问题的确立、政策本身的制定到政策的执行以及政策过程的监督、评价等，都不可避免地存在这样或那样的价值冲突。

公共政策过程中的价值冲突表现形式多样，总结起来可以有以下几种。

1. 从空间上看，存在着局部利益和整体利益的价值冲突。美国的政治学家戴维·伊斯顿（David Eston）从较为抽象和概括的角度，认为公共政策是“对公共价值的权威性分配”，这实际上就隐含着这样的事实，即在公共政策本身来看，其本质在于把社会的公共资源进行重新分配以期实现社会的公平与稳定，而这种对公共价值的分配本身则是以政策制定者所具有的法定权威性为基础的。同时，由于价值的创造最终都会归结于每个社会个体以及由其形成的群体，由此，在资源进行重新分配的过程中，就会引发作为创造价值的个体或者群体的局部利益和作为社会的整体利益之间的矛盾和冲突。

实际上，作为空间概念的局部和整体利益，在公共政策过程来看，其相对意义是十分明显的，一项政策出台的影响范围可能是全国性的、也可能是地区性的，因此，所谓局部和整体的概念只是相对于其本身才具有意义；同时，局部的概念也包含了作为价值个体的蕴意，也即在公共政策过程中，作为价值的个体之间也同样存在着价值冲突，这些冲突以个体为中心和出发点，以受到政策影响的其他价值主体为参照系，通过同等条件下的对比形成期望的落差，进而形成了个体之间的价值冲突。

由此可见，公共政策过程中的局部和整体价值的冲突，不仅表现为作为局部利益和整体利益之间的价值矛盾，同时，作为创造价值的个体之间，由于利益着眼点不同，因之，其价值取向必然存在着差异，由此，在公共政策的各个环节上，价值冲突必然出现。

2. 从时间上看，存在着近期利益和长远利益的价值冲突。一般地，公共政策更关注未来而非当下的社会问题，否则未来的社会问题就会因公共政策本身的相对滞后性而无法得到及时解决。然而，出于急功近利的心理，常常很难适当把握公共政策影响下的近期利益和长远利益。这表现在几个方面，首先，作为公共政策制定者本身来看，由于存在任期的客观障碍，使得当政者的注意力始终放在如何在任职期间突出自己的政绩，以便在下一届的选举中获胜得以连任或者至少在卸任之后受到人们的颂扬，在这样的指导思想下，政策制定者常常在突出政绩和长远考虑两方面举棋不定，而一般情况下则倾向于前者；同时，政策制定者本身也是政策影响的对象，因此，在制定政策的过程中，他们也很难站在圈外客观地看待问题、公正地制定政策，往往在制定政策的过程中把自己的利益作为优先考虑的对象。由此，在政策制定者那里，由于政策制定者自身的原因，公共政策的近期利益和长远利益已经埋下了价值冲突的种子；其次，作为公共政策影响广泛的广大民众来看，在看待近期利益和长远利益的时候同样存在着类似的冲突，而且这些冲突较前者更为突出和明显。和政策长远考虑的初衷不同，作为广大民众，由于其把握的信息不全面，同时，其大都从本位主义出发，民众自然会把近期利益作为优先考虑的因素，而且越直接越好、越快越好。因此，在某种意义上看，公共政策设计的时间因素与人们的热情成反比关系，即越是长远的政策规划越是同人们的现实需要距离遥远，反之，人们则更愿意近期的政策规划，而越是近期的政策引导就越能引发近期利益和长远利益两者之间的价值冲突。当然，政策规划的时间因素的长和短对于近期利益和长远利益两者之间的矛盾的激化程度并不总是直接相关，有些时候，一项长远的政策设计所引发的两者之间的价值冲突可能更久远、更深刻。

3. 从社会效益上看，存在着公共政策的价值和代价之间的冲突。人们之所以把公共政策作为解决社会问题和矛盾的工具之一，其中一个重要原因就在于公共政策的执行可以带来预期的价值。所谓价值，就是公共政策的有效执行可以为政策的接受者带来好处或者收益。从公共政策的着眼点来看，由于其解决的并非是私人问题而是社会公共问题，因之，衡量公共政策好坏的标准就不能单纯以经济价值为单一指标，而应以社会的整体效益为综合指标来衡量。所以，换言之，一项好的公共政策就是其实施的结果使其达到了社会价值的最大化，事实上，任何公共政策的目标都是如此。

但是，任何事物的存在都有两面性，正如科学技术本身所具有的“双刃剑”特征一样，任何一项公共政策本身同样也存在着在获得预期价值的同时，还必须为此付出一定的代价，所以，人们在选择公共政策的过程中所追求的社会效益最大化只是一个相对的概念，即与付出的社会代价相比，其社会收益较大而已。通常情况下，公共政策选择的是“次优化”而非“最优化”的解决方案。

一般来看，公共政策的代价或者成本包含两项内容：一是所谓的“机会成本”问题；二是所谓的“负价值”问题。

任何选择，无论是理性的还是非理性的，都存在机会成本问题，公共政策本身事实上也是一种选择解决社会问题方案的过程，任何公共政策本身都存在机会成本问题。人们在选择一种政策方案时，就不得不放弃另外一种或者多种解决方案，在获得前者解决方案所带来的收益或者社会效益的同时，不得不舍弃选择后者所带来的社会收益。在人们选择解决方案的过程中，面对的并非是单因素的简单投入、产出的经济问题，而是多因素的复杂社会现实问题，企图单纯用科学理性或者经济理性的思维解决这样的选择问题很是不够的。因为不论科学理性还是经济理性解决的只能是事实问题，而社会问题不仅包含事实问题，还包含价值问题，因此，要解决公共政策的选择问题必须借助价值理性。但是，即使人们考虑到了这些因素的客观存在，在公共政策过程中，人们仍旧无法解决机会成本问题。所以，机会成本的客观存在就成为了公共政策过程中的价值冲突之一。

和公共政策的机会成本不同，公共政策的“负价值”是指任何公共政策的实施都会产生或大或小的负面效应，这些负面效应不仅包含经济效益，更多的则是社会效益。这些负效应不仅伤及政策本身，它还会引起其他的社会问题，形成“连锁”反应，比如，实行市场经济政策可以激发市场的活力、提高经济效率，但同时也带来了诸如自由竞争所带来的环境恶化以及道德沦丧的社会问题，而实施计划经济政策，尽管可以有效避免市场经济所带来的社会问题，但又带来降低效率的弊端。同时，即使政策本身没有出现多大的负效应，但是政策的出台却因其滞后性而无法解决新问题。理由很简单，人们制定的公共政策是以手中所把握的所有信息为基础所做出的决策，从方法论的角度看，实际上这是一种不完全的归纳法，因为无论政策制定者收集到多大量的信息，都不可穷尽所有与之相关的信息，而且，假使政策制定者穷尽了所有可以参考的信息，但由于社会本身并非是静止不动的，随时都可能出现新问题、新情况，因此，穷尽此一时的信息却无法穷尽彼一时的信息，常常出现的情况则是用政策出台后的政策却无法有效解决所出现的新问题。由此，公共政策本身由于存在“正价值”和“负价值”的双重属性，因此，这也构成了公共政策过程中的价值冲突之一。

三、公共政策过程中价值冲突的根源

1．公共政策过程中价值冲突的客观原因。所谓公共政策过程中价值冲突的客观原因指的是政策本身所无法克服的客观障碍。构成障碍的因素不仅包含上面提到的“机会成本”和“负价值”问题，还包括诸如自然灾害、国际形势突变等不可抗力的外界因素。另外，在整个社会系统中，由于存在不同的小系统或者亚系统的利益要求，这些客观存在也是公共政策过程中价值冲突的客观因素。张华夏在《论价值主体和价值冲突》中论述了这个问题[9]（见表 8-1）。

表 8-1　五种不同社会系统的价值差异、价值冲突和价值协调

系统名称	主导信念	系统的价值目标	自动机制	自律机制(行为规范)
科学共同体	世界是可以理解的	追求真理达到知识增长最大化	科学家提供成果与获得承认的交换系统	知识公有、世界主义、无私利、独创性和科学自由
社会共同体	人类走向繁荣	最大多数人民的最大利益（社会效用最大化）	自利的个人通过市场达到资源配置最优（看不见的手）	功利原则、仁爱原则、公正原则、人类尊严原则
生态系统	生态繁荣	生态系统的完整、稳定和优美	生态金字塔与食物链	生态完整性原理、自然资源保护原理、动物的权利、后代的人权
企业	协作的意愿	利润和收益的最大化	利益与效率的驱动	互助合作，民主建制，团队精神，企业纪律
家庭	家庭幸福	美满、稳定与繁荣	爱情、亲情	婚姻自由、平等、互敬互爱、尊老爱幼、计划生育

从表 8-1 中看到每一个社会子系统都有它区别于其他社会子系统的内在价值，这些价值体现在各自主导信念和共同体目标上；同时，每一个社会子系统也都有它们各自的手段价值或工具价值，体现在各自的自动机制和自律机制方面，这自律机制表现为一种道德价值和行为规范。在正常情况下，这些社会子系统是和谐地存在于社会大系统中的，但是，由于主导价值理念存在差异，所以，他们之间的价值冲突就成为必然，特别在面对公共政策的时候，这些不同社会子系统的价值倾向就会以集体而非个体的形式表现出来。

2. 公共政策过程中价值冲突的政策原因。在论及公共政策过程中价值冲突的原因时，除了上述提到的公共政策过程中的一些主观因素外，在公共政策过程中政策本身以及用于指导政策本身的价值原则也构成了公共政策过程中价值冲突的原因之一。

实际上，以功利主义为价值取向的现代公共政策价值观为价值冲突的产生提供了条件。随着科学技术的发展，社会生产和生活的日趋复杂化，政府管理所涉及的范围越来越大，几乎涵盖了社会生活的各个层面。尽管如此，现代政府的管理职能仍旧以“纠正市场缺陷，提供公共物品，维护公共秩序”三个方面为其基本职能，可以说，这三个基本职能基本体现了现代政府对社会管理的基本价值倾向，其中“纠正市场缺

陷，维护公共秩序”反映了政府的主要职能在于最大程度地为经济建设服务，体现了其作为经济发展调节枢纽的基本职能；而“维护公共秩序”则反映了现代政府的基本社会职能，即在发展经济，提升民众生活水准的基础上，保证社会秩序的平稳运行以及社会生活的健康发展。所以，从现代政府的三项基本职能来看，现代政府都是通过制定公共政策来履行的，而代议制民主的核心原则就是政府应该是 最大多数人利益的代表者，体现在公共政策中则是满足最大多数人的最大利益。

事实上，现代政府的这种功利主义的价值倾向在现代市场经济条件下无疑为提高政府的工作效率、规范市场的有效运作起到了关键作用，而把这一功利主义的准则广泛地应用于公共政策过程中，就自然成为了很多国家的政府管理的价值取向。然而，功利主义的公共政策价值倾向并不能解决现代政府面临的一些价值冲突，其本身仍旧存在着一些内在缺陷，使得它无法涵盖并解决政策过程中出现的所有有关伦理道德的冲突问题。公共政策过程中的功利主义价值倾向将无法有效解决如下两个问题：

其一，尽管功利主义的公共政策价值倾向所一贯倡导的“为最大多数人谋取最大的利益”的核心价值原则符合现代政府的管理角色定位，但是，功利主义价值倾向却无法解决为大多数赢得利益的同时而不得不牺牲少数人的利益之间的矛盾。因为依据功利主义原则，只要结果是实现了最大多数人的利益就是符合伦理价值原则的，体现在公共政策上就意味着，只要政策的最终结果导致了政策接受者利益的普遍获取，那么公共政策本身就是符合伦理规则的，但事实上，这种只重结果而忽视手段和过程的功利主义价值倾向却为现代公共政策过程中的价值冲突设置了伏笔，这个所谓的“正义原则”的不恰当贯彻就有可能导致非正义的结果，从而产生了所谓的“道德悖论”的伦理问题。汤姆·L．彼彻姆(TomL.Beauchamp)为我们在“道德悖论”的问题上提出了一个经典的论证，“一座小城陷入了极度混乱和经济贫困，失业人数剧增，领导混乱，公民生活悲惨。只有使一小部分公民沦为奴隶才能解决所有重要的社会问题。实现奴隶制度会使社会幸福水准普遍提高，甚至奴隶在物质方面的境况也不会比先前更恶化。但是，奴役少数人，使之为大多数人服务显然是不道德的。大多数人无权以这种方式对待少数人”。从这个极端的例子中，我们不难发现，从维护大多数人的利益出发，而以牺牲少数人的利益为代价，表面上看，其形式或者结果是符合大多数人的利益要求的，但是，我们是否有足够的理由可以无视少数人的利益而求得大多数人的利益呢？我们是否有足够的理由在公共政策的选择上仅仅以功利主义为基本原则呢？实际上，在任何政府下的公共政策过程中，这种以牺牲少数人利益为代价而换取多数人利益的政策实践并非少数，这些政策实践一般都是以“政策倾斜”的形式表征出来的。比如鼓励一行业或者地区优先发展，就会在政策的导向上给予支持，得到政策支持的显然是利益的获得者，而享受不到政策倾斜的行业或地区就会成为利益的牺牲者。由此，以功利主义为导向的公共政策过程就会在最大多数人获得利益和一部分人牺牲利益之间陷入“两难境地”，从而就不可避免地产生了公共政策过程中的价值冲突问题。

其二，由公共政策功利主义价值导向所引发的价值冲突，又可以引起另外一种价值冲突，即伦理道德与现实利益之间的矛盾。因为，如果以功利主义的价值倾向作为政策的基本原则，其重点考虑的就不再是过程或者手段而是结果或者效果，但是在目的和结果之间并非是直接到达的，而是存在手段的选择问题。手段的性质可以用正义或者非正义来作简单区分，如果手段是正义的或者道德的，那么目的、手段和结果之间就是符合伦理道德的；相反，如果目的、手段和结果中的手段环节出现了不道德或非正义的行为，那么，它们之间就会产生冲突。而困境往往就是在现实利益和伦理道德的选择上出现的，基于现实利益的考虑，政策主体，特别是制定政策者就会运用功利主义原则来制定公共决策，从而就有可能遇到这样的困境，是首先禁止不道德的行为存在，再由此展开其他政策环节，还是先允许不道德的行为存在，待到政策执行完毕或者一定时期之后再用所得资金来进行重新分配以求得社会公平。但是在政策实践中，在功利主义价值观的导引下，制定政策者以及政策接受者更多关注的则是政策的经济效益而非政策的社会效益，是政策的近期效益而非长远效益，而这正是政策过程中不容忽视的价值冲突。

第三节　公共政策研究中的伦理问题

一、公共政策伦理的含义

伦理是有关道德的哲学，作为应用伦理学研究的一个分支，行政伦理研究的兴起为公共行政的研究拓宽了视野。由于行政伦理的研究内容包含了从行政理想、行政态度、行政义务、行政技能到行政纪律、行政良心、行政荣誉和行政作风以及行政政策等诸多方面，因此，从这个角度看，政策伦理实际上是隶属于行政伦理研究的一个有机组成部分，政策伦理的范畴也就成为了行政伦理范畴体系中的组成部分。

而所谓政策伦理，一般是指公共政策过程中的道德价值体系。在公共政策的伦理的基本原则和基本要求贯穿于公共政策的所有环节；同时，公共政策伦理也研究“政策道德价值追求、政策道德价值目标、政策道德价值导向、政策道德价值实现以及政策道德价值评估等众多的政策道德价值系统”[10]。因此，张文芳认为，公共政策伦理的研究应该从公共政策主体的道德价值、政策行为的道德价值、政策效益的道德价值三个角度进行研究，而研究公共政策主体和公共政策行为的道德价值问题则应该成为公共政策价值中的重点。

罗德刚则认为，公共政策伦理作为行政伦理的一种建构应有两层含义：一是指维护某种公共秩序所需的伦理规范，如为人民服务、维护祖国尊严等；二是为推进这些伦理规范所采取的硬约束手段，即公共政策。并且认为，前者为公共政策在理念、原则上的要求，后者则是在公共政策的制度、政策层等操作层面的要求，如反不正当竞争法案，见义勇为奖励基金、社会服务承诺制度，就是行政伦理的政策化。[11]这种分析方法十分中肯，一方面突出了作为伦理学组成部分的公共政策伦理的伦理要素，另一方面，也把公共政策伦理理解为行政伦理的政策化，突出了作为公共政策伦理的应用性。

二、公共政策伦理的研究内容

研究公共政策伦理应该从两个角度进行，一是从公共政策过程的主体角度考虑，也即作为公共政策重要主体的政策制定者应该以何种伦理要求进行行为；二是从公共政策过程的各个环节考虑，也即公共政策的制定、公共政策的执行以及公共政策的监督、公共政策的评估等环节需要何种伦理约束。当然两者并非是截然分开的两种研究视角，因为公共政策过程的主体的行为也同时体现在公共政策过程的各个环节当中，公共政策过程的各个环节的基本伦理约束和规范也同时也是政策过程主体所应遵循的规范要求。

（一）公共政策过程中的政策主体伦理

这里的公共政策主体是指广义上的公共政策主体，不仅包括依法行使政策制定、政策执行等国家职能的国家公务人员和国家机关，还包括参与公共政策制定的广大民众。公共政策主体是政策过程中的核心要素，公共政策主体政策伦理水平的高低将直接决定公共政策过程的各个

环节执行的有效性，一般认为，公共政策主体应当遵循的基本道德理念包括：[10]

1. 广泛的代表性。这就要求参与制定公共政策的行为主体，一部分必须是法定组织基础上的公共政策工作群体，这个群体中的每个工作人员都有发言权，以防止“一言堂”的政策组织模式。同时，这个法定的政策工作群体应是由与政策内涵相关的所有有关职能机关有机整合而成，而非仅由某一个职能机关单独担任。这样可以避免政策制定过程中可能出现的“本位主义”倾向——维护本行业、本部门的局部利益，损害国家和人民整体利益，也可以有效预防单项政策（法规、规章）与国家的总体性政策（法规、规章）相互抵触、冲突类政策悖伦现象的发生；另一部分则应该是广泛听取广大民众的呼声和意见，最大程度的发挥民主的作用，把民众切实关心、关注的问题作为优先考虑的对象，这样，政策才更有针对性。

2. 高尚的公德性。公共政策解决问题的性质决定了公共政策主体所面对的是社会领域中的公共社会问题，而非私人问题，因此无论是政策的制定者在制定公共政策的过程中所持的出发点还是公共政策执行者所持的执行标准都应该以“公”为先。“公”即社会公德，这就要求任何有损社会公德的行为在政策过程中都不应该出现，否则就违反了公共政策过程中的公德性伦理要求。

3. 与时俱进的创新性。同样，公共政策过程中的政策主体应顺应历史潮流，应具有与时俱进的创新性精神品格，始终保持持续的理论和实践创新的勇气，在遵循客观规律的基础上创新观念、创新理论、创新体制、创新方法，从而不断提升公共政策过程中中央和地方政策的理论和实践水平。

（二）公共政策过程中政策环节的伦理

1. 公共政策制定过程中的伦理要求。对于公共政策制定这一环节，应把公共政策的价值目标作为首要考虑因素，公共政策的价值目标首先应该体现公正的基本伦理规范。一般看来，在人与人的利益关系中，有如下几种公正形式。其一，交换的公正性。即交换的意愿，是自愿的还是非自愿的？交换的地位，是平等的还是不平等的？交换的代价，是等价的还是不等价的；其二，分配的公正性。即如何把合作产生的利益在合作者和外部因素之间进行合理的分配；其三，程序或规则的公正性。尽管公正与否将由实质性的结果来决定，但是，如何保证结果的公正性就成为程序或者规则要解决的问题了，因此，程序或规则的公正性对于保证结果的公正性至关重要。体现在公共政策过程的制定环节中的公正原则无论涉及到上述任何一种公正形式，都应该切实体现之。

2. 公共政策执行过程中的伦理要求。公共政策的执行环节对于公共政策过程起着关键作用，这就要求政策执行者必须充分理解政策的本质和精神，在保证贯彻原则的过程中掌握政策的灵活性；同时要顾全大局，面对政策执行过程中的复杂情况应保持清醒的政策意识和法制意识，切不能随意违背政策本身的原则而做出违反伦理规范的行为。

3. 公共政策评估过程中的伦理要求。评估公共政策过程实际上就是检验政策本身的科学性和客观性，用以解决政策执行过程或结束后出现的新问题和新情况，因此，把握公共政策评估的伦理尺度十分关键。应该以事实求是的态度和精神评估任何一项公共政策的执行情况，做出基于客观事实基础之上的评估报告，以便为今后的政策过程提供可以借鉴的经验教训，防止类似问题重新出现。

思考题

1. 如何理解公共政策的价值观？

2. 如何理解公共政策价值观的作用？

3. 谈谈你对公共政策过程中出现的价值冲突问题的了解。

4. 如何理解公共政策过程中的伦理问题？

参考文献

1. P. 利科主编．哲学主要趋向（中译本）.438。

2. 康德全集，第四卷，柏林科学院．1968年德文版．宗白华译．北京：商务印书馆，第394页。

3. 李德顺．价值论．北京：中国人民大学出版社，1987.13

4. 江畅．论价值观念．人文杂志，1998（1）

5. 梁丽芝．公共政策价值观的构成、功能及整合．衡阳师范学院学报（社会科学），2002.23（2）

6. 张彬，谢俊凯．价值冲突问题研究述要．哲学动态．1998（4）

7. 康德．实践理性批判（第二卷）．宗白华译．北京：商务印书馆，1964.112

8. 鲁品越．当代价值冲突的哲学透视——创价活动的永恒矛盾及其表现．江苏社会科学，1994（2，3）

9. 张华夏．论价值主体与价值冲突．山大学学报（社会科学版），1998，3

10. 张文芳．浅谈政策伦理．广东行政学院学报，2002，14（1）

11. 罗德刚．行政伦理的含义、主体和类别探讨．探索，2002（1）

第九章 政策研究方法论

公共政策的基本研究方法从类别上说，可以分成三大类，一类是定性研究方法，一类是定量研究方法，另一类是定性与定量的组合。定性研究侧重于用语言文字描述、阐述及探索事件、现象和问题。定量研究侧重于用数字来描述、阐述及揭示事件、现象和问题。定性与定量组合的研究方法是两种方法的结合运用。在实际问题的研究中，要严格的区分两种研究方法并不容易，因为定性研究不等于不用数字，定量研究也离不开直觉、价值判断和逻辑推理。定性与定量研究方法往往是互相渗透的。政策科学在发展过程中，借助了运筹学、应用数学、系统分析、计量经济学、统计学、行为科学与管理科学等定量研究方法，同时针对许多无法定量的因素的研究也使用了定性分析等研究方法，还借助了决策心理学、组织理论、社会学等研究方法。这些方法构成了政策研究的基本方法，其中，特别是系统分析原理对政策科学的产生和发展意义重大，政策科学发展就是建立在系统分析的基础之上。因此，本章主要介绍系统分析方法、定量研究方法、定性研究方法。

第一节　系统分析方法

政策科学是在系统分析的基础上形成并发展起来的。系统分析方法指导政策科学的研究是理论与实际结合的成功范例。要掌握政策研究方法论，必须首先了解系统分析方法。

一、系统与系统方法

系统是完整和全面的代名词，系统是系统方法入门的钥匙。系统方法是对事物进行全面而完整考察的方法，系统方法是政策研究方法论的基石。

1. 系统及其特征。系统的概念人们并不陌生，古希腊哲学家较早使用了系统概念。系统的拉丁语义是“共同”和“集合”，英语语义是“体系、系统、体制、制度、方式”等。20 世纪 50 年代之后系统概念在人类事务的管理活动中得到更为广泛的应用。按照一般系统论的创立者贝塔朗菲的观点，系统是处于一定的相互关系中并与环境发生关系的各个组成部分（要素）的总体（集）。我国著名科学家钱学森认为极其复杂的研究对象称为系统，即相互作用和相互依赖的若干组成部分合成的具有特定功能的有机整体，而且这个系统本身又是它所从属的一个更大系统的组成部分。

我们认为，系统是由两个以上的不同要素构成的集合体，各要素之间存在着一定的联系和相互作用，形成特定的整体结构并适应外界特定的环境，系统作为一个分系统从属于更大的系统。从上述系统概念中我们不难看出系统的如下六个特征。

（1）集合性。系统是由两个以上的可以相互区别的要素或分系统组成的整体。既要“孤立地”考察系统的完整性，又要“联系地”把系统作为大系统的一部分来看待，这样才能全面地认识系统的作用和功能。

（2）相关性。系统内的各要素或分系统是相互作用相互联系的，某一要素或分系统发生变化必然引起其他要素或分系统变化，正所谓“牵一发而动全身”。

（3）目的性。系统具有特有的功能和目的，组成系统的各要素都是为了达到一个目的或完成一个任务而结合在一起，形成有机统一的整体。

（4）动态性。从静态上看，系统是一个状态。从动态上看，系统是一个变化过程。系统具有时间性程序性，贯穿着物质、能量和信息的运动和流通，这种流通和运动就是系统的动态特征；此外，系统的生命周期决定系统处于产生、变化、发展、兴盛、衰退直至消亡这样的过程中，这也是系统的动态特征。

（5）层次性。系统是由若干子系统组成的，子系统又是由更小的子系统组成的。从更广阔的视角和更高的层次上看，这个系统又被更大的系统包容，是大系统的一个组成部分。这就是系统的层次性。

（6）环境适应性。系统离不开特定的环境，在环境中生存与发展。系统和环境之间进行物质、能量和信息的交流，系统要通过外界环境的输入受到环境约束，又要通过对环境的输出给环境施加影响。理想的、具有生命力的系统必须能够适应外部环境的变化，与外界环境保持相互协调相得益彰的适应状态。事物的发展是量变到质变的过程，系统处于量变状态时，与外界环境的关系是稳定的，这就是系统对环境的适应性。所以从本质上看，系统对环境的适应性是系统稳定性在系统外部关系上的反映。

总之，世上一切事物都是作为系统而存在的，若干要素按一定的结构和层次组合，并且具有特定的功能。系统普遍存在于自然界和人类社会之中。它是由要素所构成的整体，离开要素就无所谓系统，要素是系统的基础。系统的性质由要素决定，一般来说，有什么样的要素就有什么样的系统及其功能，但系统又具有各要素所没有的新功能。各种要素在构成系统时，具有一定的结构与层次，没有结构层次的要素无序堆砌构不成系统。系统的性质取决于要素的结构，而在一个动态结构的系统中，结构的好坏直接由要素之间的协调体现出来。系统与环境之间存在密切的联系，每个系统都是在一定的环境中存在与发展的，它与环境发生物质、能量和信息的交换，这是开放系统的一个基本特点。系统的各要素之间，要素与整体之间，整体与环境之间存在着一定的有机联系，从而在系统内外形成一定的结构与秩序，使得系统呈现出集合性、相关性、目的性、动态性、层次性、适应性等特征，这些特征就是所谓的系统的同构性。

2. 系统方法及其特点

系统方法建立在系统观点的基础上。所谓系统方法就是，将研究对象放在系统的格局中加以考察，始终注意系统整体与组成要素之间、系统自身与外界环境之间的相互联系、相互作用的关系，综合地、动态地研究处理问题，使解决方案最优化。可见，整体性、综合性和最优化是系统方法的特点。

(1) 整体性。整体性要求人们将研究对象从整体上去考察。世间一切事物都是由诸要素组成的有机整体，要素之间的相互联系相互作用推动事物发展变化；而对每个要素或部分要素的变化，也要从整体上去考察才能看出这些变化对整体的影响。整体性是系统方法的基本观点。

(2) 综合性。综合性的含义有两个方面：第一是从静态的横断面上考虑，系统是诸要素为特定目的和按照特定规律而构成的整体，是一个综合体状态，同时系统与外界环境相互协调和交流，也是一个相对稳定的状态。第二是从动态的纵切面上考虑，对任何研究的对象都要从它的性质、成分、结构功能、发展趋势，以及与外界的关系等因素中，揭示系统的特征和运动规律。综合性要求我们全面、完整、客观地研究分析问题。

（3）最优化。解决方案最优化是系统方法追求的目标。系统方法最基本的运作方法是，按照系统层次性的特征，系统方法可以运用现代技术手段，将系统应该实现的目标层层分解，使不同等级和层次的目标都与系统的总目标对应。并且在动态中协调整体与部分的关系，使局部的功能和目标始终服从总体的目标要求，从而达到预期目标。

二、系统分析的基本含义

按照有关政策科学研究学者的说法，系统分析可以被视为由定性、定量或两者相结合的方法组成的一个集合，其方法论源于系统论、系统方法论等科学分支。系统分析既是一种解释性的，又是一种规定性的方法论。

1．系统分析的诞生。系统分析最早是由美国兰德公司在第二次世界大战结束前后提出并加以应用的。1945年美国道格拉斯飞机公司为美国空军研究“洲际战争”问题，直到1948年，从事研究的部门从道格拉斯公司独立出来，成立了兰德公司，兰德公司发展了一套为实现确定的目标对不同方案从费用和效果两个方面进行经济评价的方法，即系统分析的方法。

此后，系统分析沿着两条路线发展。一条路线是借助数学工具和经济学原理来解决实际问题。美国曾把这套方法应用于整个军事领域，并很快在各领域推广。美国民间企业应用系统分析方法来提高基础设施的效率和效能，在消防、医疗、电网、导航等领域，系统分析方法也得到了广泛的应用。另一条路线体现在与高等学府相关的研究与教学活动之中。这一路线是把众多的学科加以系统理论化，开始是在生物学和自动控制研究领域，其后扩展到工程学、通讯理论、一般系统论、政治结构、国际关系、管理系统、生态系统、心理和精神分析以及教育系统等研究领域。到了20世纪70年代中期，系统分析从作为分析经济合理性的单一用途的理论体系，逐步走向多学科相互结合、相互补充的一种应用广泛的有效的方法体系。

目前，系统分析作为科学方法论，已被各国认可和采用，运用于广泛的研究领域之中。特别是应用在不确定因素较多的政策制定以及公共决策系统的改进上。随着应用数学以及运筹学的发展，随着大容量的集成计算机的出现，系统方法自身及应用范围也在不断完善和扩展，成为政策研究以及政策分析的主导性或基础性的方法。

2．系统分析的概念。简而言之，系统分析就是系统方法的具体应用。具体地讲，系统分析是对一个系统内的基本问题，用系统的观点思维推理，分析对比在确定或不确定的条件下可能采取的若干方案，为达到预期目标选出最优方案的方法。

系统分析为决策者选择了一个行动方向，通过定量定性结合的方法，对情况全面而客观的分析，对备选方案择优后，提供给决策者，系统分析是辅助性的决策工具。某种意义上看，系统分析也是一种程序，它运用科学的分析工具和方法，对系统的目的、功能、费用、效益等问题进行调查研究，在收集、分析处理所获得的信息基础上，通过模型进行仿真实验和优化分析，并对各种备选方案进行对比研究，最终为系统设计、系统决策、系统实施提出可靠的依据。

系统分析与系统方法一样，具有整体性、综合性和最优化的特点，此外系统分析还具有如下鲜明的特点。

(1) 系统分析注重量化方法的应用。系统分析注重运用各种数学工具，使用的资料尽可能用数学语言来描述，用量化来反映差别。计算机为数学方法的使用增添了翅膀，使管理和决策迅速走向定量化、精确化和自动化。有利于人们认识复杂多变的系统，从而发挥系统的整体效应。系统分析注重计量因素，这是区别于传统分析方法的显著特点。系统分析增强了处理问题的操作性，与可计量因素相关的问题可以先行解决，之后决策者集中精力解决与非计量因素相关的问题，这些问题往往是较难解决的问题。

(2) 系统分析认真对待非计量因素。在现代社会生活中，人是最积极最活跃的因素，人是管理者又是被管理者。人的许多因素是难以量化或无法量化的，如政治觉悟、思想品质、工作态度、作风性格等等，这些因素是极其重要的，但至今尚无切合实际的量化评价方法。对此类问题，有关人员还须从实际出发，调查研究，具体问题具体分析，运用丰富的经验和高超的判断力来做出评估，定性地做出分析评价。在这种情况下，硬性的定量往往失之偏颇，一定的模糊反而能正确揭示对象的本质，模糊思维和推理有其独特的作用。

(3) 系统分析使人们全面地审视问题。系统分析帮助人们理解面对的政策系统，同时对不同的政策系统加以比较；鼓励人们对系统的不同部分进行对比分析，使人们注意系统中的结构和层次的特点，开拓新的研究领域，增加新的知识；促使人们转换视角，从不同的角度或侧面看问题，在考虑目标和解决问题的要求时，也同时考虑协调、控制和贯彻执行的问题；诱导人们进行新的发现，注意进行从目的到手段的全面调查等等。系统分析在政策制定与执行之间建立起“中介”环节，人们通过调查研究在认识上接近政策系统的实际，采取措施使系统按照预期的目标和效益运行。系统分析要求人们依据事实而不是依据先验，系统分析与未经实践检验的报告制度完全不同。系统分析要求决策者一切从实际出发，坚持实事求是的原则，不仅用模型来模拟给定系统的前景，而且注重通过实践检验预测的正确与否。系统分析坚持发展的观点，始终注意系统的动态性的特点。

3. 系统分析的内容。根据系统、系统方法和系统分析的基本特征，将系统分析的内容相对地划分为系统的整体分析、结构分析、层次分析、相关分析和环境分析等几个方面。

(1) 整体分析。整体性是系统的基本特征之一，整体分析也就构成系统分析的一个主要内容。如前所述，任何系统都是由诸多要素或子系统组成的，子系统又是由若干单元和元素所构成的。系统的性质、功能与运行规律不完全等同于它的各个组成部分在独立状态时的性质、功能和运动规律。系统的整体表现出各个组成要素所不具备的新功能和整体运行规律，这就是“整体大于各部分之和”的原理。此外，系统的组成要素的性质和功能也不同于它们在孤立状态时的性质与功能，当它们作为系统的一部分与周围环境相互作用时，并不是代表孤立的要素本身，而是以系统的有机构成出现，代表系统整体。

系统整体状态及其目标优化是整体分析的主要内容。整体分析强调从全局出发，考虑系统、子系统及要素之间以及它们与所处环境之间的相互关系和相互作用，探求系统整体的本质和规律，提高整体效应，追求整体目标的优化。对复杂的庞大系统，要将其分解为一组子系统，从整体角度出发，统筹各个子系统的目标，最终达到系统所要求的总体目标。这里应该指出的是，从整体与局部的关系上看，有时整体目标最优，不等于各个子系统目标最优；从近期与长远的关系看，系统的优化也有多种结果，或对近期与长远都有利，或对近期有利、对长远不利甚至有害，或对近期不利、而对长远有利。因此，我们要在整体利益最优的前提下，处理好局部与整体、近期与长远的关系。例如，在推动经济发展与社会进步的进程中，不能为了地方局部的利益和近期的利益，片面追求经济增长率，而以牺牲国家整体利益和长远的效益作为代价。我国确定经济增长方式由粗放型向集约型转变，实施可持续发展战略，这些决策是有针对性的，是正确的，这是国家整体利益和民族长远利益之所在。

(2) 结构分析。系统结构是指系统内部诸要素的排列组合方式。要素相同，排列组合方式不同，就可能使系统具有完全不同的性质、特征与功能。最典型的例子是碳元素不同的排列组合，产生出两种性质完全相反的物质，石墨和金刚石，前者硬度极小，后者硬度极大。由此可见结构的重要性，结构不仅引起物质量的变化，也引起质的改变。对于一个系统也是如此，如果没有对系统结构合理性进行分析，没有整体优化的设计方案，那么系统的设计将是盲目的，系统的运行也将产生难于预测的不良后果。

结构分析是系统分析的一个组成部分。结构分析是探求系统合理结构的手段或方法，按照系统的整体性、环境适应性、相关性和层次性等特征，使系统的组成要素及其相互关联达到最优定位、最优结合和最优输出。人们常用对系统本身结构优化求最大值和对系统输出状态优化求最大值，这样两个公式来表达结构分析的基本原理。

$$E = \max P\ (X,\ R,\ C)$$

$$P \sim G$$

$$P \sim O$$

$$Sopt = \max\ \{S/E\}$$

第一个公式中的 X 表示系统组成要素的集合、R 表示系统组成要素的关系的集合、C 表示系统要素在各层次上的分布形式，P 是 X、R、C 的结合效果函数；P 表示函数对应的某种条件，$P \sim G$ 表示 P 函数对应于系统目标集的条件，$P \sim O$ 表示 P 函数对应于环境因素约束集的条件；E 表示 P 函数在两个对应条件下所能达到的最优结合效果。第二个公式中的 $Sopt$ 表示具有最优结构的系统的最优输出。结构分析就是探求 X、R、C 之间的最佳结合，使系统结构效果最优，输出最优。

(3) 层次分析。层次分析基于系统结构的层次性。系统结构的层次性含义是任何一个系统尤其是复杂的系统，都可以从纵向上将其划分为若干等级，即系统存在着不同等级的层次关系，并且在任何同一等级的层面上，又可以从横向上分成若干相互联系、相互制约又相对独立的平行部分。正如我国政府体制上的“条条和块块”，从中央人民政府即国务院，到省、市、县、区、乡地方各级人民政府，形成由高到低的纵向的层级的领导管理体制，而国务院又划分出各个部、委等单位，省级人民政府划分出厅、局等单位，这些单位在同一层面上，是横向的并列的。系统结构层次性是系统的稳定性和连续性的保证，也是系统有效发挥功能的前提。

系统分析的内容和方法是，首先要明确问题中所包含的因素及其相互关系，将各因素归属到不同层次，形成多层次结构；其次对每一层次中的因素比较分析，按重要性或适用性对因素做出排列；最后还要考虑系统分层及其规模的合理性问题，考虑系统传递物质、能量和信息的效率、效益和质量等因素。总之要使各个功能单元的层次归属合理。

(4) 相关分析。构成系统的各个子系统、要素之间以及它们与环境之间是相互联系和相互作用的，相关性是系统的特征之一。首先，相关性体现在系统中各要素之间的关联。系统中各要素不是孤立存在的，而是由系统的结构有机联系在一起的，彼此相互依存、相互作用，如果某一要素发生变化，其他要素也会随之发生变化。其次，相关性体现在要素与系统整体的关系中。要素与系统整体协调一致，相辅相成。要素改变会引起整体发生改变，系统整体发生改变也会引起要素发生变化。要素与系统之间的相互作用是通过结构这一中介来实现的。再次，相关性表现在系统与环境的关系方面。系统的改变引起环境的变化，环境的变化也会导致系统的变化。系统营造环境，环境制约系统。最后，相关性还表现在系统发展的协同性上。协同性是指系统发展变化与系统各组成部分及外界环境发展变化的同步性，即系统的变化必然引起各要素以及环境的变化，这种变化又不是无序的杂乱的，而是有序的有规律的。

发展的观点和联系的观点是辩证唯物主义的基本观点，相关分析源于系统的相关性。相关分析要求我们在问题界定、目标设定和方案规划中，要关注各种问题及问题的各个方面之间、各个目标之间、各个方案之间、子目标与总目标以及子方案与总方案之间的关系。在公共政策的制定过程中，要注意政策方案与社会、经济和政治环境的相互作用，要注意各种因素对政策执行可能产生的影响，保证政策方案切合实际，切实可行。在改革问题上，我们运用相关分析的方法，使各个领域、各个方面的改革协调进行，同时从全局上把握改革、发展和稳定的关系，这样才能真正推进改革，促进各项事业健康发展。

(5) 环境分析。系统与环境处于相互联系和相互作用之中。环境是系统之外的事物或存在，是系统发生、发展及运行的条件或背景。一个系统总是被更大的系统包容，成为更大系统的子系统，更大的系统就成为该子系统的环境。系统与环境的影响是相互的，系统与环境不断进行着的物质、能量和信息的交换。一方面，环境影响、制约甚至决定系统的性质与功能，另一方面，系统的作用也将引起环境发生相应的变化。

环境分析是系统分析的一个重要组成部分，要确定系统的边界和约束条件，必须对环境做出分析，这是系统分析中一项不可忽视的工作。就政策研究而言，系统与所处环境之间的联系，是我们首先要考虑的问题。我们将政策研究的对象视为一个系统，将高度开放的社会系统视为环境。政策环境通过政治系统的决策系统做出政策方案，向政策系统输入；这些方案的执行效果反过来向环境输出，影响和改变环境。由此可见，无论是政策的制定，还是政策的执行，环境分析的作用都是十分重要的。环境分析应用的范围很广，自然环境分析，社会环境分析，经济环境分析，文化心理环境分析等等，这些分析的共同特征是，找出相关的环境因素，发现其影响的范围和程度，在方案的制定和执行中充分予以考虑。

三、系统分析的要素与范畴

系统分析的要素由目标、备选方案、效果、标准和模式五个方面组成。系统分析的范畴包括行为研究、价值研究和规范研究三个方面。系统分析的要素与范畴将系统分析具体化，增强了系统分析的操作性和实际意义。

1. 系统分析的要素。系统分析的要素涉及系统分析的程序、功能和环节等基础性问题，是系统分析的细化和展开，有助于我们深入了解掌握系统分析的方法。

(1) 目标。任何行动都要有明确的目标，目标是行动的方向，也是行动的动力。目标是系统分析的重要构成，是系统分析的出发点和归宿，目标是决策者希望达到的结果。选择了正确的目标，分析过程即使艰难，也有意义有价值；选择了错误的目标，政策方案无论多么周密，也于事无补，甚至带来危害。目标是依据系统的问题即政策的问题来确定的，首先对问题要心中有数，明确系统的问题需要做大量的调查研究工作，如问题界定、问题性质、系统的边界及由来；然后才是确定目标，论证目标的合理性、可行性，建立目标体系以及分解目标等等。确立目标固然十分重要，但是在实际的决策分析过程中，目标这个要素却容易被忽视，人们常常以为目标是明摆着的东西，用不着去发现或确定，这是政策研究中的一个误区。目标有着具体的内涵和外延，决不是似是而非的、大概的、笼统的东西。

(2) 备选方案。备选方案的前提是提供多个方案，以便对多个方案择优，目的是达到政策目标。这是决策者或分析者为达到政策目标采取的选择或手段，表现为政策、策略或行动的综合过程。备选方案之间不必是相互排斥的关系，可以相互重叠或彼此包容。备选方案的创造、分析和择优有赖于多方面的工作才能实现，首先是设计工作，即分析者尽可能多地寻找到或设计出各种备选方案；然后是筛选工作，即对范围广泛的备选方案加以检查和筛选，将其数量减少到易于处理的范围，一般为 3 至 4 个，最多不超过 7 至 8 个，要注意保留方案之间的反差，不可千篇一律；最后是方案的抉择工作，即通过比较各种方案的经济效益和社会效益，比较各种方案的可行性，而选择最优或较优者。在实际运行中，备选方案可以通过一次抉择就确定最优，也可以事后发现确定更好的附加方案，要有动态观点和发展意识。

(3) 效果。简言之，某项方案取得的效益与取得这些效益所消耗的资源成本之比称为方案的效果。我们把效果按照不同原则划分成多种类型，如分为经济效果和非经济效果，公益的效果和营利的效果，积极效果和消极效果，目前效果和长远效果，显效果和隐效果，正效果和负效果，等等。决策者要全面考虑各种效果之间的关系，要以国家的长远利益为重，要经济效益和社会效益并举，在这个大前提下，力求取得备选方案的正效果，避免负效果。在政策分析过程中，对方案效果的分析可以在政策过程的不同阶段里进行，如在政策制定阶段的预测分析、在政策执行中对部分成果的阶段分析，以及在政策执行完成后的全面分析评估等。这些分析有利于及时发现政策制定和执行过程中的利弊得失，为政策监控提供可靠依据，使政策过程各个环节之间相互呼应，协调进行。

(4) 标准。标准是衡量备选方案的目标和效果的尺度。标准将目标、备选方案和效果有机地联系起来，标准可以具体化为一系列的指标，也可以说标准是由一系列指标构成的体系。这些指标有经济指标，也有非经济指标；有量化的指标，也有非量化的定性指标；有单一的指标，也有多重的指标；既可以是衡量指标，也可以是目的指标，还可以是分析指标。量化指标用数学方法来衡量目标或效果的取得程度，是比较准确的指标，但它不是万能的，不能应用到目标或效果的所有方面，因为有许多目标或效果是定性的，是不能量化的。标准具有客观性和稳定性，不允许随意降低标准，也不允许不切实际地拔高标准。

(5) 模型。模型或模式是对复杂的研究对象或研究过程的简化表达。简单模型的表达方式是表格、图解或图像，复杂的模型则用数学语言来表达，可以是代数方程、微分方程，尤其是迅猛发展的计算机技术成为模型最好的表达工具。对模型基本的要求是，服从目标，简单明了。系统分析中常用的量化工具是模型，模型的功能是预测，就是说模型可以用来事先预测采取一项行动的结果，而无须等到采取实际行动之后再去衡量。也就是说，在一个行动方案付诸实践之前，一些表格或程序会告诉我们该项行动会出现什么结果，我们将在何种程度上实现预期的目标，这些分析都是通过模型来完成的。模型的建构是一种技能，更是一种创造性思维活动。为了设计或评估一个政策系统，要从不同的角度去构造多种不同的模型，这需要经验的指导和正确的判断，更需要战略性眼界和创造性思维。

以上系统分析的五种基本因素是相互关联、相互制约的。我们先要明确系统的目标，然后通过模型预测各种备选方案的成本和效益，并依据评估标准进行评估，最后确定备选方案的优劣顺序，最终做出抉择，系统分析就是这样的一个完整过程。我们发现，这一过程包括这样五个环节或五个阶段，即阐释目标、构造模型、设计方案、预测效果、评估和抉择方案。当然这些阶段或环节的划分是相对的，它们相为补充、不可分割，这些阶段的前后顺序并不重要，重要的是我们应根据面临问题的需要，把这些阶段当做解决问题的工具来使用，必要时可以反复使用，深入细致地把问题弄清楚，直至找到比较理想的方案为止。

2. 系统分析的范畴。行为研究、价值研究和规范研究是系统分析研究方法论的三个基本范畴，它们之间存在着既相对独立又互为补充的关系。了解系统分析的基本范畴，可以使我们更为理性地掌握系统分析的方法，在实践中运用这种方法时会更加自如。

(1) 行为研究。行为是受思想支配而表现在外面的活动总和，系统分析所指的行为研究，是人们对事物或事件的性质以及事物之间的相互关系进行观察、描述和测量的一门科学。行为研究关注的问题是：这是什么，什么时候，什么程度，什么后果。当然，行为研究的前提是人们具有认识事物本质和发现事物变化规律的能力。行为研究是科学主张的前提条件，因此成为系统分析的基本范畴。

行为研究把归纳推理的方法作为主要的工具。行为研究的基本思想是，我们反复观察到某种事实，则我们能够确认某种结果会以多大的概率出现。人们将概率低于100%的推理称之为归纳推理，也称概率推理，概率推理是行为研究中最常用的判断方式。这里要介绍置信度这个概念，通过甲的结论来推断乙的情况，甲的结论对推理的有效保证程度就是所谓的置信度。置信度的深刻含义是全面、公正、客观地了解分析已经发生的事实，这是产生正确推断的基石，不然再好的推断方式和推断过程只能是无本之木，无源之水。所以在行为研究中，我们要切记尊重客观实际，要用事实说话。我们说行为研究和价值研究、规范研究三者之间相互关联，是指在端正的价值观念内和客观的规范中来进行行为研究，而不是带上个人的价值色彩和偏好去判断什么问题。如果政策决策者自觉不自觉地带有某种主观意向，选择论据时难免不择其所好，难免不按照自己的意向去推出结论，这是我们应该警惕和避免的。从经验上看，在进行行为研究时，有三种情况更多地涉及价值观念问题。一是研究人员的兴趣影响系统边界的确定。人们的知识构成、与所研究问题的利害关系等等，都可能对问题外延的划定产生有形或无形的影响；二是选择事实依据时人们的偏好所起的作用。对此最好是建立必要的制度，从内容到程序都做出规定，防止人为因素的不良干扰；三是个人价值观影响系统目标的建立。系统目标是根本性的问题，一定要从与全局和长远上来考虑，万万不能被狭隘的价值观念所左右。

(2) 价值研究。从经济学的角度来看，价值是社会必要劳动在商品里的体现，从社会学的角度来看，价值表示事物的积极作用。我们所说的价值研究中的价值含义，综合了以上两种定义的内容。价值研究简而言之是对是否采取某种行为的一种判断，值不值得这么去做，做了代价多大，不做后果如何，要对这些问题做出回答。价值研究面对的问题是：因为什么，为了什么，什么目的，什么代价。

价值研究关注的问题有很多，包括政策的价值、各个子系统价值一致性、绝对价值和相对价值、价值组合、价值对抗等等。具体来看，价值研究关注这样几个问题：第一是决策者的价值观问题。政策是由人来制定的，系统是由人来建立、分析、操作的，所以政策决策者的价值观是政策研究面对的首要问题；第二是以价值为核心来统一决策者的思想。决策者们在决策过程中意见往往是不一致的，特别是出现较大的分歧时，就需要用一个价值标准来统一思想。要让大家清楚“我们的责任是什么”、“我们要达到什么目的”、“我们要收获什么结果”，依此来提升和统一大家的思想认识，最终做出正确决策；第三是价值分析在系统实际管理中的运用。运用价值分析来分辨哪些部位的价值与整个系统的价值有差异甚至是对抗，对抗无法调和则需要相应改变系统结构，对抗可以调和则适当调整资源分配，使对抗尽可能地减弱。价值分析还要求我们求同存异、扬长避短，如在人事调度方面，要用人所长，一个人在此岗位干不好，在彼岗位可能会干得好，价值研究提醒我们全面地看问题；第四是价值研究使我们从本质上去判断问题。价值研究在注重量变的同时，更注重质的变化，认为质的变化是根本问题。

(3) 规范研究。所谓规范，是指约定俗成或明文规定的标准，也是为达到此标准而采取的行动。规范研究要弄清的问题是：应该是什么，应该怎样做。从科学的方法论角度来看，政策分析本身就属于广义的规范研究，而狭义的规范研究归根到底是保证政策研究手段的正确性，也就是在现阶段确定那些能使政策成功率较大的手段，这是规范研究的结果。

规范研究和价值研究在三个方面有联系：一是，想取得某种结果的动因是对这种结果的偏好；二是，选择手段时要考虑是否可行和有效，同时隐含了对其他手段的拒绝；三是，规范研究还要注意受政策影响的人和组织的反映。

这里我们从广义的角度来规范政策研究中系统分析方法运用的大致步骤，并以此作为这一节内容的总结：第一是分解系统，明确问题；第二是进行行为研究来定义和描述问题系统、系统分量和系统的环境；第三是进行价值研究，确定政策目标；第四是进行系统分析评价；第五是进行规范研究，提出政策方案，包括可供选择的方案和如何选择的建议；第六是对系统分析进行概述，提供给决策者；第七是对政策执行中和执行后的结果进行验证；第八是如有需要再推荐新的政策措施。

第二节 定量分析方法

政策科学是强调应用性的一门经验科学，在运用定性分析方法即创造性思维方法的同时，尽可能多地使用理性分析的方法，藉以增强政策科学的客观性和准确性。理性分析尤其是定量分析方法在政策研究或政策分析中占有重要一席，是政策科学形成和发展的一个主要的基础性的方法论。

一、定量分析方法的理论基础

理性主义是定量分析的理论基础。所谓理性，即合理性，它是一个哲学概念，后被广泛应用于其他领域。简要地说就是人们经过逻辑的计算或推理，选择适当的手段去实现目的，以获取经济利益最大化。具体地说，理性是人们为达到预定的目的，运用客观和准确的计算，利用掌握的信息和资料，对目的和手段进行分析，以求得最适当的手段或解决问题的办法，最终达到预期的目的。显然，理性思维是一种强调逻辑推理和精确计算的思维，这种思维方法最典型的就是定量的分析方法及其技术。

理性主义则主张将理性方法作为政策研究的主导方法或惟一方法。按照这一模式，政策制定者必须掌握所有的社会价值偏好和相对权重，能够穷尽所有的备选方案并能够知悉每套方案的所有后果，能够估计每一政策方案可能得到或者失去的社会价值比例，能够选择最佳的政策方案。由于理性主义所强调的条件过于理想，而现实的环境又充满了无奈，因此，理性主义虽然追求完美，但却难以实现。正因为如此，这种纯粹理性主义招致了多方的批评。有人提出了有限理性和渐进主义的研究途径。

有限理性的提出者是美国学者赫伯特·西蒙，他认为人类决策行为所依赖的既不是纯粹理性，也不是所谓的非理性，而是介于理性和非理性之间的有限理性。这是因为，由于人们受知识、能力、时间、信息及各种资源的限制，无法追求最优决策，而只能寻求满意决策或称为次优决策。当然，有限理性并未全盘否认纯粹理性的作用，只是强调了非理性因素在政策分析中的重要性。而渐进主义，则提出了与理性决策完全不同的政策研究途径。渐进决策模型的提出者林德布洛姆认为政策制定不是一种理性分析的过程，而是各种政治力量、各种利益团体讨价还价、妥协斗争的过程，政策是对现行政策的修改和完善，而不是政策的完全创新。不管观点如何，倡导有限理性思维和渐进思维的学者们都发展出各自的政策研究方法。主张理性思维的学者实行定量的研究方法，倡导渐进决策的学者主张定性的研究方法，当然也不排斥定量的研究方法。

二、定量分析方法的运用程序

以理性主义为思维基础的政策分析家，主张经济理性，运用量化方法，分析工具则青睐定量分析工具，如作业研究、系统分析、管理科学等。定量分析工具的指导思想是：政策分析家本身是理性的决策制定者，设定清晰的政策目标，运用逻辑程序，追寻达成该目标的最佳方法。定量分析工具进行公共问题的分析，必须遵循一些程序和要求：

(1) 认清政策问题是否主要为定量分析问题。这是定量分析在应用前的关键问题。这涉及三个问题，第一是明确澄清政策问题，即必须处理的政策问题是什么？政策问题的澄清为政策分析的第一步骤，如未能认清问题的性质，就可能导致是非不清，则政策方案就无法发挥解决问题的积极效果，甚至还会出现消极后果。第二，确认政策科学家所面对的问题是否主要是定量分析问题，也就是可量化的政策问题。我们必须明确问题的性质，真正认识所面对的问题。第三是要明确政策目标。政策分析是有目的的行动，必须确立政策目标，以作为政策行动的指引，政策科学家的政策目标必然是清晰的、系统的，并可分解成若干次级目标。

(2) 发展方案。政策方案可以理解为一组肯定或否定的行动，可能为政策制定体系所采纳，以达成政策目标。政策方案的研究制定是政策分析过程中相当重要的阶段，如果不能产生可行的政策方案，政策分析过程就无法完成。许多学者认为政策分析家通常都会将大部份的精力放在政策方案的设计上，因为政策方案是解决问题的具体策略，这是政策制定者在理论上的成果。政策方案的设计一方面必须认定已知的既有方案，另一方面必须创造新的方案。可见政策方案的设计是一项挑战的工作，要以传统的智慧探索既有的政策方案，更要运用个人洞察力与想象力，设计革新性的方案，所以政策方案的设计为政策分析过程中最需要发挥创意的阶段。

(3) 预测后果。每个行动方案后果为何？预测方案后果的手段为何？如果方案的后果是不确定的，其可能性为何？这是我们对所制定的政策方案必须要思考和回答的问题。我们设计可行的政策方案之后，必须建立因果关系模式，然后采取主观与客观的预测方法，计算每一行动方案可能产生的正负结果。预测的后果为这样三种型态：政策执行必将导致可预测的明确后果的确定型决策制定；政策行动可以划分为一组可能的后果并每一后果发生的机率都可以表示出来的风险型决策制定；后果的范围可以预测，但不可能估算出其发生的机率，这种不确定型的决策制定。

(4) 评价结果。评价政策结果必须注意的问题是：政策目标的成功标准、不同评价目标的比较、评价政策后果的成本利益分析或成本效益分析。确定目标成功的标准主要是基于经济上的考虑，一是效果：效果是指某一政策方案能否产生有价值的行动结果，通常以能够提供的产品数量或服务单位来衡量；二是效率：效率是指产生某一效果水准所需要付出努力的程度。效率标准，通常以单位成本或以每一单位成本所能产生的货品或提供的服务为衡量单位，凡是能够以最小成本获取最大效果的政策就是最有效率的政策。

(5) 进行选择。所谓选择就是确定最偏好的行动方案。政策方案设计出来之后，必须进行可行性分析，以作为排列政策方案先后顺序的选择参考。任何政策方案都有优缺点，必须进行可行性分析，为选择可行性较高的方案提供依据，因此政策方案的可行性分析为政策制定过程中相当重要的步骤。政策方案是否可行，最重要的是进行经济可行性分析，经济可行性是指经济资源的配置是否充分，足以实现某项政策方案，这是政策方案最基本的选择标准。

三、定量分析工具的种类

定量分析方法是在运筹学、系统分析、数学、统计学及概率论、决策论、计量经济学和计算机等学科的知识和技术的基础上发展起来的，采用理性思维从事公共政策问题研究的分析家，在方法上他们特别强调作业研究、系统分析等管理决策工具的运用，力争设计出最佳的可行方案。《政策科学期刊》总编辑奎德（Quade）在创刊号的序言中指出：政策科学运用的决策工具，包括作业研究、系统分析、模拟、赛局理论、计划预算、线型规划等都已广泛地为工业界、商业界与军事界所接受。定量分析工具确实已经成为政策分析家必须具备的专业知识与工具。

定量研究方法种类繁多，如何分类，学者们有不同的观点。米诺古（Minogue）指出：成本利益分析、系统分析与计划预算属于传统政策分析家的管理决策工具。

伯德（Byrd）认为行政研究者必须了解掌握专案管理、模拟、线型规划、网络模式、时程设定、等候理论等作业研究模式。史杜基与杰克豪斯（Stokey and Zeckhauser）在《政策分析初步》一书中列出八项管理决策工具：差异方程式、等候理论、模拟、马可夫链、成本利益分析、线型规划、决策分析、公共选择。

格林伯格等人（Greenberger, et al）则列出九种：投入产生分析、线型规划、赛局理论、机率模式、代数模式、经济计量模式、个体分析模式、土地使用模式与系统动态模式。布福与戴尔（Buffa and Dyer）则将定量分析工具划分为三大类：一是最佳化技术：包括线型规划、网络分析与存量模式；二是风险预测技术：包括等候模式、马可夫链与模拟；三是评估技术：包括决策树理论与效用函数。

此外，美国学者 R. M. 克朗在《系统分析和政策科学》一书中根据决策类型的不同将定量分析技术分为两种，即确定型的分析技术和随机分析技术。确定型分析技术是指，只面对一种态势，做出了可接受的假定，变量、限制条件、不同的选择都是已知的和确定的，按一定的统计置信度可以预见的方法或技术。随机分析技术则是应用于不确定型或风险决策的分析方法及技术，具体来讲就是，当存在一个以上的态势，并且需要估计和确定每一种可能的状态时，就要碰到随机模型问题。要计算在每一种态势下采用每一种决策选择所得的输出结果，可供选择方案的数量将很大，这时可以用数学、统计推论和概率论等学科的方法，在可以接受的假定条件下减少不确定性。有时，随机的局面可以化为确定模型来加以处理，比如选择一种最有可能发生的未来态势，或者只分析最坏的或最好的方面等等。克朗将动态规划、计算机模拟、随机库存论、取样、回归、指数平滑、决策树、损益分析等列入随机分析技术之中。

S.S. 那格尔和 M.K. 米尔斯在《政策科学的职业化发展》一书中所提供的。该书将政策分析方法分为五类，即数学最优化方法、计量经济学方法、准实验方法、行为过程方法、多元标准决策方法。尽管他们不局限于定量分析方法的范围，但主要也是从量化分析的角度来讨论问题，尤其是前两种方法纯粹就是量化分析方法，另外三种方法中也有部分量化分析方法。那格尔和米尔斯认为，数学最优化以运筹学、管理科学和决策学为基础，它既与数学和工程学有关，也与商业管理相关，数学优化的形式是多种多样的，常见的有报偿矩阵、决策树、最优化曲线、微分曲线和函数曲线等。这四种数学优化形式可以部分地根据其数学特征来加以刻画：报偿矩阵和决策树与有限数学和概率决策论有关，而最优化曲线、微分曲线和函数曲线与微积分和线性/非线性规划有密切关系。计量经济学方法则以经济学和统计学为基础，计量经济学是现代经济学的基础，或者说是现代经济学中最成熟的部分，这种方法强调统计回归分析，常用来做预测分析和目标设定。

此外还有一种比较简捷的分类方法，即按照政策分析过程的不同阶段，将政策分析的定量方法及定性方法划分为问题界定的方法、确立目标的方法、规划方案的方法、结果预测的方法、比较方案的方法、评估结果的方法等。比如，预测分析方法中的马尔柯夫模型、长远均衡的概率、马尔柯夫过程等等、政策规划方法中的排队方法等等。

这些分析工具的共同特征是：第一，关注经济效率问题；第二，所有技术都依赖计算机等现代化手段，信息资料是量化的；第三，运用数学或统计的运算方法。

四、定量分析方法的作用及其局限性

理性分析尤其是定量分析是当代政策分析的主流。政策分析不能单凭经验、想象和直觉，在许多情况下，必须有准确可靠的数字资料的分析作为依据。定性分析以及创造性思维方法的局限性是得出的结论不够精确，这可以靠理性分析尤其是定量分析来弥补。人们从运筹学、系统分析、统计学、计量经济学等学科中，发展出一些适应于政策研究领域的新方法，尤其是系统分析方法在政策研究领域中得到应用，从而使定量分析成为现代政策研究的重要手段。

定量分析方法在现代政策研究中具有十分重要的作用。首先，定量方法能使有关的知识条理化、专门化，能将这些变量和其他特殊的变量加以比较。模式化、定量化的研究方式使我们能够使用现代的计算机技术手段，并通过信息子系统积累、贮存和处理信息。其次，定量分析使复杂问题的表述更有条理，定量分析可以将发生的事件记录下来，以便复查、评估、比较和检验，还可以设计出反馈机制来帮助控制和决策。再次，定量分析方法比其他的方法更客观、准确和严密，有助于更好地界定问题、确定目标和选择方案，有助于政策制定、政策执行、评估与监控。

理性方法尤其是定量分析方法的应用不局限于技术性和经济性的政策研究，在政治性和社会性的政策研究上也得到应用，定量分析方法的成长及其广泛的应用，使得人类实现了从传统的经验型决策向现代的科学化决策的飞跃。但是，正如定性分析方法有着不可克服的局限性一样，理性分析方法尤其是定量分析方法也有其局限性和适用范围，它不能处理所有的政策问题或政策问题的所有方面，不能取代定性方法和创造性思维方法。理性方法的局限性主要表现在如下几个方面。

1. 不适应外部条件的变化。理性方法得出的政策方案并不是在任何情况下都是最优方案，理性方法是在一定的已知和未知条件下应用的，如果时间、空间或其他方面的条件改变了，则依据原有的条件所得出的结论可能不再与变化了的情况相符，原来为最优的方案，未必再是最优，甚至可能是错误的方案。

2. 不能对结论再做判断。政策分析者用理性的方法去分析一个政策问题，有时可能得出两个同样优良的政策方案，而分析者再用理性方法就难以确定应当选择哪一个，所以必须运用理性方法以外的方法，去决定哪一个方案是最优的。

3. 应用范围受到限制。理性方法面对各种不能量化处理的问题时就十分尴尬，比如人类行为、心理因素、社会政治制度及过程、价值观、意识形态等是难以靠定量分析来处理的。对这类问题，相对有效的解决方法是定性分析方法，得出的结论会更切实际。

正是由于定量分析方法的各种局限性，政策科学还必须借助其他的研究方法，特别是定性分析方法。

第三节　定性分析方法

定性分析方法是为了解决政策问题中不能定量分析的部分而发展出的分析方法。有关学者和政策制定者在分析研究问题时往往主张运用定性分析工具。方式多种多样，比如多元观点分析、假定分析法、个案研究，以及德尔菲法、头脑风暴法等等，都属于定性分析工具的范畴。政策研究是一个复杂的创造性思维的活动过程。在这一过程中，理性思维与超理性思维、定性分析方法与定量分析方法、事实分析与价值分析、形象思维与逻辑思维交替、综合地发挥作用。实践表明，定性研究方法在政策研究中有着不可替代的作用，成为政策研究方法论的一个不可缺少的内容。

一、定性分析方法的理论基础

定量分析方法有逻辑实证主义作为其哲学背景，其方法论为经济理性或称工具理性，也就是在政策研究中以理性主义作为理论基础，那么，定性分析方法以何为其理论基础呢？定性分析以质化研究为理论基础，其哲学背景是后实证论。质化研究的倡导者们认为，经济理性仅以经济效率为基础，重视效率，常与社会正义的观念相违背，因此，制定出的都是缺乏正义的政策方案。他们对经济理性提出了严厉的批评，认为经济理性过于狭隘，忽视政策过程中政治因素对政策方案的影响。经济理性过于理想，忽视政策问题的复杂性、政策目标的模糊性。经济理性对于手段与目标、成本与事实之间的划分过于僵化。经济理性不切实际，它忽视时间和资源的有限性等。

这说明定性分析倡导者们对经济理性持否定态度。他们发展出超理性模式。这种模式强调问题与问题之间、方案与方案之间，个人、组织与国家等社会单位之间是相互联系相互作用的关系。因此，复杂的问题不能通过经济理性模式解决，只能以超理性模式加以改善。[1]那么，什么是超理性？超理性是以经验、直觉、预见、灵感等思维方法作为政策方案构思的方法、以分析与逻辑推理作为政策方案论证与选择手段的理性形态。应该看到，超理性或非理性的思维在政策分析中具有重要作用，R.M.克朗对此进行过分析，他列出了超理性过程的各种表现形式，并给这些形式下定义。他认为超理性过程包括这样十个要素：一是判断经验中获得的决策智慧；二是直觉——不依靠逻辑推理而在头脑中领悟到的知识；三是创造力——产生型式、构造和关系的脑力过程；四是灵感——通过非理性的方式而得到的偶然发现；五是隐含的知识——通过生活体验而获得的知识；六是信仰——未经理性检验而接受为真理；七是洞察力——理解能力；八是达到目的的决心和意志；九是超感交流——越出感觉的正常范围的交流；十是预见能力——预见未来事件的能力。此外还包括爱情、欢乐、歉意、憎恨、恐惧、人格的魅力等等。R.M.克朗的分析说明了超理性思维的重要性。

鉴于此，我们在政策研究中，应注意到超理性思维的作用，要把理性分析与非理性分析很好地结合起来

二、定性分析方法的主要特征及评价

有学者认为，定性研究是一组跨学科、跨专业、跨领域、跨主题的研究方法，由一组复杂的、相互关联的术语、概念、假设等构成。定性研究方法主要由下列类别组成：人种学、参与观察、文化人类学、文件、经书、符号和叙述分析、案例研究、档案分析、内容分析、通讯分析、符号的相互作用分析、种族方法论、心理分析、女性主义追问、现象学、问卷研究、结构解剖、行动研究和参与式行动研究、访问研究、后实证主义研究、后结构主义研究等等。[2]定性研究方法的应用十分广泛，在教育学、人类学、历史学、政治学、新闻学、行政学、政策学、精神病学、考古学等诸多领域都有应用。

定性研究通常要涉及三个方面，一是认识论。定性研究以建构的研究认识论（即基于认识知识的后现代、结构主义或自然主义范式的方法）作为自己的认识论；二是研究宗旨。研究宗旨往往是针对解释和揭示事物、现象和事件的原因及本质，并非要总结出可运用于更大范围的因果关系；三是研究手段。其研究手段往往是具体的、不需要涉及数字的技术，如访问法、观察法、案例研究等方法。其所依据的原始资料包括场地笔记、访谈记录、对话、照片、录音和备忘录等等，目的在于描述、解释事物、事件、现象、人物并更好地理解所研究问题的研究方

法。

定性研究方法与定量研究方法的区别主要在于定性方法不用统计模型、不做回归分析。

定性研究方法做为一种获取知识的方法，目前已有很大的发展。过去，在学术界，定性研究方法曾经一度受到质疑和挑战。有人认为定性研究者是不可靠的记者、或“软”科学家，有人将定性研究说成是不科学、主观的、探索性的方法；有人称定性研究是批判主义的而非发展理论，也有人指责定性研究为披着世俗的人道主义外衣的伪科学，等等。但定性研究顶住了种种攻击，在学者们的努力下取得了迅速的发展，定性方法与定量方法相互联系、相互补充，为各学科的发展做出了不可否认的贡献。

三、定性研究方法的类型

定性研究方法在实践中的应用有许多种类，这里介绍几种常用的方法。

1. 个人判断法。个人判断法的含义是，依靠专家个人对政策问题及其所处环境的现状和发展趋势、政策方案及其可能出现的结果等做出主观判断的一种创造性政策研究方法。采用这种方法的步骤是，向诸多专家提供与政策问题相关的详尽资料，征求专家个人的意见、看法和建议，对这些意见、看法和建议加以归纳、整理，得出统计性结论。个人判断方法的优点是保证专家在不受外界影响、没有心理压力的条件下，充分发挥个人的判断和创造力。但是个人判断法也有明显的缺欠，这种方法受专家个人的知识面、信息来源及其可靠性、对涉及问题的兴趣大小等因素的影响，缺乏集中决策时相互启发的氛围，因此专家得出的个人判断不免带有片面性，并且专家们的意见相互之间的差异也较大，这是整理统计时尤其要注意的问题。尽管如此，个人判断法还是经常被运用于政策研究过程的各个环节之中。

2. 头脑风暴法。头脑风暴法是读者较为熟悉的一种专家会议法，是用来产生有助于查明问题和使之概念化的思想、目标和策略的方法。头脑风暴法是 1948 年由创造性思维专家奥斯本首先提出的一种加强创造性思维的手段，它可以用来产生大量关于解决问题的潜在解决办法的建议。头脑风暴法的具体方式是，召集一定数量的专家，通常在 10 人到 15 人之间，共同对某一问题发表意见，相互启发和补充，对问题做出最终的判断。头脑风暴法的优点是多方面的：第一，它能够发挥一组专家的共同智慧，产生专家智能互补效应；第二，它使专家交流信息、相互启发，产生“思维共振”作用，爆发出更多的创造性思维的火花；第三，专家团体所拥有及提供的知识和信息量比单个专家所有的知识和信息量要大得多；第四，专家会议所考虑的问题的方面以及所提供的备选方案，比单个成员单独思考及提供的备选方案更多、更全面和更合理。这种方法也存在一些不足之处，主要是这样几点：一是与会专家人数有限，代表性不够充分；二是与会者易受权威及潮流的影响；三是出于自尊心等因素，有的专家易于固执己见等。

人们在实践中积累了许多行之有效的办法，来给专家们提供一个充分发挥创造性思维的良好环境，使头脑风暴法获得更佳效果。这些行之有效的办法是，为头脑风暴法制定了基本的规则，这些规则包括：第一，对与会专家提出论题或议题的具体要求，限制议题的范围，并规定提出设想时所用的术语，使主题突出，议题集中；第二，对别人的意见或建议可以提出怀疑，但不能挖苦讽刺，支持和鼓励与会者解放思想，创造一种自由讨论的氛围，激发其想象力和创造力；第三，不要放弃和中止任何一个有价值的设想，要对这样的设想加以认真研究，鼓励与会者对会上提出的设想或方案加以改进和综合，给予准备修改自己设想的与会者以优先发言权；第四，发言要简练，不要详述，冗长的阐述将有碍创造性气氛，使人感到压抑，不允许参加者宣读事先准备好的建议一览表。由此可见，这种规则有利于头脑风暴法扬长避短，发挥优势。

头脑风暴法的类型有多种多样，常见的有：直接的头脑风暴法，这是一种依据一定的规则，鼓励创造性活动的一种专家集体评估的方法；质疑的头脑风暴法，这是一种同时召开两个专家会议来集体产生设想或方案的方法。第一个会议按照直接的头脑风暴法的要求进行，第二个会议对第一个会议提出的设想或方法加以质疑；有控制的产生设想的方法，这是一种利用定向智力活动作用于产生设想的过程，用于开拓远景设想和独到设想的方法；鼓励观察的方法，这种方法的目的是在一定限制条件下，就所讨论的问题找出合理的方案；对策创造方法，这种方法的特点是就所讨论问题寻找一个统一的方案。

3. 德尔菲法。德尔菲法以古希腊神话中的神谕之地、可预卜未来的阿波罗神庙址“德尔菲”命名，顾名思义这是一种直觉预测技术。德尔菲法是兰德公司的研究人员在1948年首先提出来的。这种技术最初是为军事策略问题的预测而设计的，后来逐步为政府部门和工商业所采用，并扩展到教育、科技、运输、开发研究、太空探测等领域，应用范围越来越广。

传统的德尔菲法是采用函询调查的形式进行的。具体程序是，工作人员向与预测问题有关领域的专家分别提出问题，使专家在彼此不见面的情况下发表意见，专家们也可以相互交流信息，而后工作人员将他们的答复意见加以整理、综合，经过这样多次反复循环，通过技术处理，最后汇总得出一个比较一致的、可靠的预测结果。这种方法有效地避免了专家会议及头脑风暴法中出现的沟通不良、屈从权威、人格冲突以及产生敌对情绪等弊端，有助于专家更充分地发表己见，彼此交流和信息反馈。传统德尔菲法强调这样几个基本原则：第一是匿名原则——所有参与的专家，以个人身份发表意见，遵守匿名原则，不把身份公开；第二是循环往复原则——由工作人员收集参与者的意见并加以公开宣布，如此循环往复数次，一般为四个回合，允许参与者在参考别人判断的资料之后修正自己的看法；第三是控制反馈原则——让参与者回答事先设计的问卷，并使其对收集归纳出的判断论证作总体的衡量；第四是团体回答统计原则——对所有参与者的意见做综合判断时，通常必须考虑中数、趋势及次数分配等情况；第五是专家共识原则——德尔菲法的主要目的是使专家达成共识，得出最后预测结果。进入 20 世纪 60 年代之后，一些政策分析者在传统的德尔菲技术基础上加入价值分析等因素，发展出政策德尔菲法，这种新的方法突破传统德尔菲法的局限，用于分析更加复杂的政策问题。政策德尔菲法除了保持传统德尔菲法的循环反复和控制反馈两个原则外，改进了其他几项原则，如有选择的匿名、信息灵通的多方面的倡导，回答统计的两极化，冲突的建构和电子计算机的辅助等等，使这种方法日臻完善，越发显示出重要作用。

4. 脚本写作。所谓脚本，就是研究者对一些将要发生的情况进行描述或预言，而这些情况与研究者所要分析、设计和评估的系统或政策密切相关。脚本写作就是完成从现在到未来的某个时候的假设可信事件的一系列逻辑序列，这个叙述理解起来困难一些，我们再从脚本具体的表现形式上来理解。脚本的形式是各式各样的，在一些场合下，脚本可以由计算机语言加以表达；而在另一些场合，脚本写作看起来可能像一篇抒情散文，有详实的数据和丰富的细节，传达的不仅仅是有形的客观状况，而且有作者的见解和情感。

脚本与其他政策分析方法相比，有自己的一些特征：一方面，脚本写作以一系列的假设作为基础，而不是以某一假设作基础，这些假设是对未来特定时间内，一般为 3 年、5 年、8 年、10 年，系统或政策及环境的发展趋势或状况的描述或预测；另一方面，任何脚本只能描述一种可能的前景，由于未来的系统、政策及环境存在着各种不确定因素，而因在政策分析中，往往要编写几个版本的脚本，而不只是单一的脚本。一些脚本规定典型的任务、典型的条件和典型的限制；而另一些脚本则规定独特的、不可能的、甚至是极端的条件，在这些条件下，政策仍可能运行。脚本写作的通常做法是同时准备三个脚本，“无突变”的脚本A，即假定目前趋势不会产生重大改变的未来情况的脚本，备选脚本B和C，即条件可能发生大的变化、时间更长、范围更广的脚本。

脚本写作作为政策分析中的一种行之有效的创造性思维方法，为研究者提供关于未来的预见或信息，让研究者弄清某项特殊政策的潜在结果，帮助分析者更好地处理问题的各个方面，以辨别出一种可能状况中的各种因素的关系，消除不相干的因素影响。脚本写作的典型的运用场合是探索潜在的军事和外交上可能出现的危机情况，当然它也可以应用于几乎所有的政策问题领域。通过提供一个未来的偶发事件的样本和一系列脚本可以提醒未来可能出现的危险，提供灵敏的未来预测，使我们从容应对，有备无患。脚本写作也被应用于政策分析研究之外的其他领域，比如组织行为的研究。脚本主要是一种交流手段，一个好的分析脚本，通过对实际数据的逻辑使用和形象描述使我们面对的世界生动起来，实践证明脚本在军事、工业、商业等领域的政策研究中是大有用途的，也是研究人员喜欢采用的方法之一。

5. 运筹博弈。博弈又称对策。博弈论又称对策论，是指利害关系对立的各方按照一定的规则行动，每方为使自己获胜，根据他方所采取的策略或手段来确定自己的对策的活动或行为。运筹博弈是由人参与的活动，博弈的局中人即参与者，通过扮演各种角色来相互影响，从而模拟个人、团体或社会经济部门之间相互作用的行为。

博弈论最早应用于军事领域。研究人员发现，军事地图上的演习，是“敌对”双方的策略较量，这对于检验战争计划和后勤供应的充分性是有用的。现代博弈论诞生在1949年，以美国数学家诺伊曼和经济学家摩根斯坦的合著《博弈论与经济行为》的问世为标志，现代博弈论的迅速发展则是在20世纪50年代以后，由于电子计算机的发展，博弈论被广泛应用于军事、外交、工商业管理以及社会科学的研究领域中，成为一种深受研究人员和工作人员欢迎的分析方法。

运筹博弈的基本类型有两种，即人机博弈和人工博弈。人机博弈是同时使用计算机和人工的博弈类型，其中包含了计算机和在被研究的系统中扮演角色的人。实验中，研究人员扮演不同的决策者，计算机向他们提供类似实际系统中产生出来的各种情况和数据，“决策者”根据这些情况和数据来做出决策。通过这样的过程最终产生出解决问题的方案。而人工博弈不需要由计算机模拟而由人直接参与博弈，本质上也是一种实验，在实验中，人们力求了解决策者的行为，并通过观察模拟者在控制条件下的活动来改善他们的行为。

概要介绍了政策研究中的定性分析方法，这些方法属于超理性的方法，但并不排斥理性或定量分析方法的运用，这些定性方法是理性分析与非理性分析、定量方法与定性方法的有机综合。我们看到，无论是专家决策技术，还是脚本写作和运筹博弈，都少不了定量分析技术以及数学模型和计算机技术的恰当运用。在今后的政策分析和研究的实践中，我们要从实际出发，具体问题具体分析，针对不同问题，将系统分析方法、定量分析方法和定性研究方法合理地综合地应用，并不断创新和探索，使政策研究的方法不断丰富、发展和完善。

思考题

1. 系统分析包含哪些基本内容？
2. 简述定量分析方法的作用及局限性。
3. 简述定性研究方法的特征与作用。

参考文献

1. 丘昌泰．公共政策，当代政策科学理论之研究．台北：巨流图书公司，1999.183

2. 张梦中，(美) 马克·霍哲，定性研究方法总论．中国行政管理，2001 (11) .39

后　记

公共政策是20世纪50年代在西方的大学和思想库出现的一个跨学科、综合性、应用性的研究领域，发展到现在已有半个世纪的历史。半个世纪以来，这门学科以蓬勃向上的势头在西方国家获得了迅速的发展，并在20世纪80年代被中国一批倡导决策科学化的专家学者引进中国。政策科学这株小树经过20年的成长发育已经在中国大地上生根，并迅速成长壮大，取得了可喜的进步和发展。其发展的突出表现是“公共政策”作为时髦的词语广泛见诸新闻媒体、书刊杂志、政府文件，不仅如此，“公共政策学”已经作为一门本科专业登陆中国个别高等院校，“公共政策分析”则作为一门应用色彩十分鲜明的课程成为中国MPA公共管理硕士的核心培养课程。在国内一些政策研究先驱者的努力下，西方大量的政策科学理论已经被介绍到中国，大批专著、论文和实证研究为这门学科的发展增添了无限的魅力和勃勃的生机。

尽管中国的公共政策研究已经有了令人可喜的进步，但仍属于初级发展阶段。这表现在虽然人们对公共政策这一词语已经并不陌生，但学术界对公共政策的学科定位和自身概念还存在着模糊认识；在公共政策的制定、实施和评估这些实践环节上，人们的争议则更多。但如何使之本土化，则更是一项艰巨的任务。因此，公共政策研究的发展还需要做长期艰苦的努力，需要广大学者与政府官员为之携手奋斗。

本书的编写者多数是公共政策研究领域的后学者，我们深知，以我们对公共政策理论与实践的粗浅理解写作一本真正意义上的《公共政策学》，目前可能力不从心。但为了满足教学的需要，我们还是不揣浅陋编写了本书。希望它能够为学生了解公共政策提供一点帮助。

本书的写作体例按照公共政策基本理论、公共政策过程、公共政策方法论三个部分组织。在写作的过程中，我们吸收了许多专家学者，特别是公共政策研究领域许多学者有益的研究成果，在此向他们表示诚挚的谢意。

本书是集体合作的结果。全书由娄成武、魏淑艳统稿、定稿。各章的编写分工如下。

娄成武编写第一章；孙萍编写第二章；杜宝贵编写第三章，第八章；魏淑艳编写第四章、第六章；张雷编写第五章；杨建春编写第七章、第九章。

由于编者水平所限，书中肯定存在许多错漏和不足之处，欢迎读者不吝赐教。

编　者

2003 年 3 月